五南文庫 016

巨龍的蛻變

——中國一八四〇至二〇〇八

高明士 ◉ 主編
蔣竹山、陳俊強、李君山、楊維真◎著

五南文庫 016

巨龍的蛻變—中國一八四〇至二〇〇八

主編　高明士
作者　蔣竹山、陳俊強、李君山、楊維真
發行人　楊榮川
總編輯　王翠華
編輯　陳姿穎　陳詠瑜
封面設計　郭佳慈

出版　五南圖書出版股份有限公司
地址　106台北市和平東路二段339號4F
電話　（02）2705-5066
傳真　（02）2709-4875
劃撥帳號　01068953
戶名　五南圖書出版股份有限公司
網址　http://www.wunan.com.tw/
電子郵件　wunan@wunan.com.tw
法律顧問　元貞聯合法律事務所 張澤平律師
出版日期　2009年 3 月初版一刷
　　　　　2012年 8 月初版四刷
定價　新台幣300元

國家圖書館出版品預行編目資料

巨龍的蛻變—中國一八四〇至二〇〇八
/ 蔣竹山等著.--初版.--臺北市: 五南, 2009.03
面; 公分.-- (五南文庫；16)

ISBN 978-957-11-5510-4 (平裝)

1.近代史 2.現代史 3.中國史

627.6　　　　　97025244

寫於五南文庫發刊之際——

不信春風喚不回……

在各項資訊隨手可得的今日，回首過往書香繚繞情景，已不復見！網路資訊普及、媒體傳播入微，不意味人們的智慧能倍速增長，曾幾何時「知識」這堂課，也如速食一般，無法細細品味，只得囫圇嚥下！慣性的瀏覽讓知識無法恆久，資訊的光速致使大眾正在減少甚或停止閱讀。由古至今，聚精會神之於「閱」、頷首朗頌之於「讀」，此刻，正面臨新舊世代的考驗。

身為一個投入文化暨學術多年的出版老兵，對此與其說憂心，毋寧說更感慚愧。自身的成長，得益於前輩們戮力出版的各類知識典籍。而今，卻無法讓社會大眾再次感受到知識的力量、閱讀的喜悅、解惑的滿足，這是以傳播知識、涵養文化為天職的吾人不能不反躬自省之責。值此之故，特別籌畫發行「五南文庫」，以盡己身之綿薄。

文庫，傳自西方，多少帶著點啟迪社會大眾的味道，這是歷史發展使然。德國雷克拉姆出版社的「世界文庫」、英國企鵝出版社的「企鵝文庫」、法國伽利瑪出版社的「七星文庫」、日本岩波書店的「岩波文庫」及講談社的「講談社文庫」，為箇中翹楚，全球聞名。華人世界裡商務印書館的「人人文庫」、志文出版社的「新潮文庫」，也都風行一時，滋養了好幾世代的讀書人和知識份子。此刻，「五南文庫」的出版，不再僅止於啟蒙，而是要在眾聲喧嘩、浮躁不定的當下，闢出一方閱讀的淨（靜）土，讓社會大眾能體驗到可藉由閱讀沉澱思緒、安定心靈，進而掌握方向、海闊天空。

五南出版公司一直致力於推廣專業學術知識，「五南文庫」則從立足學術，進而面向大眾，以價廉但優質、厚實卻易攜帶的小開本型式，取代知識的「沉重與昂貴」，亦即將知識的巨大形象裝進讀者的隨身口袋，既甜美可口又和善親切。除了古今中外歷久彌新的名著經典，更網羅當代名家學者的心血力作，於傳統中展現新意，連結過去與現在。

人生是一種從無到有，從學習到傳承的不間斷過程。出版也同樣隨著人的成長而發生、思索、變化與持續，建構著一個從過去到未來的想像藍圖，從閱讀到理解、從學習到體會、從經驗到傳承、從實踐到想像。吾人以出版為職責、為承諾，正是希望能建構這樣的知識寶庫，希冀讓閱讀成為大眾的一種習慣，喚回醇美而雋永的閱讀春風。

發行人

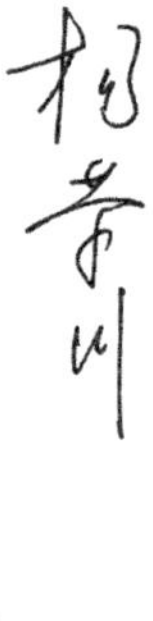

二〇〇八年六月

目次

寫於五南文庫發刊之際——不信春風喚不回

第一章　從開放到封閉——宋元以來的中西接觸 …… 9

宋元帝國的多元文化政策 …… 12
鄭和下西洋與中外交流 …… 25
明末以來的中西文化交流 …… 32
天主教與中國文化的衝突：清初的禁教 …… 36

第二章　近代中國的變局——鴉片戰爭 …… 45

鴉片戰爭前的中西關係史 …… 48
都是鴉片惹的禍——鴉片戰爭 …… 61
節節敗退 …… 68
知識份子的反思 …… 81

第三章　富國強兵的追求與幻滅……87
金陵春夢——太平天國的興亡……89
師夷之長技以制夷——自強運動……108
富強夢碎——中日甲午戰爭……126
第四章　救亡圖存運動的展開……147
變祖宗之法——維新運動……149
扶清滅洋——義和團……163
浮沙中的掙扎——清末十年新政……178
第五章　革命與再革命……199
中華民國的誕生……201
帝制與軍閥……211
思想革命……228
國共鬥爭的起點……237
國共首次分道揚鑣……245

第六章　訓政建國與對日抗戰……257
以黨治國——國民黨「黨國」體制的形成……262
從安內到攘外……272
戰火下的國家建設……290
抗日戰爭……298

第七章　國共內戰與退守臺灣……323
談談打打、打打談談（一九四五—一九四七）……325
全面內戰（一九四七—一九四九）……338
臺灣命運的轉折……356

第八章　臺海兩岸的對峙與交流……379
中華人民共和國的締造與發展……382
中華民國在臺灣……399
兩岸的交流與發展……415

第一章　從開放到封閉——宋元以來的中西接觸

宋元時期，中國的對外交通及對外關係發生極大的轉變。陸路交通曾在蒙元帝國時期有過一段興盛期外，大部分時間處於衰微的狀態。至於海路交通，則是逐漸邁向繁榮，並在明代鄭和下西洋時達到顛峰。中西文化交流在此時有了不同於前代的進展，最顯著的變化是以指南針、火藥、印刷術及瓷器為代表的中國文化傳入西方世界，而以阿拉伯文化為代表的西方文化也大量地傳入中國。

明朝初年，由於朱元璋實行文化保守政策，昔日元朝所帶來的開放文化消失了。但到了十六世紀，世界的歷史發展到一個新的階段，無論中國或是西方各國，社會經濟與航海技術都有較大的發展，尤其是舉世矚目的地理大發現，達伽瑪開闢繞過好望角，直通印度的新航線，哥倫布發現美洲，麥哲倫也進行著環球的航行。在這樣的航海環境下，隨著西方航海貿易勢力的東來，西方的基督教文化再次向東方伸展。

十六世紀是西方航海貿易勢力，紛紛由大西洋向印度洋及太平洋擴張的時期。這時最早到達東方的是葡萄牙人，他們的目的有二：一是取得東方財富，二是宣傳基督教義。當時位於今日馬來西亞的麻六甲，是東西貿易最頻繁的轉運站，也是外國商人觸角深入中國的前哨站，中國的生絲、瓷器和東南亞的香料幾乎都是透過這裡轉賣到印度洋，甚至遠達歐洲。

十六到十八世紀的中西文明交流，實質上是傳統中國與變革後的西方文明的一次大接觸。這兩種異文明的邂逅，無論在宗教、文化及政治上，都有不同程度的聯繫。首先就交往過程而言，十六至十八世紀的中西交流與前後期相較，已有明顯的差別；第一是路線的不同，十二世紀以前的中西交往主要是中國與西亞、中亞、南亞的交往，中國與歐洲人直接的接觸較為少見。十三、十四世紀進入中國的歐洲個別旅行家、使節及傳教士，也都是通過西亞的陸路，然後北上俄羅斯大草原抵達中國邊境，或者是南下波斯灣，經過海路，然後在中國東南沿海登陸。但十六世紀末，隨著歐洲各國航海事業的發展和海外殖民勢力的擴張，歐洲人常常循由印度洋或太平洋等海路來到中國。再者，這段時期西方來華人數較以前多，可以看作是近代早期歐洲殖民擴張與宗教擴張的一個產品。十六至十八世紀來華的歐洲人中，能夠擔任中西文化交流使命的以耶穌會士為主；而十九世紀的來華歐人更多，身分更為複雜，沒有任何一個團體能夠承擔以往耶穌會士的角色。

其次，十六至十八世紀，基本上是中學西傳的單向流動過程，而十九世紀中西交流雙向互動明顯增加，且西學東漸的成分居多。

宋元帝國的多元文化政策

陸路交通與對外關係

兩宋時期，西域與中亞地區長期處於割據狀態，除了西夏外，遼及高昌、回鶻都較注重商業利益。所以北宋初期，東西陸路貿易是以這些國家為中繼站。另外，在北宋初期，阿拉伯商人和使節大多是通過海路來到中國，但也有通過陸路和中國進行貿易的。西夏占領河西後，使得河西絲綢之路因此斷絕。由於考慮到西夏會在途中搶劫商品，因此北宋中葉後，西方商人與使節從陸路而來的這條管道為之中斷。當南宋的疆域後退到淮河以南，由陸路連通西域及中亞的管道變得更為困難，從此與海外諸國的關係便完全依賴海路來維持。

十二至十三世紀的亞洲歷史，可稱為「蒙古時代」。成吉思汗及其子孫率領蒙古鐵騎發動震撼世界的遠征，橫掃整個亞洲及歐洲東部，建立一個橫跨歐亞的蒙古帝國，打通中西交流的陸路管道，促進東西世界的聯繫。在這個時期，歐洲人對亞洲人相當敬畏。成吉思汗仗著強弓和迅速的騎兵，靠著屠殺的恐怖手段來征服敵人。他們擊潰了宋朝軍隊後，一舉占領了大江南北、廣東，甚至韓國與越南也受到波及。在成吉思汗的領導下，蒙古帝國不斷地開疆闢土。西元一二二一年，他們占領了波斯，往後的十年內，蒙古人更陸續燒毀莫斯科，攻占基輔，並入侵波蘭和匈牙利，直達亞得里亞海。在征服這塊歐亞大陸後，蒙古人更利用四通八達的道路網來統治他們的臣民。

蒙古軍隊的西征，在歷史上有兩個重要影響：一是透過武力征服，對所經之地的社會經濟造成重大破壞，二是蒙古帝國的勢力，擴張到波斯灣地區，使得中國與中亞、西亞、歐洲連成一塊。蒙古帝國在這些交通線上建立的傳驛制度，更讓此時的中西陸路交通再次達到高峰。元帝國還特別在交通要道上設置護路軍士，頒布保護來往商人的法律。蒙古西征也帶來了西方人員與技術，東西相互交流。歷次西征的軍隊中，包含了許多女真人、契丹人、西夏人及漢人，這些人到了西域後，被迫選擇定居在該地。與此同時，也有大批的西域人、中亞人、波斯人、阿拉伯人，透過經商或被迫地遷移至中原地區，其中一些人以原有的伊斯蘭宗教信仰融入當地社會，組成另外一個新興民族——回族。在技術的交流方面，西遷的漢人帶去雕版印刷技術、汲水器具；中國內地吸收的生產技術則有棉花種植技術。這個時期，西域人在關陝地區推廣種植棉花，起了很大的作用。

海上絲綢之路

兩宋時期，由於中國西北的交通要道上有西夏、回鶻及遼國的橫亙，阻擾了東西陸路交通與文化交流的暢通，轉而透過海路向外發展。宋朝政府透過海路與許多國家與地區建立關係，市舶貿易見證中西物質文化交流的頻繁，此一時期海路交通的重要性遠超過陸路交通。

一九八七年，位於廣東陽江海域的海底，發現一艘宋代商船「南海一號」。這艘船長三〇．四公尺，寬九．八公尺，是迄今為止世界上發現的海底沉船中，年代最早、船體最大、保存最完整的古代遠洋貿易商船。中國大陸近年來投資了鉅額的經費，準備進行這艘海底古船的打撈工作。從二〇〇六年開始，「南海一號沉船水下考古隊」已經先行打撈了金、銀、銅、鐵、瓷器文物四千餘件。根據目前的探測結果，整船的文物可能高達六至八萬件，文物界專家估計其價值可能不亞於西安的秦始皇兵馬俑。據考古學家的研究，這艘古船所處的位置，正是在宋元時期海上絲路的主要航道上。這艘船可能是準備從中國沿海的某港口出發，前往中東地區，不料途中發生了船難。考古學家從船上發現了未曾在中國發現過的寬口大瓷碗，其風格很類似阿拉伯人常用的飯碗。顯然，這些是專為國外客戶製作的商品。

二〇〇七年底，這艘船最後打撈工作逐漸完成，一方面揭開昔日海上絲綢之路的面紗，一方面也開啟南海絲綢之路研究的新里程碑。它的出現，可以復原及填補宋元時期海上絲路的歷史空白。究竟這艘七百多年前的大型越洋商船的主人是誰？他們的目的地在哪？沿路的航線又是什麼？這些問題，都有待未來的研究者繼續探究下去。海上絲綢之路為何會在宋代發達起來？

首先，宋代以來，全國經濟重心的南移。宋代江南及東南沿海地區的經濟日益發展，提供海外交通發展相當好的物質條件。自唐代中葉以來，作為中國傳統外銷商品的絲綢，其生產重心已經移轉到南方江浙地區一帶。唐末以後，新興外銷商品陶瓷的幾個重要生產地，例如景德鎮窯、吉州窯、德化窯及龍泉窯都集中在東南地區。

其次，技術的改進及指南針的普遍使用。在盛唐的造船基礎上，宋元製造海船的技術又有新的發展。從一九七四年在福建泉州發現的宋船殘骸，可知當時的海船就已經擁有載重、結構堅固的船體。宋代的商船比唐代還要巨大。宋代江蘇崇寧製造的遠洋航船，稱為「防沙平底船」，船的形狀為方頭方尾，載重約五百至八百噸。這種船的船底平、吃水淺、航速快，適合遠洋航行，可視為宋代遠洋船的基本類型。羅盤針（指南針）發明後，更為海外交通發展提供有利的導航技術。中國應用羅盤針航海應當不會晚於十二世紀。北宋徽宗宣和元年（一一一九）出版的《萍州可談》就記有：「晝則觀日，夜則觀星，陰晦觀指南針。」是目前所見有關指南針用於航海的最早記載。指南針用於航海，是人類航海史上的重大進展。

再次，西北陸路交通的阻絕推動了宋元時期的海外貿易。由於當時西夏、遼、金、蒙古皆與宋對峙，宋東北與西北邊防受到威脅，軍費支出龐大，致使其財政難以平衡。因此，必須向外發展海外貿易以謀求財源。南宋偏安江南之後，中西陸路交通幾乎完全斷絕，海路交通轉而發達，市舶制度的收入遂成為國家的重要財源。

最後，則是積極的航海貿易政策。宋太宗雍熙四年（九八七），朝廷派遣內侍八人，前往海南諸蕃國，購買香料、真珠及象牙等物品。北宋出現以下幾條海上交通線：⑴從廣州通往今越南、印尼，再由此和大食（阿拉伯）往來。⑵從明州（寧波）或杭州起航，通往日本和高麗。因遼在東北，故這條海路成為高麗和宋朝交通的重要道路。⑶哲宗時增闢泉州到南海的路線，可到達阿拉伯各國。南宋時，政府鼓勵富商，打造海船，招聘船員，前往海外經營。元世祖攻占浙、閩，底定江南後，招降及重用在海外有廣大影響力的南宋泉州提舉市舶司官員蒲壽庚，設立「海外諸蕃宣慰使」及市舶司。上述經濟重心的南移、航海工具的進步、西北陸路交通的阻絕及航海貿易政策的制定，全都是促成宋朝時期海外貿易繁盛的重要因素。

所謂「市舶制度」，指的是宋朝將重要的對外貿易收歸為政府控管，以便獲得鉅額利益。事實上，早在唐代時就已經有市舶制度，但直到兩宋時期才有進展。北宋曾在廣州、明州、杭州、泉州、密州（山東諸城）、秀州（浙江嘉興）、溫州、江陰等地設有市舶司管理海外貿易。市舶司負責的工作項目眾多，如管理舶商，當船隻出發前，需先到市舶司登記，再由該司發給准許出海貿易的憑證，返航後則繳回；徵收舶稅，海船抵達港口後，需先將貨物寄存市舶庫，然後依貨物種類課稅；接待及維護外來客商的正當利益。每當船隻出港或入港時，市舶司都要舉行盛大的祈風儀式。市舶貿易中通過市舶司的商品，絕大部分是要投入市場、散布民間，並透過對商品的抽稅，為政府帶來十分可觀的經濟收入。

宋代海外貿易地區涵蓋的範圍，東起高麗、日本，南到南洋群島，往西則到波斯灣及東非海岸。海外貿易活動地區的廣度及次數，皆為前代所不能及。宋代與高麗的陸路交通雖為遼、金所阻擋，但雙方的海上貿易往來相當頻繁。北宋與高麗主要是以「貢」和「賜」的形式進行交易。高麗向北宋遣使五十七次，北宋向高麗遣使三十次。高麗向宋朝進貢的物品有：金器、銀器、青瓷、色綾、貉、青鼠皮、人參、藥物等。宋朝賜給高麗的物品則有：絹綾、錦緞、玳瑁、沉香等。到了南宋，雙方的往來以民間貿易為主。每年春末，高麗商船就會從朝鮮半島的貞州啟航，來到高麗商人的主要貿易港口明州（今寧波）。

北宋與日本的貿易以民間貿易為主。北宋一百六十多年間，宋船往來於中日曾達七十次。南宋時，日本的海外貿易採積極政策，對赴日貿易的宋船予以優厚的待遇。日本向宋朝輸出的物品有沙金、硫磺、水銀、木材、藥材及工藝品。其中硫磺的數量最大，曾達二十五萬斤。宋朝向日本輸出的貨物則以錦綾、香藥、瓷器、茶葉等為主，其中又以銅錢最受日本民眾的喜愛。

宋朝與中南半島的國家如交趾（今越南）、占城（越南中南部古國）、真臘（今柬埔寨）等國的貿易也有進一步的發展。宋朝與交趾往來的大宗物品有香料、藥材、珍珠及象牙等。宋朝與占城的民間貿易量更大，宋朝提供占城的生活必需品——草席、涼傘、酒、糖等；而占城則帶來中國所需的香藥。東南亞、南亞及西亞則以生產香料聞名，輸入中國的多為蘇木、沉香、金顏香、龍涎香，其中又以乳香為主。中國不產香料，原本也沒有燃香的習俗，佛教傳入中國後，宋代士大夫才開始流行燻香。神宗熙寧十年（一〇七七），光是廣州一地就買進三萬四千八百〇七十三斤的乳香。泉州港是當時香料貿易的主要港口。中國大量進口香料，除了上層社會作為奢侈的物質消費品外，另外一個用途為藥用。

此外，宋朝與西亞及非洲國家的貿易往來也相當頻繁。宋朝稱阿拉伯的阿巴斯王朝（Abbasid）為「大食」，其領土包含今天的伊朗、伊拉克及阿拉伯半島。兩宋時，中國商船常由廣州、泉州出海，至大食進行貿易。大食的商船也經常由波斯灣的港口出發，前往中國沿海港口經商。由於雙方貿易頻繁，居留在中國的阿拉伯商人逐漸形成聚集區，其中廣州的「蕃坊」以阿拉伯人居多。至於西亞、非洲盛產的乳香、象牙、犀角在中國擁有廣大的市場。而中國的絲綢及瓷器也遠銷至西亞及非洲等地。

宋朝時期，中國瓷器的生產達到高峰，大量外銷至東南亞、南亞、西亞及非洲。由於需求激增，廣東、廣西、福建、浙江等地還興起許多專門燒製外銷瓷器的窯場。中國此時輸出的瓷器以青瓷、白瓷及青白瓷為主。目前國外出土的瓷器數量，以開羅附近最多，共發掘了一萬兩千片的殘片。宋代瓷器的外銷，更直接促進各國製瓷業的發展，例如埃及的法蒂瑪王朝（Fatimid Dynasty）、北非阿拉伯王朝（九〇九—一一七一），均曾成功地仿製宋瓷。

蒙古人所建立的龐大帝國，東起太平洋、西至地中海、南到印度洋、北達俄羅斯草原，不僅為中西陸路交通帶來高度的繁榮，也使得中西海上交通獲得空前發展。元代所造船舶比宋代的更加龐大、堅固及載量大。當時泉州及廣州已是世界聞名的造船重鎮。根據元代中國旅行家汪大淵《島夷志略》的記載。元代在宋代的基礎上，開闢了一些新的航線，例如有從中國廣州、泉州、杭州、溫州、慶元（寧波）等港口出發，往南可以到蘇門答臘、緬甸，往西北到孟加拉，再轉南到馬八兒（印度科羅曼德耳海

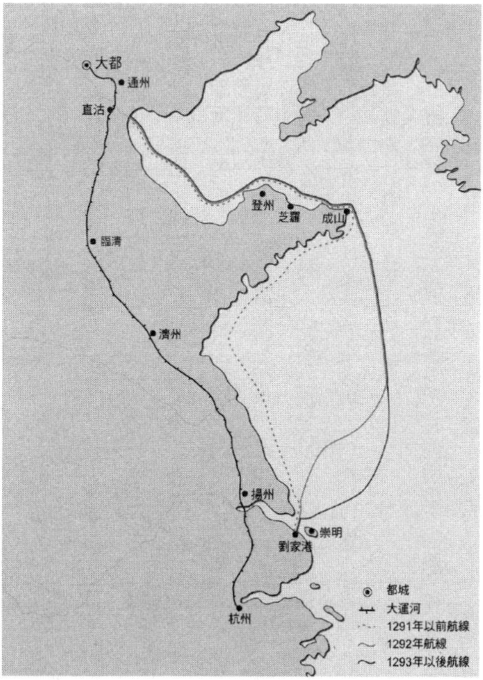

圖 1-1　元代海運河運路線圖

岸），向西可至波斯灣（伊拉克）、亞丁灣，再往西則可到默伽（沙烏地阿拉伯麥加）及開羅。

在海外貿易的管理上，大致上承襲宋朝的政策，在重要港口設立「市舶提舉司」，並置「海外諸番宣慰使」及「市舶使」。海外宣慰使一職負責招徠海外諸國。一二八五年還採取「官本船」政策，也就是由國家投資，但交由民間海商來經營。元朝政府在一二九三年制訂了市舶法二三條，這是中國第一次有關中外商船從事海外貿易的細則。這項法律的制定，是為了要加強海外貿易的管理，禁止各種非法貿易活動，保障國家從市舶稅收中獲得利益。在海外貿易政策及制度的影響下，元代許多沿海商業城市呈現了相當繁榮的景象。元代最著名的海港城市當屬泉州。由於泉州擁有優越的天然港口此條件，再加上福建盛產瓷器及茶葉，泉州因而成為元代最大的對外貿易港口及東西物資集散地。元朝泉州的繁榮景象已超過廣州，《馬可波羅遊記》就指出埃及亞歷山大港的貨物量遠不如泉州。元政府積極透過海路與東南亞、南亞及西亞各國建立外交關係。忽必烈時期（一二一五—一二九〇），元朝曾出兵攻打安南、緬甸、泰國、占城等地，雖然終告失敗，但也開啟了元朝與東南亞的往來。元成宗（一二九四—一三〇七）即位後，這些國家相繼向元朝遣使朝貢，雙方維持友好的外交關係。到了一二八六年，東南亞先後納入元朝貢的藩屬國共有十國。

除了制度上的變化外，元朝時期由於陸海交通皆暢通繁榮，有相當多的人士來往於歐亞非三大洲，並留下了一些反映中西交流盛況的著作，例如汪大淵（一三一一—？）的《島夷志略》及馬可・波羅。一三三〇年，汪大淵第一次從泉州出海，遊歷至阿拉伯海沿岸，五年後回國。一三三七年，他第二次從泉州出海，遍訪東南亞諸國，記下當地的山川、風俗、物產，最後寫了《島夷志略》，這是元代最重要的一部描繪海外見聞的著作。馬可・波羅則是義大利威尼斯的著名旅行家，一二七五年隨父親來到大都（今北京），受到忽必烈的重用，多次奉命出使各地。一二八九年，離開威尼斯已經十七年的馬可・波羅因懷念故土而請求歸國。一二九一年，馬可・波羅從泉州出發，由海路經波斯回威尼斯。一二九六年，馬可・波羅在熱那亞海戰中被俘，在獄中他講述遊歷東方的見聞，隨後整理出版成《馬可波羅遊記》。在書中，他詳細描述了他在中國的經歷，介紹數十座中國城市的位置和面貌，並提到元朝的重大政治事件和典章制度。此書出版後，引起西方極大的騷動。一方面這本書超出了歐洲人的常識，另一方面，這本書成為往後歐洲人認識東方的基本依據，左右了歐洲對中國人的社會想像，因此《馬可波羅遊記》在中西交流史中具有非凡的意義。

中國科技的西傳

中國古代的四大發明，除了造紙術以外，其餘三項——指南針、印刷術及火藥都是在宋元時期發展並傳到國外。

指南針的發明和傳播，改變了世界的航海事業。北宋科學家沈括在《夢溪筆談》中，首次對於人造磁鐵的辨法，作了許多說明和分析。他將指南針分為四種，較特別的有水面漂浮法及指甲旋定法：前者是將燈草穿過指南針，使其浮在水面，一旦水靜針定，就可以指出方向；後者則是將指南針放在平伸的拇指甲上，等到穩定時的針尖所指的方向，就是南方。《夢溪筆談》還提到指南針所指的方向是朝南而稍微偏東，這稱為「磁偏角」。

指南針應用於航海，是宋代科技發展的一大成就。當鄂圖曼土耳其帝國阻斷中西交通時，歐洲人開始尋找新航線，在地理大發現之前，歐洲人已經獲得了中國所發明的指南針。指南針究竟如何傳至歐洲，目前尚未有定論。一種推測是經由印度或阿拉伯地區傳入歐洲。由於中國及西方都沒有指南針知識傳播過程的任何蛛絲馬跡，我們只知道歐洲有關指南針的最早記載是出現在一一九〇年英國學者亞歷山大的作品中。阿拉伯人則最晚在十三世紀初年就已經使用指南針。隨著指南針的西傳至歐洲後，歐洲的航海事業始開闢新航道，航程也因而大大縮短。

中國的印刷術可分為雕版印刷及活字印刷兩種，後者直到北宋時期才出現，但這兩種技術都是在宋元時期西傳。中國雕版印刷的出現與道教符咒及佛教有密切關聯。雕版印刷的技術成熟於八世紀初的唐代。宋代雕版印刷的技術承繼於唐代，但刊印書籍的數量及種類遠超過唐代。宋太祖建隆四年（九六三）的《宋刑統》，是中國第一部刻印的國家法典。北宋時期還大規模地雕刻印刷佛藏和道藏。從開寶四年至太平興國八年（九七一—九八三），官方花費十二年的時間，在益州（成都）刊印《開寶藏》，這是史上第一次雕版印刷的大型叢書，共收有佛典一千多部，用了十三多萬塊雕版，對後世雕版印刷的發展和文化傳播有深遠影響。

考古學家曾在吐魯番地區發現十三世紀初回鶻的印刷品。與此同時，波斯人利用中國的印刷術，仿造元朝的「至元寶鈔」，印製有漢文及阿拉伯文的紙鈔。十三世紀初，印刷術可能是透過波斯當作中介站，經由蒙古人的西征，最後傳到中亞、西亞、北非及歐洲。此外，絲綢之路的傳教士、商人及官員都有可能成為這種知識技術的傳遞者。雖然這項技術在這段期間已西傳，直到十四世紀末，歐洲的一些國家如德意志王朝，才開始出現雕版的宗教圖象。由於雕版印刷不適用於拉丁字母等拼音文字，起初歐洲的迴響不大，直到活字印刷普及後，歐洲的印刷術才有長遠的進展。

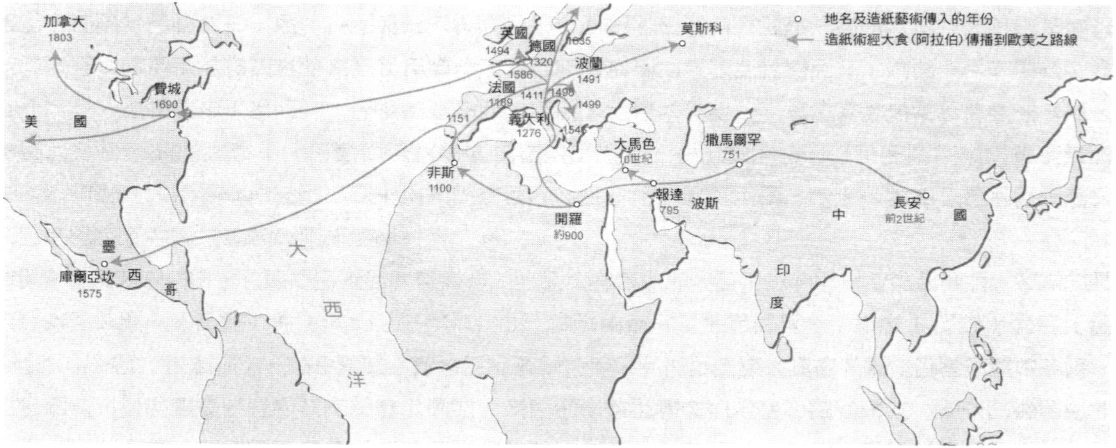

圖 1-2　中國造紙術傳入歐洲圖

火藥是用硝、硫磺、木炭三者依比例配製而成的混合物，約在九世紀時，中國掌握了火藥製作技術。隨著蒙古人的西征，此技術傳到阿拉伯地區。之後又以阿拉伯為中介，傳播到歐洲。此後，這項技術才對歐洲社會產生巨大的影響。一二一九年，成吉思汗西征，蒙帝國兵力到達中亞，再由中亞擴及波斯及大食。在戰爭中，阿拉伯人從蒙古軍的俘虜取得火器，使得阿拉伯人很快地掌握這項技術。十三世紀中葉後，歐洲知識份子首先從阿拉伯文的書籍得知火藥的知識。西元一二三五至一二四二年，蒙古西征時，把火器和火藥帶到歐洲戰場，使歐洲人開始見識到火器的威力，但受限於技術因素，當時未能直接掌握這些火器。十四世紀初，歐洲人在十字軍東征中遭到回教徒的猛烈進攻，才開始製造火藥及火器。到了十四世紀四〇年代，歐洲的法、英、義大利等國已漸漸在戰爭中使用火器。

鄭和下西洋與中外交流

從很多方面看來，蒙古人算是相當具有世界觀的民族，但他們遺留下來的開放政策，在傳統中國卻引起極大的反彈。明朝的幾位皇帝，對於外來的民族和文化，興趣缺缺。事實上，明朝的皇帝徹底地否定了蒙古人的想法。他們認為既然中國南方有青翠的農田，就應該以農立國，無須靠對外貿易來生存。換言之，中國應該自給自足。雖然蒙古已經不再統治中國，明朝的政權仍然小心翼翼地防守西北疆域，以防蠻族入侵。因為他們生活在和諧的農業文化中，很怕受到蠻族的侵擾，於是他們想徹底封鎖北方的疆界。為了達到這個目的，他們不僅切斷了和北方蠻族間的一切聯絡，更重修舉世聞名的萬里長城，徹底關閉北方的邊界。

明朝永樂之後，漸漸開始實施海禁政策，使得以往交流頻繁的中西陸路交通失去了往日榮景。此後，雖然鄭和下西洋曾立下許多創舉，但這些活動僅如曇花一現。此時的中國社會趨向保守與封閉，不但廢除了宋元施行已久的市舶制度，還長期實行嚴格的海禁政策，中西的海路交通因而大受影響。

明初的海禁政策

明朝建立之後，朱元璋除了加強西北邊境以防蒙古勢力死灰復燃外，對東南亞各國則採取和平穩定的外交政策。但對外貿易方面，他的態度轉趨保守，取消了宋元以來的市舶傳統，廢除寧波、泉州、廣州等地的市舶司，採用消極的「朝貢」交易方式。實際上，朝貢交易不僅沒有實質的經濟效益，反而增加國家的財政負擔。明洪武十五（一三八二）年，改為實行「勘合」制度，對朝貢的國家加以限制。到了明洪武二十九（一三九七）年，仍然和中國保持朝貢關係的國家只剩下安南、占城、真臘和暹羅。

此外，明朝還實施對海外貿易限制更大的海禁政策，即禁止私人出入海外從事貿易活動。除了社會經濟原因外，此舉是為了防範在東南沿海活動的張士誠、方國珍殘餘勢力，以及來自日本的倭寇問題。明朝分別在洪武四年、十四年、十七年多次頒布律令，嚴禁民眾私自出海貿易。洪武十七年，甚至禁止人民出海捕魚。永樂年間，雖未廢除海禁，但已實施較為開放的對外政策，再加上有鄭和七次下西洋的舉動，某種程度上刺激了私人海外貿易的復甦。明中期以後，儘管政策時緊時鬆，沿海居民仍常冒生命危險從事海上走私貿易。

鄭和下西洋

明代的造船技術與航海技術，提供了鄭和（一三七一—一四三三）下西洋的有利條件。從明成祖永樂三年（一四〇五）至明宣宗宣德八年（一四三三），鄭和七次大規模出航。從船隊規模上看，鄭和首次遠征，大型寶船六十二艘，人員達兩萬七千八百人。據《明史》記載，寶船（又稱大舶）長四十四丈、寬十八丈（約長一六〇米，寬六六米），載重量不會少於二千噸。而近百年後的達伽馬船隊，僅有四艘船。其中較大的兩艘，排水量不過二百噸。整個船隊才一百多人。至於著名的哥倫布首航美洲，其船隊也只有三艘。最大的旗艦「聖瑪麗雅」號僅一二〇噸，長三十四米，全隊人員八十八人；即使哥倫布規模最大的二次美洲航行，全體乘員也不過一千二百人。

在航海技術方面，鄭和下西洋時，已經廣泛使用帶有二十四定位的針盤。我們現在所能得知當時的航海技術知識，來自於明代茅元儀的《武備志》，書中有份「鄭和航海圖」。這幅圖畫有從南京，經蘇門答臘、斯里蘭卡、阿拉伯海，一直到東非的圖象，記載了三百多個地名，對航行方位、航程遠近、停泊地方、暗礁所在及星位高低，都有詳盡的繪製，是一幅非常實用的地圖。這充分顯現了十四世紀初，中國航海技術所達到的超高水準。

✣

鄭和下西洋的原因，可歸納為以下幾點：一是政治因素。明成祖即位後，擔心可能逃亡海外的惠帝（一三七七—？）及其追隨者會對自身政權構成威脅，因而派遣鄭和赴海外追蹤訪查，同時宣揚國威。鄭和七次遠航，前後近三十年，訪問了許多國家和地區，較大規模的武力行動，不過三次。而真

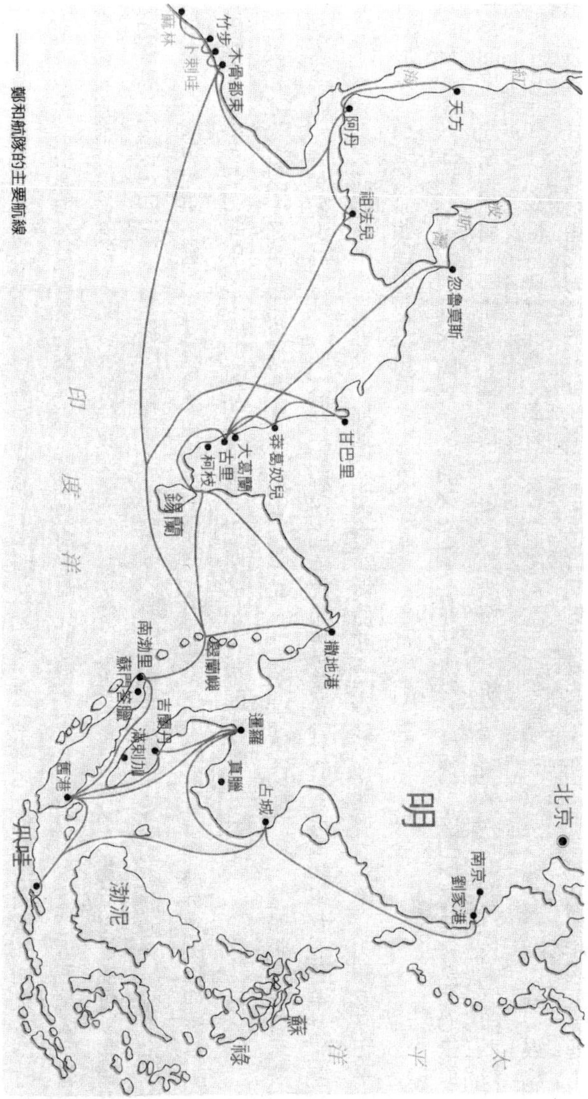

圖 1-3　鄭和下西洋路線圖

——鄭和航隊的主要航線

正稱得上國與國之間的衝突，只有對錫蘭那一次。二是教化因素。明成祖明白表示遣使遠航的目的，是為了向海外番國宣揚教化，以禮儀改變屬國的夷狄之氣。三是經濟因素。有一種說法認為鄭和下西洋，是為了推行「朝貢」交易，以解決當時明朝的財政困難。這種說法，仍有待商榷。如果當時財政困難，以至需要靠對外經濟交往來克服。明朝政府從哪兒取得那麼多的錢糧，以支持近三萬人動輒數年的龐大開銷？再者鄭和遠航發展的朝貢交易若是為了解決當時的財政問題，為什麼這項可以開闢財源的舉動，卻在一四三三年突然中止呢？可見，將解決財政困難作為鄭和遠航的經濟因素，並不足以完全解釋這段歷史大事。另有學者認為鄭和船隊肩負的經濟任務，是由船隊直接向海外諸國換取香料、珍禽異獸、金銀及寶石等中國所無的貨品。這樣的經濟因素較有可能。

鄭和之死成謎，通說是明宣德八年（一四三三）年，在第七次下西洋途中，當船隊由忽魯莫斯回航到古里時，鄭和病逝於當地，船隊同年回到中國，鄭和遺體最後葬於南京。鄭和七下西洋，前後歷時二十八年，走訪過三十多個國家，促進了明朝政府與亞非各國的交往關係，並確立明朝友好和平的外交形象，加強了亞非國家間的經濟文化交流。

鄭和下西洋期間曾吸引許多國外使節前來中國，其往來數量之頻繁，前所未見。就連過去很少往來的東非國家，都與中國建立了官方關係。鄭和雖然每次出航都帶領萬人的大批官兵，但卻不輕易用兵，前後二十八年間只動武三次。此外，鄭和船隊每次下西洋都帶大量的絲綢、瓷器、金、銀及茶葉，並換回許多受訪國家的特產。雖然這些基本是以朝貢回賜的方式進行，但在某種意義上促進了東西的物質交流。

鄭和病逝之後，明朝船隊在南海、阿拉伯海、印度洋頻繁往來的景象開始沉寂，其中原因可從政治及經濟兩方面來看。政治上來看，鄭和航海事業的興廢主要取決於皇帝的個人意志，而在中國傳統社會總體上趨於保守的明代後期，大規模的航海運動顯然缺乏必要的政治基礎。

從經濟上來看，鄭和與海外各國的貿易關係主要是來自朝貢與回賜，由於厚往薄來的政策完全違反商業規則，導致朝貢交易的規模越大，明朝政府的負擔就越重。鄭和船隊每到一地，所賞賜的寶物往往大於貢物的價值，有時所回收物品的價值甚至不到賞賜物品的十分之一。其次，鄭和下西洋的船隊規模龐大，大小船隻兩百多艘，光是建造、修理及維護運用，以及每次隨行兩萬多人的日常開銷，就是相當大的一筆費用，幾乎削弱了大量的國庫財政。

明末以來的中西文化交流

在明末清初之際中西交流中，天主教耶穌會扮演相當重要的角色。當時外國來華商人的活動範圍只局限於個別的沿海港口，而且停留時間有限，沒有行動自由。相較之下，長期生活在華人社群的天主教傳教士，更有資格成為中西及中歐文化交流的主要媒介。這個時期來華的天主教傳教士，雖分屬於多個宗教修會和團體，他們對中國語言及文化熟悉的廣度及深度，卻無人能及。耶穌會士深刻地影響了中國人對於基督宗教的看法，更影響了歐洲人對中國的觀念。

西方殖民勢力在亞洲的擴張，不僅打破了明朝前期建立起來的南洋朝貢體制，也逐漸地迫使明朝直接面對西方。近代以前，中國文化與外國文化有兩次大規模的接觸，一次是魏晉南北朝時期的佛教傳入中國。另一次就是明末清初之際，耶穌會士進入中國，帶來中西文化交流。

大批耶穌會士來到中國傳播「天學」，對於中西文化交流有積極的作用，利瑪竇就是這些傳教士中最著名的一位。雖然義大利探險家馬可．波羅早在元朝時就已經來到中國，不過，中國與西方的真正接觸，其實要從明朝末年利瑪竇的東來算起。他和以前不同的是，這一次較屬於精神層面的接觸。明朝末年時，沒有一位西方人像利瑪竇一樣在中國宮廷中有那麼大的影響力。

明末耶穌會士利瑪竇

利瑪竇於一五五二年生於義大利，當十五、十六世紀歐洲正在開闢新航路與地理大發現時，各教團也紛紛欲前進亞洲地區推廣「福音」，他在一五七七年參加了往印度的耶穌會教團。在那期間，他學習了豐富的自然科學、神學、哲學及歷史知識。一五八二年，利瑪竇抵達已屬葡萄牙根據地的澳門。利瑪竇剛到中國時，修正了以往傳教士前輩的作法。其一是放棄扮演僧人的角色。他很快意識到穿僧服無助於耶穌會與統治階層之間的友誼關係，這是因為僧侶在中國的地位低下，而統治階層都是士人。一五九二年底，利瑪竇開始以儒服面對世人；其二是放棄對歸化者數量的單純要求。在中國居住數十年之後，他明白要在短期內吸引許多中國信眾是難以實現的。因此他轉為緩慢而有耐心的開展工作。

他透過三方面來拓展傳教事業。首先，深獲中國皇帝認同；其次，說服當朝的士紳；再次，拉攏民心。自耶穌會成立之後，這些會士就相信自上而下的作法有其基礎效果。利瑪竇雖然遵循此政策，但他認識到中國上層人士是一群高度重視道德原則與倫理行為，對科學比對宗教更有興趣的人。因而他進一步發展出在中國士人中實行知識傳教的政策。這促使此後兩百年，耶穌會士的數學家、建築家、地圖學家及機械學家紛紛來到中國，奠立西學東傳的基本內容。

萬曆二十八年（一六〇一），他在朋友們的協助下，入京朝見明神宗，獻上天主經典、自鳴鐘、天主聖像、聖母像和萬國地圖等禮物，獲得在京城居留的殊榮。利瑪竇的入駐北京，象徵著西方文化的東傳歷史進入了新階段。為了結交各級官吏士紳，加強對上層階層的影響，利瑪穿上了儒服，廣泛結交朝野人士，積極宣傳西方科技，餽贈西洋珍奇器物，並以精通天文、地理與數學知識的學者形象在士紳面前出現。利瑪竇不僅尊重中國習俗，還熟讀儒家經典，獲得大多數士人的讚許。當時幾乎所有接受天主教信仰的士大夫，都是受到傳教士所帶來的科學知識之吸引，其中以徐光啟、李之藻、楊廷筠三人最為著名。同時，利瑪竇對中國文化也有深入的了解，利瑪竇與中國士紳階層有很深的交往。他曾與徐光啟、李之藻合作翻譯了《幾何原本》與《同文算指》等科學著作。到了晚年，他還撰寫了《畸人十篇》，這是一本用儒家學說來解釋天主教教義的著作。

利瑪竇在華二十八年，致力於將中國文化、西方科學和天主教義緊密結合，而獲得輝煌成果，被後人稱讚為中西文化交流史上的最佳典範。一六一〇年，利瑪竇在北京病逝，但並未因此影響傳教士的步調。此後，各種有關曆法、地理、天文、醫學和水利的著作陸續引進中國，帶給中國人新的思維方式，而中國文化也經由傳教士的介紹傳到歐洲。

衝突的開始

在眾多接觸過傳教士與天主教的中國士人中，接受天主教信仰的畢竟只是少數，大多數人的態度介於奉教與反教之間。到了十七世紀中葉，中西雙方關係似乎有了轉折，士紳們慢慢發現傳教士們只不過是一些披著羊皮的假儒徒，他們對儒家經典有完全不同的詮釋，其意圖在改寫中國的經典傳統。傳教士的舉動觸怒了當時的一些士大夫，例如一位福建泉州的文人，就認為傳教士只是一些從事曆書和天文儀器工作的學者，所以才與他們保持交往，一旦當他獲悉傳教士對中國經典有不同詮釋時，他的原有觀念就完全改變了，隨著中國士大夫和傳教士的文化隔閡不斷加深，彼此間的衝突勢所難免。

萬曆四十三年（一六一六），擔任南京禮部尚書的沈㴶首先發難，他以崇正學、黜異端為由，力斥天主教。他列舉的項目如下：勸人只奉天主，不可祭祀祖宗，這是教人不孝；私自學習曆法，違背了律令中不可私習天文的禁令，容易發展成邪說，混淆視聽；西教擦聖油和灑聖水，聚集男女於一室，容易敗壞風俗。此後，雖有大學士徐光啟的極力辯護，中國的傳教士還是幾乎全遭到驅逐。其與在知識界的發展相較，傳教士在民間的活動無疑是較成功的，利瑪竇甚至被視為是上海鐘表業的行業神，這在中國是史無前例的。但中國的主導力量畢竟是士大夫，因此利瑪竇的傳教事業最終還是遭到挫敗。

天主教與中國文化的衝突：清初的禁教

康熙曆獄

清朝於一六四四年入關後，原來為明代效力的耶穌會士轉而擁護滿清的新政權。事實上，清政權極需要耶穌會士在天文、曆法和火砲方面的知識，他們對於耶穌會士給予相當崇高的地位。例如曾為明政權設局造砲的湯若望就被任命為清朝的欽天監正，且成為順治皇帝的寵臣。清初天主教的傳教事業相當順利，全國的教徒逼近二十萬人。康熙皇帝在位的前四十年（一六六二—一七〇二）是在華耶穌會士的黃金時代。中西的文化交流創下空前的紀錄，康熙皇帝曾親自向南懷仁學習幾何、代數，並設立算學館，選八旗子弟入學，學習算術、曆象和樂律。法籍耶穌會士白進等數十人還以數十年時間繪製了中國有史以來第一部地圖「皇輿全覽圖」，流傳達兩百年之久。

但在這段期間，卻發生過一起著名的教案——「康熙曆獄」。湯若望在任職欽天監監正後，力圖獨尊西洋曆法，並壓制監內仍守舊法的天文官生，因而在順治十四年（一六五七），回回科秋官正吳明炫控告湯若望剝奪回回科例行擔任的工作。但在隨後的曆法測試中，回回法預推有誤，吳明炫因而獲罪，此次反對西曆的舉動因而失敗。接著，楊光先（一五九五—一六六九）在順治十六年左右撰寫一系列反對天主教和西洋曆法的文章，但對耶穌會士湯若望並未造成衝擊。康熙初年，楊光先再次抓住機會向朝廷控訴西洋曆法的錯誤。康熙三年（一六六四），在北京的耶穌會士湯若望、南懷仁、利類思等人遭到審問監禁。隨後，各地逮捕了三十位傳教士，遣送至廣東，「曆獄事件」演變成一場波及全國的反教運動。康熙四年，湯若望等人在太皇太后的請託下，恩赦出獄。康熙七年起，南懷仁開始上書替曆獄翻案。康熙八年，楊光先因遭檢舉曆法謬誤並依附鰲拜，遭到革職獲罪，「曆獄」紛爭才告平息。

儘管有楊光先這種頑固保守派，清初士人中已經有相當一部分將西教與西方科技相區別。這種區別正好幫助許多士人在對西學的排斥與容納之間，找到一塊緩衝地，這也可以解釋後來清朝政府雖然禁止天主教傳播，卻又繼續要求有一技之長的傳教士在宮廷中效力。總之，利瑪竇苦心設計出的適應中國文化方法，沒能有效地掩飾天主教與中國文化之間的深刻差異。此外，他的方法也沒能說服所有傳教士，傳教士之間的爭議，最後還是以禮儀之爭的形式爆發出來，進而動搖天主教與中國文化的對話。

禮儀之爭

由於教派間的內訌，發生了所謂的「中國禮儀之爭」。這個詞指的是十七世紀中葉到十八世紀中葉，在中國傳教士之間及傳教士與羅馬教廷間，有關中國傳統祭祀禮儀性質的討論。儘管這個問題直到一九三九年才解決，但這裡所談的只是持續百年的「禮儀之爭」。

耶穌會士自利瑪竇以來，一直認為崇信天主和敬祖祀天，兩者並不違背。康熙四十二年（一七〇三），教皇制定禁約，不准中國教徒祭祖、祭孔，並派遣多羅為專使。康熙皇帝於是傳諭在京西人：「今後若不遵利瑪竇的規矩，斷不准在中國住，必逐回去。」康熙五十七年（一七一八），教皇重申禁令，並派主教來華交涉，卻沒有得到回應。康熙皇帝於五十九年（一七二〇）下諭：「以後不必西洋人在中國傳教，禁止可也，免得多事。」

雍正時，所有西洋人除在京效力人員外，一律送往澳門；各地教堂，或被拆毀，或成為公廨、祠廟。高宗即位後，教皇下令停止耶穌會士的在華工作。乾隆皇帝對教士的管理也日趨嚴格。他曾下令福建、廣東兩省不准設立教堂，還曾逮捕教士。此外，他嚴令旗人與漢人不准信奉天主教，違者處以重刑。經過康、雍、乾三朝連續的施行禁教措施後，西方教會在中國的發展大受影響。西學也連帶受到波及，其發展逐漸衰微，到了嘉慶、道光年間，教士幾乎已無容身之所。

近來學者把「中國禮儀之爭」這場爭論分為狹義和廣義兩種說法。狹義地說，「中國禮儀之爭」只是指十八世紀初年的那場論戰。論戰分成對立的雙方：一方是在北京的康熙皇帝，另一方是在羅馬的天主教教皇。從廣義看來，這場論戰其實緣起於明末天主教耶穌會士開始進入中國時。不僅開始得早，而且結束得遲，一直延伸到本世紀的一九三九年。這一年裡，羅馬天主教宣布廢除以往對中國禮儀的禁令，允許天下的中國天主教徒進行祭拜祖先和孔子的儀式。中國禮儀之爭在基督教世界曠日持久地進行，涉及到很多中國經典，特別是儒家著作，普及了歐洲對中國文化的認識。不僅如此，因爭論而引發的思考和結論，延伸成為許多啟蒙思想的重要部分。可以說，歐洲教會內部的開明派和保守派之間關於中國禮儀之爭的爭論，是一次中國文化在歐洲的普及運動。

在初步的交往之後，一方面，中國士大夫中，出現了像徐光啟、楊廷筠、李之藻等願意接受西方天主教文化的人；歐洲天主教內部，也出現了以利瑪竇、艾儒略等人為代表的同情、容納和接受儒家文化的主張。這是中西文化交往中，雙方求同的一面。另一方面，中西方文化之間的巨大差異又無法迴避。當時無論是天主教士，還是儒家、佛教或道教信徒，只要嚴格堅持自己的文化標準，馬上能發現對方存在許多不合教理、教規的異端。因此，這種異文化之間的衝突勢必發生。一些偶然因素的觸發，也會造成劇烈的衝突。

從十七世紀初利瑪竇開始結交江南士大夫以後，天主教和儒家知識份子的關係基本是處於和諧狀態。大家聚在一起翻譯、刻印西方圖書，講習西方科學、神學或者中國的理學和語言文字，不少人受洗入教。這一時期，雖然也有像「南京教難」這樣的衝突發生，但整體而言，百年間，出現了中西文化交往歷史上少有的熱烈景象。然而到了十八世紀初，也就是康熙中葉，形勢趨變。因為中國禮儀之爭的緣故，儒家文化和西方文化起了劇烈衝突，中西文化交流的歷史因而改變，此後就再也沒有恢復過當年的盛況。十九世紀以後，中西文化發生了更大規模的衝突，西方人用鴉片、砲艦打開中國門戶，也以其強勢文化凌駕中國。此時的士大夫，有的面對西方文化的強大而自卑，有的因維護自己的文化尊嚴而自大。

歷史性的轉折發生在康熙四十六年（一七〇七）。這一年春天，康熙皇帝在南巡時，召見了所有能趕赴行邸的傳教士，要求所有願意在中國傳教的天主教傳教士，必須具結由他本人親自發給的印票，簽字保證永遠留在中國，不回歐洲。這實際是要求傳教士和中國天主教會一起效忠康熙皇帝本人，並與羅馬梵蒂岡教會脫離關係。康熙斬斷了雙方的長久聯繫，中西文化的交流因而暫告結束。

在儒家文化與基督教文化接觸的歷史上，關於中國禮儀的爭論和研究，一直受到學界的重視。「中國禮儀之爭」和後來歷史上發生的「文化衝突」有很大的不同。至少在問題產生的時候，它沒有夾雜利益糾紛。有的學者則把中國禮儀之爭稱作是「教案」。但是，應該加以區別的是：鴉片戰爭以後發生的所有教案，都夾雜著政治、軍事、外交、法律、經濟的衝突。教案中所謂的宗教問題，並不完全是宗教性的，更大一部分是社會性的。然而至少在中國禮儀之爭開始時，中西雙方都只是為了維護宗教信念上和文化上的純潔性，主要目的屬於觀念性。為了保住中國天主教的地盤，羅馬教廷堅持對中國文化的批評。同樣，康熙皇帝也是在不得已的情況下，逐步地驅逐傳教士。因此，中國禮儀之爭在開始時是一場觀念之爭，是一種比較純粹的文化衝突。正因如此，禮儀之爭在中國及西方都產生深刻的思想影響。禮儀之爭不僅超越了教會內部，並且擴大到整個社會文化思想界，成為十八世紀以來的世界性熱門話題。

⁂

十七世紀前夕，明朝已是破敗分裂，再也無法抵抗北方異族的入侵，而這次由北方入侵的是滿洲人。滿洲人順利的征服蒙古、中國本部和西藏。雖然中國已經成了滿清帝國，但是各種典章制度大致仍沿襲明朝的制度。不僅如此，滿清皇帝還沿用明朝的皇宮，住在北京的紫禁城裡。在這裡，他們也接受古老的中國觀念，認為中國是世界文明的中心。高坐於此的清朝皇帝，很難想像為什麼中國還要靠外國供給物資？當然他們更難預見中國在不久之後又將屈服於異族，且此次蠻族並非來自北方，而是從海上來。這批異族來自歐美，有些是為了冒險，有些則為了傳教，他們大多數前來中國和太平洋西岸的其他國家，主要目的是來做生意賺錢。這批商人的出現，可說是完全出乎中國人的意料之外。

在十八世紀末以前，清朝認為中國人可以高枕無憂，他們擊退西方和北方的敵人，也無懼於西藏。他們所能想到的邊防漏洞就只剩下東南沿海。不過，海上雖然有不少海盜，這片海疆始終是中國人的勢力範圍。但是，漸漸地，歐洲人取代中國人在海上的地位。從十六世紀開始，歐洲人便到南半球海域及香料群島，尋找香料、橡膠和茶葉。當葡萄牙人、荷蘭人和英國人來到遠東探險時，由於路途遙遠，他們需要強而有力的武器自衛。他們很快發現他們的武器比亞洲國家更先進，這是因為亞洲商人大多只重視做生意的技巧，對武器的研發沒有興趣，歐洲人這種武器上的優勢，造成他們勢力大為擴張。

西方在工業革命中所發展出來的大砲，帶給歐洲人壓倒性的軍事優勢。因此在東南亞一帶，荷蘭人順利征服印尼，法國人也控制了中南半島。他們開始發掘殖民地的天然資源，然後運回自己的國家。然而，東南亞的資源和中國財富比較起來，卻是黯然失色。中國絲的質地良好，在當時可說是全世界第一；中國的瓷器品質也是出類拔萃，外國人因此把瓷器叫做「china」；而中國茶散發的香味和醇度，更令人無法抗拒。幾個世紀以來，中國僅僅讓少數外國商人買這些中國商品，作為他們向天朝順從的回報。對中國皇帝來說，中國是獨一無二的文化大國，而其他國家只是應當定期納貢的番邦而已，但這卻不是西方國家想要的交往模式。

參考文獻

古偉瀛編，《東西文流史的新局：以基督宗教為中心》，臺北，臺大出版中心，二〇〇五。

史景遷著，溫洽溢譯，《改變中國》，臺北，時報文化出版企業股份有限公司，二〇〇四。

何芳川著，《中外文明的交匯》，香港，香港城市大學出版社，二〇〇三。

黃一農著，《兩頭蛇：明末清初的第一代天主教徒》，新竹，國立清華大學出版社，二〇〇五。

費正清著，《費正清論中國》，臺北，正中書局，一九九四。

經典雜誌編，《海上史詩：鄭和下西洋》，臺北，經典雜誌出版社，一九九九。

第二章　近代中國的變局——鴉片戰爭

道光十九年（一八四〇）的中英鴉片戰爭迫使中國向傳統告別，蹣跚地走向近代。林則徐（一七八五—一八五〇）是中英鴉片戰爭的關鍵人物。他在廣州查禁鴉片走私時，派遣人員搜集有關英國的情報，主持編譯了《四洲志》。這本書是第一部向中國有系統地介紹世界地理的著作，打開了中國人的眼界。此後，魏源（一七九四—一八五七）等人編著了多部有關世界歷史及中外關係的著作。這些著作表現出中國人初步的世界意識。魏源根據林則徐的思想提出了「師夷長技以制夷」的新觀念，從「開眼看世界」到「師夷長技」，是深刻的文化觀念改變，也為大規模學習西方科學技術和洋務運動的興起，提供了思想基礎。

十九世紀中葉以來，中國與帝國主義列強簽訂了許多「不平等條約」。此後，中國不能制定自己的關稅，最終甚至必須任命歐洲官員來徵稅。當中國人不按歐洲商人希望的數量購買商品的時候，歐洲人不認為是自己的期望過高，反而認為是中國官員有意的阻撓，因而要求開放更多的通商口岸和減輕貿易限制。咸豐九年（一八六〇），英法遠征軍占領北京一個月，迫使中國接受新的條約，這項條約將通商口岸增至十四個。到了十九世紀末，西方列強在中國增加更多的通商口岸，租借其中一些較大的區域。在這些租借地中，外國人可以不遵守中國的法律，外國政府並享有在中國建立公使館和領事館的權利。同樣地，作為砲艦政策的結果，使基督教傳教士獲得在全中國傳教的權利。

鴉片戰爭的另一個結果是鴉片煙癮的繼續氾濫。咸豐十年的條約使鴉片貿易合法化，直到十九世紀末，鴉片一直是中外貿易的大宗。儘管光緒五年（一八八〇）後，鴉片進口數量日漸遞減，但十九世紀末時，西方觀察家曾估計，仍有百分之十的中國人吸食鴉片，其中至少三分之一有煙癮。這意味著中國人約有一千五百萬的煙槍，另有三千多萬人偶而吸食。可見鴉片問題確實是這時主導中國和西方展開互動的一個關鍵。

究竟是英國砲艇打開了中國，抑或是中國自己主動開放，已不再是爭論的重點。人口與對外貿易的增長，都迫使中國進一步與外面世界接觸。這種趨勢使得中國境內與對外貿易方面都發生了劇變。中國與英國（一八四二—一八四三）、美國、法國（一八四四）、及英法美俄（一八五五）簽訂的條約，雖然是以平等主權國的地位簽訂，但結果都相當不平等。到了二十世紀，訂條約的首要原則就是開通商口岸。到後來共開放了八十多處通商口岸。主要的通商口岸都有喧鬧擁擠的碼頭區與貨棧，其間到處是替代機器的苦力。碼頭的活動全部由中國的買辦監督，每個通商口岸的中心都是新興的洋人區，外國人的設施包括俱樂部、跑馬場、教堂。這些地方全由英國領事和其他國籍的同僚統治，並且由停泊在濱水碼頭區外的砲艇保護。

不平等條約的另一要項是關稅協定。咸豐三年（一八五四）被派到上海海關主管中國稅務的是外國督辦。其實中國政府任用外國人早有先例，而在赫德的領導下，中國「總稅務司」的西方官員們成為每個港口的重要管理者，維護著競爭機會均等，中國政府則從均等的外貿中徵收百分之五的稅收。

外貿的成長帶給了北京政府和沿海各省一筆重要的額外收入。所有締約國家憑最惠國待遇的條款，可以共享任何一國從中國壓榨取得的優待特權。條約系統愈擴愈大，清朝財力也隨之愈來愈衰弱。原本是中西聯營的鴉片貿易業已移入中國境內，一八八〇年代以後，中國本土生產的鴉片開始取代印度產品。英國贊助下的印度鴉片進口中國，前後共持續一百多年。所謂不平等條約的「條約世紀」，始於道光二十一年（一八四二），終於民國三十年（一九四三），英美正式放棄不平等條約中有關治外法權的規定為止。

鴉片戰爭前的中西關係史

茶葉登陸歐洲

從十八世紀初期開始，茶葉取代絲綢成為中國最大宗的出口商品。這個現象的意義在於它結束了兩千多年來絲綢在中外貿易的霸主地位。

歐洲人首先在印度嘗到了茶。一六〇六年，荷蘭人從中國將第一箱茶葉運到阿姆斯特丹，這是中國茶葉第一次到達歐洲。另有記載說，一六三七年，英國對華貿易船隊的成員曾在廣州見過茶葉，這批人返回倫敦後，曾以非常訝異的口吻描述中國的茶葉。一六五三年，法國也出現了茶葉，但是以藥物的名目出現，社會普遍接受的程度也不高。直到一六五七年，荷蘭人把少量中國紅茶轉運到英國，才是茶葉首次登陸英國。一六五八年，英國報紙刊登了鼓勵飲用茶葉的廣告。一六六四年，英國東印度公司或從荷蘭人手中，花了四磅五先令購買了二磅二盎司的茶葉，當作珍奇禮品贈送給英皇。此後，英國人以飲茶為榮幸之事，報紙蔚為奇談。

十七世紀後半葉，茶葉在英國的的銷售情況並不穩定。茶葉在歐洲成為一種普遍流行的日常飲品，可是經過了一段漫長的時間。直到一六九七年，經過近半世紀的適應，英國人才開始普遍接受茶葉。此後，茶葉開始普及化，每年英國進口的茶葉高達萬磅以上，每磅的售價約十六先令左右。往後一百年，英國的茶葉消費量增加了四百倍之多。英國及荷蘭成為歐洲茶葉的兩大消費者，其次以北歐及北美為主。在一八三四年東印度公司解散的最後幾年，茶葉是從中國輸出的唯一物品，並帶給英國國庫每年約三百三十萬磅的稅收。從中國來的茶葉提供了英國國庫總收入的十分之一以及東印度公司的全部利潤。其實，絲綢貿易在茶葉貿易興起後，並未消失，仍持續發展。在一八八七年，英國從中國輸出的生絲反而取代了茶葉，成為中國最主要的出口商品。到一八九八年，蠶絲的出口值已經是茶葉出口的兩倍。

十八世紀中葉，茶葉已經從奢侈商品變為英國社會各階層都喜好飲用的日常消費物品。茶葉帶給英國人的社會生活相當多變化。王公貴族會在招待會上，穿著講究的衣服，三五成群地飲茶、玩牌、散步或聊天。茶葉還改變英國人的作息時間。在十八世紀，下午茶成為日常生活必做的一件事。在夏天，下午茶由茶及配奶油的麵包構成；到了冬天，則是茶搭配奶油鬆餅。就像廣東人喝早茶一樣，這個十八世紀開始的習慣，一直延續至今日。茶葉在英國的流行還創造出一批靠茶葉維生的茶葉經銷商。在一七六四到一七六五年間，英國約有五萬間小酒館及小吃店出售淡啤酒及茶水。同時期擁有執照的茶商共三萬兩千二百三十四名。到了一八〇一年，合法茶商已經有五萬六千人。茶葉的稅收也為英國國家帶來豐厚的稅收。十八世紀中葉時，茶葉的稅率高達百分之一百，成為英國最重要的稅收來源。

茶的高關稅帶來走私的猖獗。到了一七八四年，據估最少有八百萬磅的走私茶葉進入英國。由於走私猖獗影響了合法商人的權益，英國在一七八五年頒布了「交換法」，將茶葉關稅調降到較為固定的形式，英國境內的茶葉價格才大幅下降，走私無利可圖後，英國東印度公司的銷售量開始激增。一七八五年後，進口量超過一千五百萬磅，遠超過歐洲的總和。

中國茶葉在英國迅速普及有幾個原因，其中一個與清政府對大米的禁止和對生絲出口的限制等政策有關。而負責中英貿易的英國東印度公司也在這之中扮演重要角色，從提倡茶葉的消費到購貨，從轉運到進口，公司透過茶葉賺取龐大資金，也使茶葉在英國流行開來。茶葉銷售量增長的另一原因是茶葉已從宮廷奢侈品轉變為一般大眾普及飲品國內需求大增。但當中國的茶葉在十八世紀成為英國民族不可或缺的日常消費品，當時的英國卻沒有中國所需的大宗物品當作貿易交換，因而只能用白銀來購買。到了十八世紀末，當白銀來源發生問題，鴉片貿易順勢出現，希望能以鴉片貿易的利潤換購中國的茶葉，維持中英的茶葉貿易。

鴉片登陸中國與東印度公司

鴉片由兩年生本草植物罌粟果中的白色乳汁凝結而成，裡面含有特殊的生物鹼——嗎啡，適當服用可提神解痛，過度服用則容易上癮。十六世紀，葡萄牙人及荷蘭人將印度出產的鴉片吸食方法傳入中國。萬曆十六年（一五八九），鴉片就列入明朝政府的關稅項目，每十斤稅銀二錢。到了乾隆五十六年（一七九二），中國的年輸入鴉片已達兩百箱，也是在同一年，清廷首次對嚴重的鴉片吸食有所回應，因而頒布了第一次的禁煙詔令，但成效不彰。

葡萄牙控制下的澳門曾是早期鴉片進口最重要的根據地，距離香港約有三十英里。清朝把澳門徹底地和中國其他地方隔絕，讓葡萄牙人自行治理。在十九世紀前夕，歐美人士在這享受和家鄉類似的生活。雖然位在中國南方海岸，但澳門簡直就像個歐洲的縮影。十八世紀七〇年代以前，葡萄牙殖民者企圖將澳門變為葡人經營鴉片的壟斷市場。但畢竟葡萄牙的人力及財力有限，不可能全部壟斷鴉片貿易。

從道光七年至道光十五年（一八二八—一八三六），鴉片改變了中英之間的貿易失衡現象。在印度巴特納市的英國工廠裡，罌粟花提煉成精後，首先送去秤重量，做品質檢驗。然後再把它放進桶子裡，跟沙子及紅糖混在一起，最後再搓揉成球狀，大小和砲彈差不多。只要有一百五十名工人，一天就可以製造出一萬一千枚鴉片球，這個數量足夠二十萬中國癮君子抽上一個月。在這個銷售網中，鴉片商人首先由澳門出發，然後駕船到伶仃島。雖然大量的鴉片會卸貨到伶仃島邊浮動的鴉片船上，遠離中國官方的監督，但最後鴉片仍須由廣州賣出。鴉片交易的情況如下，中國的批發商會在城市中向港腳公司買得執照，然後在躉船中交換真正的鴉片，然後用走私鴉片的快船「扒龍」載走。這些船員大都為蜑民，他們會溯河而上，然後到內陸的分配站，再由盜匪集團或三合會走私運送至中國內陸。

一六〇〇年，二百一十七位倫敦商人、貴族及官員集資成立英國東印度公司（The East India Company），董事會由二十四人主持，這是在王室的特許下，執行英國與東方貿易任務的最重要機構。十八世紀以來的英國東印度公司，是一個集合了領土占領、政治經濟及軍事司法於一身的龐大殖民機構。它壟斷了英國對東方的所有貿易，也是英國政府在東方實行殖民統治的直接代理人，印度就是一個最明顯的例子。

一七七三年，英國政府下令東印度公司建立「收購承包人制度」，承攬鴉片的收購。東印度公司的制度有兩個特色，一是英國的鴉片貿易對象，從一開始就明確指向中國；二是英國鴉片貿易的目的在於扭轉中英貿易的逆差，改變白銀大量流入中國的情形，改善英印政府的財政狀況，平衡中英貿易收支。當時世界上的幾個大鴉片產地，都在英國人的控制下。為了避免引起正實施禁煙政策的中國政府抗議，英國的策略是印度境內的鴉片生產、收購、拍賣全都交由東印度公司一手包辦。一七九九年，東印度公司廢除上述制度，直接壟斷鴉片貿易的全程，出了印度，則由「港腳商人」負責將毒品運銷至中國。十八世紀的最後十年，每年從印度銷往中國的鴉片約有兩千箱。一八〇六增至四千箱以上。到了一八二〇年，印度的鴉片取代了印度棉花，成為英國和整個西方世界對華輸出的最大宗物品。

⸸

東印度公司在發展過程中，除了外面勢力的反彈外，也遭遇來自自由商人的競爭。其中一個是經營「港腳貿易」(country trade)的商人,他們是公司以頒發執照的方式允許經營中國至印度間貿易的私商。「港腳」是 country 的譯音。「港腳商」又被稱為是「散商」或「自由商」。另外一個是公司自己的人。東印度公司允許它的船員攜帶一定數量的金錢和貨物,以補充他們薪水的不足。但最後撼動東印度公司地位的不是散商,而是來自英國本土的新興企業家和資產者,特別是紡織集團。

十九世紀以後,伴隨英國紡織業的突飛猛進,東方的優勢不再,開拓海外市場漸成為英國棉紡業的重心。基本上,東印度公司主要建立在東方產品向英國出口的基礎上,其利潤以中國茶葉及印度紡織品為銷售大宗。道光十二年(一八三三),英國政府廢止了東印度公司的壟斷特權,這是在中英關係史上的一件大事。它帶來兩個影響:經濟上,除一小部分外,英國對華貿易基本上成為自由商人的天下。儘管此時中國的情況依舊,舉凡行商制度、廣州通商口岸政策、市場、閉關政策都還是舊局面,但仍有許多新設立的商號紛紛湧進中國市場。道光十二年(一八三三)在廣州的英國商號原本為六十六家,到道光十六年(一八三七)增加到一百五十六家,其中較著名的如「怡和洋行」、「顛地洋行」。政治上,原有的東印度公司與中國的關係,被英國政府直接取代,外交部代替了董事會,駐華商務監督代替了「大班」(supercargo,商務代理人)。此後,西方的國家體制、外交體制、文化體制、商貿體制,乃至於社會體制與清朝的「天朝體制」,有了更全面的接觸和衝撞。

大班、商館與十三行

在道光十三年（一八三四）東印度公司結束對中國貿易特權之前，管理英商在華貿易，負責與中國打交道的是「大班」、「商館」及「管貨人委員會」。大班（supercargo），指的是出資者在駛往外國口岸的商船上，所派駐的隨船及駐岸代表。他們負責交易的所有過程，充當商務代表。這些人必須要熟悉商貿的各種細節及具備語言能力。剛開始時，他們會依靠一位操半生不熟葡文的中國人，或者是一位會說中文的葡人，但這必須冒著被欺騙的風險。在一六九〇年前後，這些英國大班藉助法國傳教士的語言幫助進行貿易。到了十八世紀初期，一種古怪的方言「廣東英語」（pidgin English）取代了中葡混合語，成為中西貿易的正宗通用語。這種「廣式洋涇濱」是一種混合方言，主要詞彙融合了英語、廣東話、葡語及印度北部語言，它不講英語語法，卻夾雜中文的語法，譬如說「You and I are No. 1 olo flen, you belong honest man, only got no chance」，意思是說「你我是一等一的老朋友，你是個誠實人，只是運氣不好」。這種「廣式洋涇濱」曾在廣州外貿過程中流行一百多年，並成為鴉片戰爭後流行於上海灘的「上海式洋涇濱」。經由這種語言，英國大班因而能直接與中國商人進行貿易。

「商館」（Factory）有兩種意思，一是外商駐華貿易機構，另一個是外商入華後的居住場所。康熙二十二年（一六八四），英商在廣州成立商館。乾隆二十一年（一七五七），清政府在廣州實行對外貿易政策，設在廣州以外的商館因而關閉，廣州商館成為西方商人唯一的居住地區。廣州商館位於十三行街，原由行商畫地或建屋出租外商使用，後來商務繁盛，投資者則另建館所出租外商。逐漸地，在十三行街以南的地界出現十三個商館，距離珠江僅三百步的距離。商館實行封閉性管理，與廣東居民居住區有所間隔，無關的華人不能進出，外國女性不得進入，不得攜帶武器彈藥。雖然規矩訂立的相當嚴格，但實際執行上則有所出入。

管貨人委員會（Permanent Council of Supercargoes），中文俗稱「公班衙」，是英國東印度公司駐派中國管理商務的機構。管委會的初步形成，反映出公司駐華機構由臨時向常設的過渡。初期階段，雖然大部分大班脫離固定船隻，成為專門的管貨人，但他們仍與過去服務的船號有較密切關係。因此，管貨人之間，以及董事會與管委會之間常出現猜疑矛盾。他們只在貿易期間隨船離開中國，這種流動性不利於貿易的穩定發展與經驗的累積。一七七〇年，東印度公司董事會又對管委會進行改革，此後，大班們不再隨船隻往來，而是組成一個永久性管委會，常駐中國。從早期的大班，商館，到後來的管委會，可以反映出英國對華貿易的不斷擴展。

外交插曲：馬嘎爾尼使華團

英國對華外交活動，早期只是書信往來，但多未送達中國朝廷。十八世紀以來，面對法國的競爭，英國只有東方及美洲的貿易在擴展，其他同西班牙、葡萄牙及地中海的貿易都在減少。因此，英國相當急迫地想與中國建立更緊密的關係。十八世紀晚期到十九世紀初期，英國對華展開了較為正式的外交關係，以馬戛爾尼使華團為顛峰。

馬戛爾尼歷任駐俄大使、國會議員及殖民地總督，曾主持過對英國相當有利的英俄商務條約。該使節團相當龐大，正式文職成員有九十五人，隨團人員尚有外交官、商人、畫家、教師、會計、樂手、天文算學家、內科醫生、官兵水手及翻譯，共七百人。乾隆五十六年（一七九二）九月二十五日，使節團分乘數艘船，於乾隆五十七年（一七九三）六月二十日抵達廣東外海，八月二十一日到北京，十月七日返回廣州，乾隆五十八年（一七九四）赴澳門後返回英國。前後兩年，在中國停留時間約五個多月。

馬戛爾尼抵華後，清廷一如往常將這個使節團視為「朝貢」。這一誤解的產生，與天朝意象中只有番邦貢國，沒有平等外交的概念相符；也與英國打著向乾隆皇帝祝壽的名義有關。使華團進入中國後，乘坐的是中國官方所提供的「貢船」，船頭還高掛著寫有「英吉利貢使」的幡旗。對乾隆皇帝而言，既然是貢使，晉見皇帝時應當依照慣例進行三跪九叩大禮。但對馬戛爾尼而言，除了向上帝及女性下跪以外，晉見乾隆只能按照見英王禮節，屈膝握皇帝手並親吻。經最後協調，馬戛爾尼見到乾隆時只向皇帝屈膝而已。

馬戛爾尼晉見乾隆的磕頭禮儀最後引起雙方的隔閡不快，並導致嚴重後果。此時清朝的對外意象，只有傳統的宗藩觀念，絕少有近代外交理念。鴉片戰爭前的中國對外關係有兩種類型，一種是藩屬國類型，大約有十個國家，如朝鮮、琉球、安南等，這些國家大都位於中國周邊，與中國有傳統的官方關係。這些國家自認為是中國的藩屬，尊中國為「上邦」，雙方用冊封、賞賜及進貢等形式維持宗藩關係。第二種是西方貿易國類型。這些國家除俄國以外，都從海上來，與中國的距離較遠，明朝中期以前，基本上與中國沒有多大的往來，他們與中國的最初關係是一種商貿關係。

在鴉片戰爭之前，這兩種圍繞著中國的國際關係體系同時並存。前一種通常相安無事，後一類則常處於動盪中。一方面是因為西方國家頻頻企圖衝破中國的傳統體制；另一方面則是清政府想把後面這種關係納入前面這種體系中，要求來華國家一律以朝貢國家形式出現。在馬戛爾尼來華前的西方使節雖然不認同這種想法，但入華後大都會遵循中國禮儀，行跪拜磕頭之禮。接受了英國政府及東印度公司雙重指派的馬戛爾尼，在遞送的英國國書中，明確的要求許多特權，例如對英商開放舟山、寧波、天津；准英人在北京設置貨倉，出售貨物；讓轉運澳門及廣州的貨物免稅；英國使節常駐中國。當乾隆皇帝見到翻譯成中文的國書後，才知英國的目的不是要祝壽，而是要求擴大在華權益。乾隆皇帝拒絕這些要求，並下令這行人快速離開中國。

律勞卑事件

一八三三年，英國廢除了東印度公司的專利權之後，外相巴麥尊遂指派一名英國商務監督律勞卑來到廣州。在廣州貿易關係中，中國官員與外人之間的直接交涉是被禁止的，律勞卑一來到廣州就打破了這項協議。道光十三年（一八三四）七月二十五日，他抵達廣州後發出一封信給中國官方，但這封信很快就遭到拒絕，兩廣總督盧坤（一七七二—一八三五）命令他立即回到澳門。律勞卑拒絕，盧坤因而中斷雙方貿易，並封鎖商館切斷補給。當時，律勞卑並未遵守英國外相「不得破壞現存中英關係」的訓令，下令兩艘戰船砲轟珠江，並向印度請求救兵。盧坤則派出六十八艘戰船，並得到皇帝的首肯，開始動用武力，雙方堅持了十七天，最後律勞卑失去本國商人的支持，只好屈辱地退往澳門，十月因瘧疾病逝於當地。

律勞卑事件的意義有二，一是使得清朝官員相信英國貿易商在封鎖事件中只是無助的的人質；二是讓律勞卑的繼任者知道，若缺乏戰爭的計畫，則對廣州貿易的挑戰是愚昧的。道光十五年（一八三六），巴麥尊任命澳門副監督義律為商務監督。義律雖然得到新任兩廣總督鄧廷禎（一七七六—一八四六）的同意，可以到廣州來辦事，但他一直希望以武力來打破中英的外交僵局。道光十七年（一八三八），義律從印度艦隊中帶了兩艘軍艦到達廣東，希望這場武力的牛刀小試能改變中國官方的態度。鄧廷禎對於艦艇的出現感到震驚，但他沉著面對，並未給予英國開啟爭端的藉口。之後，義律見無機可乘，遂於十月命艦艇駛回印度。

對於道光十四年（一八三五）的港腳商人而言，他們已經知道，只要對中國貿易的稅收繼續流回英國，英政府就不會發動戰爭。只有當英國、印度及中國的大宗交易物品鴉片貿易受到危害時，英國外相才有可能做出符合自由貿易者們殷切期盼的舉動。

在中國貿易的限制極多，因此東印度公司失去壟斷特權後，英國的自由貿易商人開始向國內議會施壓，呼籲中國有廣大的內陸市場，以往一七九三年馬戛爾尼的外交方式已經行不通，戰爭才是解決問題、達成貿易特權與平等外交往來的唯一途徑。

都是鴉片惹的禍——鴉片戰爭

「鴉片戰爭」的神話與林則徐

一九五九年，中國大陸製作了一部名為「林則徐」的電影，在這部影片中，中國大陸創造清朝鴉片戰爭的神話。影片中的林則徐是一位清廉的官吏，滿清皇帝任命他為兩廣總督，代表大清帝國在廣州全權執行反毒的工作。林則徐在道光十八年（一八三九）抵達廣州，檢閱武裝部隊，準備對抗英國鴉片商人。在中國大陸杜撰的歷史神話裡，鴉片戰爭是共產黨革命的前奏。在這個神話中，中國農民在林則徐的感召下，奮起團結，英勇的擊退了英國人。然而，事實卻和電影情節大有出入。就像蒙古帝國一樣，清朝的武力是建立在騎兵部隊。滿洲人無法想像西方軍隊不從陸上入侵中國，而是從海上乘著軍艦而來。

圖 2-1　林則徐

林則徐於乾隆四十九年（一七八五）生於福建福州，天資聰敏，熟讀四書五經，嘉慶十五年（一八一一）中進士。他曾任江蘇巡撫，後再升兩廣總督。對推動對抗鴉片毒害的工作不遺餘力。他觀察到，不僅已有千萬金銀落入鴉片販子手裡，而且鴉片容易令人上癮，會控制癮君子的生命。雖然法令明文禁止吸食鴉片，但卻沒有人理會。單在廣東就有百分之二十五的人吸食鴉片，上自高官、商賈、士兵；下至販夫走卒、婦女和僧侶，都沉溺於鴉片的煙霧中，很多家庭因此破碎，甚至有許多人為此挺而走險。

吸食鴉片成為一個風尚後，鴉片貿易由每年五千箱快速增加到七萬箱，每箱重約兩百磅。嘉慶二十五年至道光十四年（一八二一－一八三五）間，中國皇帝已經下達四十多道命令禁止鴉片，但沒有一條能確實執行，其中有關貿易的問題是一個很重要的因素。當時每年的貿易差額高達一千萬兩，因此出現了各種解決鴉片問題的方案，例如：有總督提議讓中國農夫種植罌粟，來跟外國鴉片競爭；或者是把鴉片合法化，讓人民可以公開吸食鴉片，希望可以藉此脫去鴉片的神祕面紗，進而減低鴉片的需求。況且公開化可以遏止官員從中貪汙舞弊，也可以為庫房帶來一筆穩定的海關稅收。道光皇帝對這些意見都不以為然，他認為鴉片貿易一定要禁止，若讓它蔓延全國，不單只會家破財散，最後更會亡國。

在這些官員中，只有林則徐的意見較受到道光皇帝重視，林則徐認為：「若猶泄泄視之，是使數十年後，中原幾無可以禦敵之兵，且無可以充餉之銀。」此後一連七天，他們在皇宮八次商議有關禁絕鴉片的計畫。最後，道光皇帝頒布命令，所有私藏鴉片的人都該判處死刑；林則徐則被授與欽差大臣的頭銜，全權處理此事，並命他南下廣州，親自督導水師，禁絕鴉片。

最大的銷煙行動

林則徐於在道光十八年（一八三九）離開北京，抵達廣州。林則徐是位相當聰明的官員，他知道他要面對的不只是中國的煙販和吸毒者，更要對付將毒物引進中國的外國商人。此外，他還寫信給英國的維多利亞女王表示中國的強烈抗議。但事實上，這封信並未傳到英國女王的手中。不久，官方逮捕了一千六百位華人，沒收了一千五百磅鴉片和一萬五千枝煙槍。林則徐下令立即燒掉煙槍，他沒有下令銷毀鴉片，因為他怕鴉片煙會得罪上蒼、土地和海神。因此下令將五萬兩千五百磅的鴉片運到虎門，準備等英國商人交出商船上的鴉片後，一併銷毀。但一星期過後，外國商人仍然沒有動靜，依然繼續輸入鴉片，這動作激怒了林則徐，於是下令所有華人停止替外人辦事，所有工匠、碼頭工人必須離開外人的居住地，任何反抗者會以私通外人的罪名起訴。起初，隸屬英國外交部的貿易專員義律拒絕無條件交出鴉片，但居住在廣州的外國人對於中國官兵的隔離措施感到恐慌，因而要求義律無條件交出鴉片。義律與林則徐幾番交涉無效，又無法施展緩兵之計等待英國海軍前來救援，在此情況下，終於讓步屈服。除了義律的妥協外，其實當時仍有許多像傳教士、醫生和不做鴉片生意的商人等外國人反對義律等人的做法。

道光十八年（一八三九）五月，英國商人已經繳交了兩萬二百八十三箱的鴉片，這是義律所答應的數目。於是，林則徐將鴉片轉運到事先在虎門已挖好的濠溝中。銷煙的日子訂在六月三日。從早上六點起，三百名工人和士兵就開始忙碌地將一箱箱鴉片傾入土坑中。他們把木箱打開，取出一顆顆直徑五、六吋大的鴉片球，擣碎，再倒入灑有石灰的土坑中。正午時分，士兵擂起鑼鼓。林則徐走到土坑前大聲說：今天的事將會永垂青史。鴉片已經破壞很多家庭了，現在皇上決議要完全剷除。今天，我奉皇上的旨意銷毀廣州的鴉片。然後，他向眾人宣讀講詞，朗聲祝禱：大海之神，請你施展你的神力，替中國除去這害人毒物。請幫助我們馴服那些野蠻的外國人。禮成後，林則徐來到觀看的外國人面前，他語氣堅定地說：你們應該繼續經營茶葉、絲綢、大黃、瓷器等生意，這些合法的商品可以為你們帶來豐厚的利潤。講完後，林則徐下令士兵開水閘門，大量湧入土坑的海水將混著石灰的鴉片溶解帶入大海中。這個工作持續了三個星期，直到六月二十五日，才把兩萬多箱鴉片全數銷毀。在英國人眼中，價值連城的鴉片就此消失，此一事件震驚了西方世界。

中英開戰

不過，林則徐的想法似乎有點天真，英國商人不但沒有悔悟，他們還趕回倫敦上書國會，要求英國政府設法賠償他們的損失；不然的話，就要逼清朝賠償，即使因此導致戰爭也在所不惜。他們的要求被即將擔任首相的威廉．葛雷斯頓一口拒絕。葛雷斯頓認為英國商人在道理上站不住腳，他們的所作所為是不道德的，所以不應該發動戰爭。然而，英國是靠海洋貿易維生的島國，跟自給自足的中國完全不同。因此鴉片商人指控中國人，說他們在摧毀世界貿易網，危及英國人的生存。

事實上，這種貿易爭執是很難解決的，對西方人和英國人來說，貿易必須是開放的，而且應該符合他們的要求；但是對中國人來說，對外貿易應該被嚴厲管制。這樣看來，英國人怎麼可能和中國人妥協呢？果然在道光十八年（一八三九），英國派遣一支強大的艦隊來到中國，要求中國對鴉片事件給予滿意的答覆和賠償。這支強大艦隊包括十六艘戰艦、四千名水手、五百四十尊大砲、四艘武裝蒸氣船、三千噸的煤，另外，還有一萬六千加侖的甜酒，以供戰士們享用。靠著蒸氣船這種神祕的武器，英國艦隊得以在中國內河上暢行無阻，徹底控制水陸交通。這也是中國有史以來第一次有海上來的異族能夠順利的入侵長江，並截斷大運河的河口，癱瘓這條通往北京的內陸運輸動脈。切斷這條運輸動脈帶給中國致命的打擊，震驚了全中國。此後，清朝的人民終於了解，他們不可能永遠自給自足。同時，也知道外國人和他們的蒸氣船可以給中國帶來很大的麻煩。

南京條約

道光二十一（一八四二）年，中英簽訂了南京條約，全約共十三條，要點如下：⑴開廣州、福州、廈門、寧波、上海五口通商，准英人攜眷居於五口貿易，並准英人於五口設立領事，管理商務及英國人民。⑵英商得任意與中國人貿易，不必再經行商。⑶割讓香港。⑷賠償英國軍費一千二百萬元，所毀煙價六百萬元，償還商欠三百萬元，共二千一百萬元。⑸進出口關稅，雙方秉公議定。⑹兩國官方文書，用平行款式。⑺六百萬元付清，英軍退出南京、鎮江；賠款悉數付清，五口通商無阻，英軍撤出舟山、鼓浪嶼，這就是所謂的「南京條約」。

它有幾個意義：首先，如果不算早期中俄所訂立的幾個邊界條約，「南京條約」是中國與外國簽訂的第一個符合近代條約規範的條約；其次，它雖具備近代國際法的各項要求，但實際上違反近代國際法的基本要求，也就是締結條約國雙方的平等自願關係；再次，它開啟了海上國家與中國訂立條約之門戶，此後各國紛紛與中國訂約。矛盾的是，這個條約打破了幫辦壟斷中外貿易的情形，讓中國商人終於有機會發展商業港口，卻也讓西方人能自由進出中國的港口。

但稍後的「虎門條約」，中國喪失領事裁判權、關稅自主權，則為不平等條約的開始，以後各列強紛紛仿效。結果，在中國境內外國人可以任意進出租界，在租界中執行自己的法律，擁有自己的武力。列強達成不成文的協定，在中國進行勢力範圍的瓜分。英國人要控制長江流域，法國人要中國西南部，德國人要山東，俄國人則要東北，美國人也從這種瓜分行為中得到利益均霑的好處。這就是為什麼中國人覺得列強在共謀對付中國，因為這不是一對一的行為，而是整個西方世界都在侵犯中國。在列強的瓜分過程中，英國人首先得到香港。但是在當時，有一位英國外交官憤怒地表示失望，因為他認為香港不過是一個寸草不生的小漁村。但事實是，一百六十年間，香港以其獨特的魅力，吸引不少中國沿海居民來到此地，把這個蕞爾小島建設成世界貿易的重鎮，這是當初把香港割讓給英國的大清帝國始料未及的。

道光二十一至二十五年（一八四二－一八四六）是近代中外關係轉變最重要的時期。英國的侵華形式，可以從兩個層面來理解：其一，英國採取的手段被其他列強所效法。其模式是先在外交上提出特權要求，然後在軍事上發動大規模的戰爭，接著用法律方式締結不平等條約。此後各國援例，不斷擴大。其二，英國開創了近代列強在華特權的基本類型。舉凡割地賠款、口岸開放、領事裁判權、片面最惠國待遇、協定關稅、外國船艦進入中國水域等等，這些事項都肇始於中英「南京條約」以及稍後的「虎門條約」。

節節敗退

條約體制的開始

道光十九年至咸豐九年（一八四〇—一八六〇）的二十年間，是中國與西方國家建立外交新秩序的第一階段。從西方人的觀點看來，這二十年是「條約體制」形成的時期；從中國人的觀點看來，「條約體制」是西方帝國主義侵略中國的重要媒介。第二階段是一八六〇到一八九〇年代，這時的通商口岸是中外共同管理的都市；到了第三階段，西方世界對中國的影響已由通商口岸幾個重要城市擴散至其他城市；到了第四階段，一九二〇至一九五〇年代，日本破壞了條約體制，繼之而起的是共產黨所推動的革命新秩序。

「條約體制」在中國的這一百年間，清朝的中央權力完全式微。在「條約體制」下，中國的主權日益受到傷害，但隨著中國民族主義的興起，主權問題再度受到重視。就英國而言，在中國建立條約體制，一方面是為了自已在華建立的利益發展著想；另一方面是為了表明英國人在全球貿易擴張的理念。

通商口岸的外國人

通商口岸是西方人在中國所建立的通商新據點。早在十六世紀時，廈門和寧波就已經可以常見到葡萄牙人的身影。到了道光十九年（一八四〇）開始，廣州及上海成為主要通商港口。上海在一八四〇年時只有十二家公司、一百名外人，但到了一八五〇年中期，已經增加到七十間公司、三百多名外人。

這些通商口岸的外國人社區大多集中在碼頭或海灘附近，由於商行集中於此，貨船載來的貨就會存在倉庫中。此外，這些居住在水邊的外國商人較容易獲得協助，免除陸上的威脅。這些在通商口岸的外國人大多從事兩種工作，一是對當地提供各種服務，一是從事國際貿易。在條約的規定之下，表面上領事有法定的領導權，但事實上，卻是由商人與領事共同來進行貿易的突破。

在中國的英國商業團體是由原本對立的怡和洋行和寶順洋行來領導。在怡和洋行的建築物內，我們可以見到空間畫分為高級

圖 2-2 怡和洋行

職員與助手的辦公及居住區。公司內部有專門負責茶葉、絲與雜貨的部門，其規模比英國領事館還要複雜。在廣州的買辦則繼續擔任通商口岸的外商代表，一來是他們精通鴉片及茶葉貿易，二來是他們了解中國商行交易的規矩。但對中國商人而言，買辦才是主要的商人。一旦他們累積足夠的資本，很容易搖身一變成為遊走於通商口岸的現代商人。

負責監督的英國領事館則是由領事、副領事和一兩位翻譯官及助理組成。當領事收到船牌等文件，會立刻通知該口岸的海關處理，待英商出關時再將文件發還，同時他們有檢驗進口商品及課稅的權利。此外，領事還必須和中國當局合作，負責通商口岸的執行、租地的管理、防止走私及引渡犯罪等工作。換句話說，就是中英雙方的調人。

✣

在傳統朝貢制度時代，外國人是禁止進城的，因此該如何持續此禁令，成為道光二十一年（一八四二）後廣州人反抗英人的藉口。雙方常會發生一些鬥毆及騷亂事件。道光二十六年（一八四七）四月，香港總督使用最後一次的「砲艦外交」，從香港派遣軍艦來砲打虎門。英軍三十六小時內就占領廣州，進駐洋行。兩廣總都耆英給他們的回答是兩年後可以自由進出省城。耆英的作法，被貼上姑息主義者的標籤。道光二十七年（一八四八），耆英被召回北京，繼任官員仗著百姓的仇外心理，採取了強硬政策。

道光二十八年（一八四九），英國再度要求進入廣州城。兩廣總督徐廣縉（一七八一—一八五八）在城鄉鼓動成立民團，以阻擾英國的軍事行動。由於英國外相並不準備開戰，這場紛爭因而暫時告一段落。一直到一八五〇年代，在廣州依然無法有效履行條約規定。此時的中國官員，正面臨另外一個重要的內部挑戰——太平天國造反，這使得長久以來英人與廣州居民之間的隔閡更是雪上加霜。

上海的崛起

上海的崛起可視為西方勢力在中國發展的一個代表。上海由一個小鎮一躍成為中國的主要城市，有其地利與時代的因素。在地理方面，由於上海坐落在黃浦江邊，距離黃浦江與長江口只有十二哩，為上海提供了便捷的港口條件。內陸聯繫上，上海是長江河運貿易與沿海貿易的交會地。海運聯繫上，它是廣州、天津、日本的海運中點。因此，上海既扮演了中國中部吐納港的角色，又是整個東亞的貨物集散地。這樣的地理優勢再加上充裕的長江三角洲物資當後盾，才使上海在日後有機會成為一個國際大都市。

當然，一八五〇年代初期的中西關係在此地的發展，也使得上海逐漸邁向國際舞臺。英國對上海繁榮的貢獻，首先在於皇家海軍保障此地外國人及中國人的生命財產安全；而英國商人也提供他們的中國助手與其他中國貿易商極佳的賺錢機會。太平天國之役發生時，上海提供了中國與外國人避難的絕佳場所。咸豐二年（一八五三）三月，太平軍占領了南京，大批的難民湧進了上海，數以千計無家可歸的中國民眾沿著堤岸搭帳篷，或者是將船舶停在防波堤外，此時的外國人居留區突然成為一個中外混雜的城市。這些落難的人不僅有平民，還包括了許多地主與富商。當時一些士紳由此投入上海社會，加速了長江下游一帶地主與外商接觸的機會。

咸豐二年（一八五三）九月，小刀會占據上海舊城，直到咸豐四年（一八五五）才被常勝軍平定。太平天國之亂時，許多原由廣州出口的物資如茶、絲受到影響，改由上海轉運，更促進了上海的發展。這些內外因素促使中國人承認有必要設置自治區，到了咸豐三年（一八五四），新的混合制度終於成形。這個體制的要素之一，就是設置有外國監督原則的海關。

✣

上海在近代的崛起的另一項特色，為租界的出現。這可以從兩方面來看，第一，在近代中國眾多的租界中，上海租界設立的最早，面積最大。近代中國共設立過二十六個租界，其中公共租界兩個，其他都是專管租界。上海最早設立的是英租界，時間在道光二十四年（一八四五）。之後又設立了法租界、美租界。到了同治元年（一八六二），英美租界合併為公共租界。其他地區，如天津租界要到咸豐十年（一八六一）後才設立，比上海晚了十年。上海租界剛設置時，面積未超過千畝，到了光緒二十四年（一八九九），公共租界的面積已經達到三萬三千五百零三畝。而上海公共租界與法租界的總面積，最大時達到四萬八千多畝，這是天津、漢口、廈門及廣州租界面積總和的一點五倍以上，可見上海租界面積之大。

第二，上海租界是殖民地色彩最濃厚的一個。外國人享有類似議會的納稅人會議；有相對獨立的行政權、立法權、司法權；有巡捕、軍隊、監獄。在這個區域，中國軍隊不得任意進出，外國人若違犯法律，中國不能直接處理，也不能獨立審理及處分犯人。自咸豐三年（一八五四）以後，華人已是租界區的主要成員，其稅收主要靠華人的繳稅，但是華人在租界中沒有參政權。一直要到一九二一年，工部局才成立了有五名華人代表參與的華人顧問委員會。

租界的存在對近代上海城市的發展有三個明顯的影響：第一、租界是中國領土當中不受中國政府直接管轄的地區，使得中國一統的政治局面出現縫隙。這條縫隙在晚清的政治發展中，成為革命者一個可資利用的政治空間。第二、租界起了一個示範效應。西方人將歐美的物質文明、市政管理、議會制度、生活方式及道德價值帶進了租界，使得租界成為東方文化世界中的一塊西方文化發展區。自咸豐三年（一八五四）開始，上海租界已經是華洋雜處。透過租界所展示出來的西方文明，刺激了上海人學習西方的腳步。舉凡電力公司、馬路工程局、地方自治運動、華人參政運動、市民意識、公共秩序意識等，都是透過上海租界而宣傳開來。第三、在近代混亂的一百年歷史發展過程中，上海保持了獨立性。無論是清朝政府、北洋政府或者是國民黨南京政府的號令，到了上海，都無法通行無阻。上海大部分時間處於中立狀態，它是在連續不斷的內亂、外侵、天災及人禍中走過來的。這種穩定的狀態，為上海的經濟、社會，特別是人口的發展，帶來了重大的影響。

英法聯軍之役的爆發

近代以來，俄國沿西伯利亞東進，進擾中國的東北、蒙古和新疆；英、法兩國則越過印度洋東進，英國占有印度、緬甸，並由印度、緬甸侵擾中國的西藏、雲南；法國則占有安南，且由安南侵犯中國的雲南、廣西。南北兩大侵略勢力，於一八五〇年開始會合，即英法聯軍北上天津、北京，俄國乘機在東北和西北邊疆向清朝進行軍事壓力，並與英、法、美三國聯合，向清朝要求更多的利權，於是有中英、中法、中俄「天津條約」，以及中英、中法和中俄「北京條約」的簽訂。

自鴉片交涉以來，中國對外態度即分為主戰、主和兩派：林則徐是主戰。南京條約簽訂以後的一段時間，清廷迫於外人的船堅砲利，對外人採安撫策略，執行此一政策的是擔任兩廣總督的耆英。但此時廣東人民仇外心理日強，在廣東的外人常遭受襲擊。鴉片戰爭後，五口通商開放；依照南京條約，英人可以在五口居住。英人進入上海、寧波、福州、廈門四口居住，均未發生多大阻難，只有廣州人民拒絕英人入城。英國對進城問題之所以暫時對中國讓步，是希望在其他方面獲得更多權利，進一步提出修改南京條約的要求。對英國來說，南京條約並未完全解決中英之間所存在的一些問題，例如：通商口岸過少，僅限於南方；鴉片雖能銷售，卻非合法商品；英國公使只能駐守香港，與兩廣總督交涉，不能去北京直接與清廷對談等。這些因素促成了另一波戰事——英法聯軍之役的興起。

英法聯軍（一八五八—一八六〇）之所以發生，最主要的因

圖 2-3　英法聯軍之役爆發

素，是咸豐三年（一八五四）英、法、美三國要求修改條約無法達成的結果，三強欲透過修約取得在中國更多的利益。咸豐四年（一八五五）英新首相巴麥尊就任後，轉而對中國採取更強烈的態度。一八五六年的戰爭導火線為「亞羅船事件」。亞羅號船是一艘掛有英國國旗的中國船隻，這艘香港註冊的中國船停在廣州河面，廣州官員因艘查海盜及走私，逮捕了十二名水手。此事引發廣東領事巴夏禮的抗議，要求清政府釋放水手，並向英國道歉及賠償。

咸豐五年（一八五六）十月，英海軍再次攻占虎門砲臺，並攻入廣州城內。廣州官員葉名琛置之不理，拒絕談判。是年十二月，團民在廣州焚燒洋行，包圍夷館。巴夏禮見事情鬧大，乃報告英政府，請派兵一戰。當英國決定向中國用兵之際，法國也決定採取同一行動。十二月英法聯軍共五千七百人攻打廣州。咸豐七年（一八五八），英法聯軍入城逮捕了總督及巡撫。並將葉名琛用船運到加爾各答，此年葉死於該地。直到咸豐十年（一八六一），廣州被外人統治了三年半，這時候的秩序是由中國捕快及英法海軍組成街頭巡邏隊來維護。

天津條約與北京條約

廣州淪陷期間，英法聯合企圖促使北京主政者屈服，以達成英美商業公司的利益。咸豐八年

（一八五八）四月率聯軍北上，抵達天津下游河口的大沽口，要求雙方談判。聯軍代表額爾金要求清朝的談判代表應和他一樣，得到君主授予完全的權力。為了施壓，聯軍最後攻占大沽砲臺，並登陸天津。經過不斷的抗議，清朝所派大臣終於同意聯軍要求，於咸豐七年（一八五八）六月，同英、法、美、俄四國簽訂新約。奇特的是在這場戰役中保持武裝中立的美俄，他們所獲得的條約權益，和英法兩國極為類似。

咸豐七年雙方在上海、天津簽訂的條約使得外人在華的特權擴大了，也增加了賠償金額。賠償金額達一千六百萬兩，通商口岸增加三倍，允許外人在沿海及沿江通商，允許外人到內地遊歷，最重要的變革是鴉片貿易的合法化。然而，當咸豐七年天津條約簽訂，英法聯軍撤軍後，清朝的主戰派又開始反彈。當時主戰與務實派雙方堅持不下的癥結，是雙方外交地位平等的問題。雖然聯軍已經兵臨城下，但清朝仍然只允許外國公使以進貢使節的身分進京，而且必須由中國官員陪同及身著清朝官服。此時額爾金打的如意算盤，是爭取到公使駐京的權益；若不行，至少能有不時進京的權利，這樣一來，列強與中國所訂的各種條款，才能以外交壓力支持，不至淪為具文。但上述的中西外交事務交涉，在咸豐八年（一八五九）六月大沽口戰事爆發後，雙方的關係再度開始決裂。

咸豐九年（一八六〇），清廷派兩江總督何桂清為欽差大臣，總理對外交涉事務，希望各國公使就近在上海交涉，不必進京。額爾金完成交涉任務後，於咸豐九年返國，但新來的英國使臣，再度因進京問題與中國發生衝突。當雙方在北京換約之時，英法使節欲以武力強行通過天津大沽口，在中國守將僧格林沁的布防下，英國軍隊陷入泥沼，死傷四百多人，損失四艘軍艦。這場中方的勝利，給予清朝主戰派可乘之機。咸豐九年八月，清朝片面廢除天津條約，尤其是重新檢討四項西人特權：公使駐京、長江口岸開放、內地遊歷權益及賠款。咸豐九年夏天，英法為報復大沽口之役的失利，以強大遠征軍派往華北，英國派出一萬五千名士兵，法國則派出六十艘軍艦。八月，英法聯軍兩百艘軍艦登陸天津。九月十七日，奕親王戴垣在通州與巴夏禮談判，十九日雙方談判破裂，巴夏禮及隨員被捕。九月二十一日，聯軍再度擊退清軍，並進軍北京，第二天，咸豐皇帝避難至熱河，由恭親王奕訢（一八三三—一八九八）收拾殘局。由於咸豐下令除了巴夏禮與其他十二位隨員免於死，其餘人質均遭處死，使得額爾金大怒，最後以火燒咸豐帝的夏宮圓明園當作報復，並在焚燒時放任聯軍大肆劫掠園中珍貴寶物。奕訢主張與聯軍議和，此時他才二十七歲，朝中較有經驗的大臣桂良則從中輔佐他談判，最後雙方簽訂北京條約。

北京條約由天津條約而來，亦稱北京續約，全文共九條，主要重點除了保障咸豐七年（一八五八）

的天津條約繼續有效外，另外訂立了：⑴增開天津為商埠；⑵中國對大沽事件表示謝罪；⑶賠款為八百萬兩；⑷公使駐京；⑸割讓九龍半島給英國；⑹准許招募華工出洋。十月二十五日，「中法北京條約」簽字，共十條，內容與中英北京條約雷同。北京條約在中國近代史上富有劃時代的意義：其一、是約簽訂後，外國使臣得常駐北京，最早至北京的外國使臣為法使布爾布隆，於咸豐十年（一八六一）三月二十五日至北京；其次、是約簽訂後，中英交涉的責任由兩廣總督移至直隸總督，清廷且設「總理各國事務衙門」，負對外交涉的總責，這是中國設置「外交部」的由來。北京條約簽訂後，不僅外國對中國的外交關係獲得改善，商務關係亦獲得改善。

中俄北京條約

除了中英法此時的發展外，俄國與中國的交涉也相當值得我們注意。在俄國方面，咸豐九年（一八六〇）簽訂的中俄北京條約，讓俄國取得璦琿條約（條約共三條，主要是把俄國侵奪黑龍江以北六十多萬平方公里中國領土條約化。中國的內河黑龍江成了中俄界河。江東六十四屯，由中國人「永遠居住，仍著清國大臣官員管理；與俄羅斯人等和好，不得侵犯」）所沒有的權益。除確認並擴大中俄天津條約之外，並因此打開了清朝整個北方門戶。此後，從滿州到新疆都明顯受到俄國政治與商業的影響。

俄國地處寒帶，又缺乏港口，近代以來，由於工商業的需要，並受西歐各國向外擴張的影響，乃積極向外發展。俄國的對外擴張，西出波羅的海，曾與瑞典為敵；南出地中海和印度洋，曾與土耳其和有南亞勢力的英法為敵；東出太平洋，則與中國和日本為敵。因俄國在近東和西歐遭遇強敵，最初無暇在遠東多用武力，遠東的擴張，大多是利用機會，從中漁利。

十九世紀中葉，俄國利用英法聯軍的機會，在東北占取了中國大片領土；又利用新疆回亂的機會，在西北占取了中國大片領土。但俄國的擴張，在太平洋受到英國和日本的牽制，它的勢力無法向南發展，最遠只到旅順、大連；在中亞的擴張，也受到英國的牽制，英國勢力於十九世紀進入阿富汗、印度、西藏以後，俄國的勢力即無法達到印度洋。蒙古方面，因有戈壁沙漠，俄國的興趣較小。俄國對中國侵略的重點，在西北為新疆，特別是天山北路；在東北為黑龍江、吉林，更由此南下遼寧。

英法聯軍於十月十三日進入北京後，匆匆與中國議和，成立北京條約，結束戰爭。俄國因居中調停，故而要求報酬，中國不得已於十一月十四日與俄國簽訂「中俄北京條約」，除了兩國戡定西北彊界外，烏蘇里江以東地方劃歸俄國並且同意俄國於喀什格爾、庫倫等地設立領事。總計璦琿條約與北京條約，俄國在東北獲取中國領土一百零三萬八千三百六十五方公里，約等於德、法兩國本土的總面積。

知識份子的反思

從十六世紀到十八世紀的幾百年內，雖然經歷了明清之際的變故，以及從開關到閉關的轉折，但是，西方的新知奇器還是漸漸地進入了中國的知識份子思想體系中，主要表現在下列兩方面，一是在觀念的層面上認可「西學中源」，二是在知識的層面上視其為實用技術。儘管它有可能在某些範圍內改變中國知識，但並未從根本上動搖中國固有的知識體系。直到十九世紀末，中國知識份子的觀念才漸漸轉變。

十九世紀起，中國出現了很多關於世界地理的書籍。嘉慶二十五年至咸豐十年（一八二一—一八六一）間，中國學者所寫的域外地理圖書約有二十種，到一九〇〇年（光緒二十六）年，增加至一百五十一種。值得注意的是，在魏源的《海國圖志》及徐繼畬《瀛環志略》之前，過去中國談論世界，頗有點「海客談瀛洲」的意味。例如，身兼傳統學問權威及追求新知方向的阮元，曾經在道光元年（一八二二）所撰寫的作品中，把英吉利當成荷蘭屬國；又說法國是「初奉佛教，後奉天主教」。畢竟當時中國關於世界的知識並不普及，那些圖書作者大多沒有實際經驗，而是翻譯洋人著作或轉引洋人所述，少有自撰的著作。

十九世紀中葉起，魏源《海國圖誌》和徐繼畬《瀛環志略》相繼問世，可以說是傳統對世界認知的象徵。魏源在作《海國圖誌》的時候，徵引了兩類圖書，一是中國學者的著作，例如正史、地理志和類書，此外還有各種關於世界地理和歷史的筆記和遊記，這些屬於固有中國知識系統的文獻並不足奇。第二類則是外國學者的撰述，數量雖然比不上中國文獻，但從徵引資料來看，外國資料大大超過傳統文獻。其中，包括明清之際來華傳教士的舊著，如《職方外紀》、《坤輿圖說》等；更包括當時西人新著十一種，像《地球圖說》、《地理備考》等，這些都被收入書中。比起《海國圖誌》來，徐氏的《瀛環志略》更具有新知識的意義，他不像《海國圖誌》那樣屬於實用性的著作，而是一部更為嚴謹的地理學著作。如果說《海國圖誌》代表魏源的天下觀，仍然把萬國當成「四夷」，把中國自身置於「世界」上。那麼，徐繼畬的《瀛環志略》則以「瀛環」一詞表明了中國與世界的共存關係，他不用「夷」來稱呼外國，表明了他對「萬國」的平等意識。無論是魏源還是徐繼畬，其實還是以中國文獻來建構世界圖象。一直到清朝駐外公使所寫的一百五十多種著作出版後，才真正擴大了中國知識階層的眼界。

近代以來，關於這種知識態度的變化，以及連帶引起知識世界的擴大，都是隨著地理空間的擴大而來。因此，在《海國圖誌》序文中有兩句話很重要，第一句為「彼皆以中土人譚西洋，此則以西洋人譚西洋」，意思是中國人過去對於西洋的知識來自聽聞和想像；現在對於西洋的知識則來自西洋人。第二句是「為以夷攻夷而作，為以夷款夷而作，為師夷長技以制夷而作」，意思是這些知識的意義在於實用。雖然這裡還保有傳統的「夷夏」觀念，但是「夷長技」三字也象徵著對另類文明知識的認同與推崇。在《海國圖誌》和《瀛環志略》出版之後的數十年間，這種世界文明圖象的變化腳步較以前更為迅速。

一八五〇年代末期，中國的對外關係主要在建立中外貿易共同體，不平等的條約體制則在炮艦外交的情況下開始。一八六〇年之後，外國列強在中國獲得了極為可觀的特權。這些特權包括：領事裁判權、通商口岸租界區的自治、外國軍艦得航行中國領海、外國軍隊可進駐中國土地、外國船隻可在沿海貿易並航行內河、以及限定關稅等。往後不到幾年，外國又陸續增加了許多權利，進一步削弱了中國的主權。外國的優越勢力，例如商業、軍事、工業及技術等，都對中國的傳統社會、政治及文化造成相當大的衝擊。

西方在近代中國獲得特權的過程中，有幾項特色：第一，中國與西方列強遭遇之際正值中國內亂四起的時期，清朝的武力與行政權力早已潰散，內亂也間接助長了外患；第二，清朝根本的弱點是知識上的問題，也就是說，對於外國的實況一無所知，又盲目拒不接受外國的實情，不願與外國平等往來，到後來只好接受不平等條約。

儘管如此，一八六〇年後的條約體制應該視為是中國行政的一個特殊範圍，在這個範圍中，中國的主權並沒有實質消失，而是被訂約列強的統治權所取代。在整個內地，傳統的政治及經濟區域並沒有立即的轉變。同樣的，鄰近的屬邦仍繼續派遣使者到北京朝貢。咸豐九年至光緒九年（一八六〇—一八九四）間，朝鮮朝貢了廿五次，琉球八次，安南（越南）五次，尼泊爾四次，緬甸一次。但在同一時期，沿海及運河邊，特別是通商口岸，這些近代發展起來的區域形成一個新的混合行政體。砲艦代表了外國在通商口岸與運河水道的權威。外國武力的增長，促使清朝採用西洋武器裝備軍隊，並以輪船組成海軍，但沒能及時把外國人趕出中國。

在經濟方面，中外混合的秩序最初主要限於對外貿易。在一些由貿易口岸發展起來的新城市，外國領事擁有相當大的權力。進入條約體制後，英國開始在北京駐有公使，在各通商口岸置有領事，皇家海軍的砲艦則時常逼近中國近海，英國因而得以成為中國權力結構中的一份子，中國海關稅務司也在英國監督下，由中英兩國密切合作進行貿易。一八六〇年後，由外人擔任的港口海關稅務司在中西貿易中扮演了相當重要的角色。

參考文獻

費正清編，張玉法主譯，《劍橋中國史》第十冊，晚清篇，臺北，南天書局出版社，一九八七。

史景遷著、溫恰溢譯，《改變中國》，臺北，時報文化出版企業股份有限公司，二〇〇四。
何芳川，《中外文明的交匯》，香港，香港城市大學出版社，二〇〇三。
唐德剛，《晚清七十年》，臺北，遠流出版社，一九九八。
徐中約，《中國近代史》，香港，香港中文大學出版社，二〇〇一。
郭廷以，《近代中國史綱》，香港，香港中文大學出版社，一九八〇。
費正清著，薛絢譯，《費正清論中國》，臺北，正中書局，一九九四。

第三章　富國強兵的追求與幻滅

✣ ✣

鴉片戰爭失敗後，大清帝國繼續沉睡，終於爆發開國以來最嚴峻的危機。道光三十年（一八五一），科場失意的洪秀全在廣西掀起了一場綿延十四年，波及十多省的太平天國起事。太平天國之興固然肇因於人口過剩、土地不足之類的傳統因素，但基督教所代表的西洋宗教文化的傳入，也不容忽視。洪秀全揉合了基督教和傳統農民運動的理想，試圖建立一個有田同耕，公有共產的人間天國。太平天國一度聲勢浩大，可惜洪秀全盲目反傳統文化，又不懂適時結納西方列強，終於激起了曾國藩為首的士紳集團以及外國勢力，聯手彈壓。清廷雖成功鎮壓太平天國，但一切已無法回到以前的秩序了。

咸豐十年（一八六一），中國內有髮捻苗回起事，盤根交錯；外則英法聯軍蹂躪北京，焚圓明園。遍地烽火終於驚醒沉睡的中國。慈禧太后和恭親王奕訢所領導的同治朝廷，展開了一波以「洋務」為中心的「自強運動」。三十多年間，頗有成效：先後購置和生產西洋槍炮船艦、修築鐵路、架設電報、興辦近代實業，甚至北洋艦隊一度虎虎生威。多年的努力雖成功弭平各地動亂，但還是無力遏阻外國侵略。姑且不論運動的成敗，中國畢竟是腳步蹣跚的邁出了近代化的第一步。

甲午戰爭，日本無情地粉碎了中國富強的幻夢。朝鮮地理位置特殊，引起中日英俄等國的爭奪。十九世紀九〇年代，歐洲分裂為兩大陣營，明爭暗鬥，另一方面，日本內部政潮不斷，主政者欲藉對外用武解決內部政爭，朝鮮的衝突遂一觸即發。面對日本的磨刀霍霍，中國顯得倉皇失措、和戰不定。戰爭爆發一開始，勝負已分。甲午戰爭的慘敗，引發列強瓜分中國的狂潮。這場戰爭不單標誌三十多年富國強兵希望的幻滅，更使中國陷入前所未有的亡國滅種夢魇之中。

金陵春夢——太平天國的興亡

太平天國事件的爆發，學者普遍認為與人口大幅成長密切相關，這也是傳統民變發生的主要因素。清朝康雍乾百多年的統治，蔚為國史罕見的太平盛運，人口遂快速繁衍；再加上美洲傳入的玉米、馬鈴薯、番薯等新農作物大量栽種，相當程度解決農村溫飽的問題，使得人口更是驚人成長。中國人口從康熙三十九年（一七〇〇）的一億五千萬，經過一百五十年竟然暴增到四億三千萬！人口成長的速度，遠超耕地增加的速度，其時耕地面積卻只有七億三千多萬畝。人口的大量增加，造成耕地不足分配，再加上土地兼併嚴重，問題更加惡化。農民有地者勉強尚可溫飽，無地者或到處流徙討活，或落草為寇，成為社會一大危機。清朝中葉的民變，大多是在這種背景下醞釀產生的。

清代人口成長表（一七〇〇年—一八五〇年）

時間	人口（億）
康熙三十九年（一七〇〇）	一·五
乾隆四十四年（一七七九）	二·七五
乾隆五十九年（一七九四）	三·一三
道光二年（一八二二）	三·七三
道光三十年（一八五〇）	四·三

資料來源：轉引自葛劍雄著《中國人口發展史》（福州，福建人民，一九九一）表22

耕地嚴重不足的地區，人民只好往人口壓力較輕的地區移墾：譬如兩湖地區過剩人口流向四川；廣東流往廣西；福建流向臺灣。基於語言、風俗、生活習慣的差異，新舊居民間難免產生磨擦，甚至武裝械鬥。當地居民組成團練自衛，新移民面對土著的敵視，亟需一股力量凝聚彼此予以抗衡，在這種環境下，祕密會黨或宗教最容易在移民當中吸收到徒眾。白蓮教在四川徒眾甚多，廣西的客家人也紛紛加入了一個名為「拜上帝會」的組織以自保。

福建、廣東、廣西等華南地帶，距離首都北京懸遠，朝廷對此總有鞭長莫及之歎；況且，這裡又是清朝最後征服的地區，朝廷的統治力相對也較弱。因此，諸如天地會等標榜「反清復明」的會黨組織，活動日益猖獗。鴉片戰爭使問題更加惡化。鴉片大量走私進口，導致銀貴錢賤的問題進一步惡化，農民生活更加困苦。鴉片戰爭及嗣後的入城爭議，清廷為了對抗英國，乃大力獎勵士紳組織民團。民團的發展，無疑擴大了士紳在地方的影響力，相對的，也削弱了朝廷對地方的控制。對於土客之間的械鬥，地方官只得採取放任的態度，兩廣的治安遂日益敗壞。此外，鴉片戰爭後的五口通商結束了廣州的獨占貿易，尤其上海的興起導致原先的生絲、茶葉以及鴉片的貿易路線改變，廣州的貿易額逐年下滑，影響千萬人之生計，許多人「流而為匪」，甚至連一直靠走私鴉片發財的會黨、海盜都難以維生。到四十年代的中期，這些海盜、失業人口等，就在天地會的領導下，轉移到廣西地區，為已經不安的社會更添危機。

長毛來了

洪秀全（一八一四～一八六四），廣東花縣人，出身於一個客家自耕農的家庭。如同一般社會低下階層，洪秀全試圖透過科舉考試來擺脫貧困的命運，可惜他就如同大多數士子，一生連秀才都沒有考中。三十歲時四度科場失意，偶然的機會下，翻閱了以前在廣州得到的基督新教宣傳冊子——《勸世良言》，認為與六年前病中所見幻象若合符節，突然「領悟」到自己原來就是上帝的次子，乃尊上帝為天父，耶穌為天兄，自稱「天弟」。經過這番戲劇性變化後，洪秀全從此絕意仕途，與他的同鄉好友，也是落第書生的馮雲山（約一八一五—一八五二）創立了「拜上帝會」，展開了一段嶄新的宗教生活。

道光二十四年（一八四四），在廣西貴縣傳教無成後，洪秀全輾轉到廣州向傳教士學習基督教教義及教會組織事宜，馮雲山則轉到廣西紫荊山嘗試佈教。這裡的客家人與原居民械鬥不休，正需要組織凝聚彼此的力量，因此，拜上帝會竟在短短數年便吸收到三千徒眾。徒眾大多是客籍的貧農、燒炭工人、礦工等下層民眾，其中較重要的信徒有楊秀清（一八二一—一八五六）、蕭朝貴（約一八二〇—一八五二）、韋昌輝（約一八二三—一八五六）、石達開（一八三一—一八六三）等人。拜上帝會到處搗毀神像，斥罵孔孟，引起當地士紳側目，彼此間的械鬥更是層出不窮。

道光二十八、九年（一八四八—四九），馮雲山一度遭官府以結盟聚眾的罪名逮捕，拜上帝會的成員只好籌錢賄賂官府，救出馮雲山。這場不算很嚴重的風波，卻深深影響到拜上帝會及太平天國往後的發展。原來，在馮雲山被捕後，洪秀全趕赴廣州營救，拜上帝會頓時失去二位領袖。就在群龍無首之際，楊秀清、蕭朝貴分別假託天父、天兄附身，傳達旨意，迅速成為會中的新領導。及至洪、馮回來，發現楊、蕭的權威已不容坐視，為免造成分裂，洪秀全只得承認他們的特殊地位。楊秀清的崛起，為往後的內訌埋下了火種。

道光二十九年和三十年（一八四九—五〇），廣西大饑，天地會趁機起事，社會危機已是一觸即發。不少饑民、貧農、工人及械鬥失敗的客家人，紛紛加入拜上帝會以求自保，會眾已逾萬人。道光三十年夏天，洪秀全令各地會眾到金田村集結，各地會眾紛紛變賣家產，將財物通通捐獻給拜上帝會的「聖庫」。這年十二月初十（一八五一年一月十一日），洪秀全三十八歲生日，拜上帝會徒眾在金田村「恭祝萬壽起義」，正式反清。洪秀全自稱「天王」，定國號為「太平天國」。徒眾皆蓄髮易服，所以被官府稱作「髮匪（賊）」或「粵匪（賊）」，民間則俗稱「長毛（賊）」。

洪秀全起義之初，聲勢浩大，不久攻下永安，開始大封諸王。楊秀清被封為東王、馮雲山為南王、蕭朝貴為西王、韋昌輝為北王、石達開為翼王，諸王皆受東王節制。半年後自永安突圍，北竄全州，馮雲山不幸陣亡。後來太平軍放棄廣西，突入湖南。途中以楊秀清與蕭朝貴名義（二人分別代表天父與天兄），頒布〈奉天討胡檄布四方諭〉，申明民族大義，痛斥滿人無道。太平軍成功竄進富饒和四通八達的長江流域，頓成燎原之勢，一發不可收拾。從此，他們從一個貧瘠省分的騷亂，邁向一場足以威脅清朝存亡的革命。在湖南吸收數萬天地會徒眾和貧農、礦工，勢力驟盛。但在進攻長沙時，蕭朝貴中砲陣亡。太平軍繼而攻下岳州，取得當年吳三桂留下大批軍械，實力大增，這時已有眾超過五十萬人。太平軍採楊秀清「略城堡，舍要害，專意金陵，據為根本」的戰略，軍隊順流而下，連陷九江、安慶等重鎮，終於在咸豐三年（一八五三）二月攻克南京，並定名為「天京」。

太平天國興兵，不到三年就席捲東南半壁江山，甚至切斷朝廷漕運，發展之速，相當驚人，究其原因，固然由於清朝正規軍（八旗軍和綠營軍）早已腐敗不堪，而各路清軍缺乏統籌協調，無法集中全力予太平軍致命一擊，更讓太平軍屢次突圍成功。其次，太平軍高舉反滿旗幟，挑起滿漢固有仇恨，亦成功爭取到會黨這股傳統反清力量的支持。再次，太平軍目標是建立「處處平均，人人飽暖」的人間天國，對貧苦百姓自然充滿吸引力。最後，太平軍徒眾有宗教信仰，自感為天父而戰，紀律嚴明，視死如歸，對一般民眾秋毫無犯，宛非貪生畏死，專事搶掠之清軍可比。

太平天國定都南京後，一面遣師北伐，一面派軍西征經營長江上游，鞏固天京。北伐軍採直趨北京策略，沿途城鎮隨攻隨棄，但北伐軍只有二萬之眾，兵力薄弱，且缺乏後援補給，終於在咸豐五年（一八五五）初，被清將僧格林沁（一八一一—一八六五）殲於天津郊區，功虧一簣。西征軍初期進展尚稱順利，重奪九江、安慶，但不久也遇到了強勁對手——曾國藩及其湘軍。

人間天國

太平天國建都天京後，頒布了一系列新措施以建立一個理想的人間天國，其宗教信仰、土地政策及社會文化改革，皆值得注意。

拜上帝會源出基督新教，因此也是信奉耶和華上帝，以上帝為人類和萬物的創造主。洪秀全宣稱凡拜上帝者，「日日有衣有食，無災無難」，所有異教神佛，乃至包括清朝在內等不信上帝者，都是妖魔鬼怪，皆上天所不容而必須誅滅。所以，太平軍所到之處，肆意破壞廟宇神壇，搗毀偶像。

既然人人都是上帝的子女，彼此分屬兄弟姐妹，那麼自然是「天下一家」，由此推衍出人無私財，田產均耕的理想，百姓是平等而充裕地享有上帝的物質賞賜。定都南京後頒布的《天朝田畝制度》，標榜「凡天下田，天下人同耕」，提出廢除土地私有制，把田地依其產量分為九等，再平均分配給天下人。每當收成時，每家每人只能留下足供食用的糧食，其餘一律交納聖庫，不可私蓄財富。但事實上這套土地政策只是得天下後的立國規制，當時並未推行。天京為因應龐大軍費開支，容許轄區內的土地私有制繼續存在，地主只需「照舊交糧納稅」即可。

文化上，太平天國有相當濃厚的反傳統色彩。洪秀全試圖以基督教文化取代傳統的儒釋道文化，視佛祖龍王為妖魔，對「至聖先師」孔子亦貶斥詆毀，視孔孟諸子學說為「妖書邪說」，一律焚燒，嚴禁誦讀。後來態度稍趨緩和，但仍設「刪書衙」，刪除書中一切「妖話」。另一方面則刊印大量宗教宣傳冊子，如《幼學詩》、《舊約》、《新約》、《天父下凡詔書》等十多種，以供士子誦讀。社會方面，要求百姓過刻苦生活，嚴禁吸食鴉片、抽菸、飲酒、販奴、蓄妾，甚至為維持軍紀，一度嚴禁男女相聚，即夫妻亦不可同宿。婦女則嚴禁纏足，甚至可以為官從軍，這大抵是受客家社會男女較為平權的影響。

整體而言，太平天國試圖借用一套新的思想理論，來完成傳統農民希望平均共享的理想目標。透過「人無私財，田產均耕」之法，建立「無處不均勻，無人不飽暖」的理想社會，其實是自古以來農民叛亂的共同目標，不過這次洪秀全借用了西方的基督教教義加以包裝。可惜洪秀全對基督教及西方文化所知有限，又昧於客觀環境，詆毀孔孟，否定儒家倫理道德，自然招致傳統士紳階級的反彈；另一方面，肆意破壞寺廟，打擊民間信仰，也無法獲取傳統反清力量——三合會、天地會等祕密社會的支持響應。

清朝雖為異族政權，但不單不排斥中國文化，反而大力弘揚；而且入關後即開科取士，大量吸收漢族知識份子參與政權。具科舉功名者，在地方擁有很高的榮譽和特權。這在在都使漢族士紳與清朝政權融為一體，休戚相關。更何況太平天國詆毀孔孟，摧殘傳統文化，更是讓曾國藩等衛道之士難以忍受。曾國藩（一八一一—一八七二），湖南湘鄉人，二十八歲中進士，入翰林院。累遷內閣學士、禮部侍郎。咸豐二年（一八五二）年底，太平軍攻陷漢陽，正丁憂在家的曾國藩乃以原來鄉勇為基礎，籌組「湘軍」以抗。

清朝的正規軍隊原來是由滿人為主的八旗和漢人為主的綠營所構成，八旗在入關不久就逐漸腐化，但清廷為確保滿人的兵力和尚武精神，旗兵必須世代為兵，不得轉業。駐守各地的任務則主要由綠營軍負責，但綠營在承平日久下，早已暮氣沉沉，或是員額不足，或是疏於訓練。太平軍興，沿途猶如摧枯拉朽。曾國藩鑑於綠營廢弛，無可救藥，建議另組鄉勇以抗「長毛」。所謂「鄉勇」，或稱「勇營」，早見於乾隆年間，朝廷因戰事需要臨時召募當地百姓，配合正規的綠營軍作戰，戰後隨即裁撤。曾國藩籌組的湘軍雖有舊時勇營的影子，但卻有不少別出心裁之處。湘軍將領多為曾國藩門生或幕友，類皆飽讀詩書之「儒將」；士兵則為湘鄉純樸之農民。湘軍的指揮體系以「營」為基本單位，一營有官兵五百人，十人為隊，隊有什長；八隊為哨，哨有哨長；四哨為營，轄以營官；其餘的是直轄於營官的親兵。整營官兵自上而下召募：營官自覓哨長，哨長自覓什長，什長自覓十名兵丁。這樣的組成方式，造成湘軍的官兵間不是師生親友，即為同學鄉黨。假若任命新營官，整營官兵都得更換，重新挑選。合數營或數十營，再設統領一人。湘軍的糧餉遠較綠營軍優渥，而且，不單重視技擊訓練，亦重視精神教育，要求部隊忠義愛民。曾國藩以儒家三綱五常的禮教，配合同鄉共里的感情，使湘軍成為紀律嚴明，驍勇善戰的勁旅。

咸豐四年（一八五四），湘軍編練完成，曾國藩發〈討粵匪檄〉，痛斥太平軍破壞名教，摧殘傳統文化，對太平天國揭示的滿漢仇恨則略而不論。故學者以為太平軍是為開創王朝而戰，為實現一種理想而戰；曾國藩則是衛護道統而戰，為傳統文化而戰。

鴉片戰爭以後，中國門戶已經初步打開，西方列強對中國事務的影響力逐漸顯露，太平天國的興亡，正反映這種現象。

＊　＊

英、法、俄、美等國對華政策雖各有考慮，但主要利益仍在通商與傳教二項。太平天國起兵時，西方與清朝的關係並不和諧，對太平天國這個新生政權自然有所期望。更何況太平天國與西方列強一樣，同屬基督宗教王朝，自然更覺親切。此外，太平天國盤據的長江流域，正是英法等國擴展商務的理想地帶，所以，各國對於氣勢如虹的太平天國無不寄予厚望。

咸豐三、四年間（一八五三—一八五四），英、法、美分遣使節到天京訪問，除了想了解這場新興革命外，也遞交各國與清廷締結的條約，要求太平天國能予以承認。後來，東王楊秀清宣示了太平天國多項對外原則：太平天國允許外商自由貿易，但嚴禁販售鴉片；拒絕承認和接受不平等條約；各國同拜上帝，當視為一家，但天王乃萬國之主，各國應向太平天國納貢稱臣。從東王的宣示，可知太平天國起義諸王固然能征慣戰，但始終難掩學識鄙陋，昧於時局之缺失。太平天國要求各國納貢的態度，竟與鴉片戰爭前的清廷如出一轍！更嚴重的是鴉片乃十九世紀最大宗的商品，太平天國居然嚴禁販售，英、美等國會善罷甘休嗎？而且，列強透過條約在清朝身上搾取到的利益，太平天國卻一概不予承認，在在都使歐美國家難以接受。這時太平天國是否為基督教政權，就顯得不大重要了。

列強既然在天京與北京都無法攫取到進一步利益，只好宣布在中國內戰嚴守中立。咸豐六年（一八五六），英、法因「亞羅船事件」與清朝開戰，這本是太平天國撻伐清廷的良機，無奈天京內訌，自顧不暇。太平天國不懂適時爭取列強的支持，往後局勢的發展愈趨不利。

金陵王氣黯然收

咸豐六年（一八六六）是太平天國聲威達到頂峰的一年。這年石達開屢挫湘軍，幾乎盡占江西全省；楊秀清亦攻破清廷分置南京東郊及揚州，虎視南京三年之久的「江南大營」與「江北大營」，解除天京威脅。但也就在這年，太平天國發生嚴重內訌，火併主要肇因於洪秀全與楊秀清之間的鬥爭。原來起事諸王以東王楊秀清軍功最高，以「軍師」身分掌握軍政大權，儼然天京之主，因而驕矜自恃，折辱諸王；又常假託天父附身，壓迫洪秀全。及至搗破江南、江北兩大營，楊秀清更是志得意滿，逼洪秀全封他為「萬歲」。洪、楊間的火併已是無可避免。洪秀全密詔前線作戰的韋昌輝、石達開速返天京，韋部先至，以迅雷手法襲殺楊秀清，並誅其親信黨羽二萬人，後更欲加害石達開。石雖逃離天京，但家人慘遭殺害。洪秀全不久又發動政變處死韋昌輝，並召石達開回京接掌楊秀清軍師遺缺。可是，此時洪秀全已不再信任外人，石達開自感遭到疑忌，次年乃帶領二十萬大軍離京，分裂出走。

半年來政變不斷，起義諸王凋零殆盡，也使太平天國當初標榜的理想性，蕩然無存。更嚴重的是，天京再也無法重建楊秀清時代的強固領導中心。洪秀全為扭轉軍民的失望與離心，更沉溺於宗教事務，以重塑其神聖地位。清軍亦趁此千載良機重奪江西，不久更在天京南北重建江南、江北兩大營。這時不只戰略要地安慶告急，就是天京也陷入重圍，局勢岌岌可危。幸而陳玉成（一八三七—一八六二）、李秀成（一八二三—一八六四）、洪仁玕（一八二二—一八六四）等俊彥崛起，局勢才穩定下來。

咸豐十年（一八六〇）是清朝瀕臨滅亡的一年，但也是轉危為安的一年。這年四月李秀成聯同陳玉成軍隊，擊潰江南大營，盡殲五萬清軍，李秀成更順勢大舉東征，除了上海無法得逞外，幾乎盡占蘇、浙二省，太平天國有再度蔓延之勢。同年秋天，英、法因去年的大沽炮轟事件，出兵攻陷北京，咸豐皇帝遠遁熱河。內憂外患，南北交攻，這一年可說是清朝立國以來最險峻的一年。不過，歷史證明清廷也在這一年否極泰來。

原來曾國藩自從練成湘軍，抗擊「長毛」以來，大小血戰無數，雖屢建奇功，但清廷囿於滿漢之防，對曾國藩始終處處猜疑，一直只以欽差大臣之名令其督率湘軍轉戰各地，而不願授予總督巡撫等方面重任。曾國藩因缺乏必要的名位，地方首長往往不肯全力配合作戰，甚至該撥的糧餉，亦常藉故拖延，使湘軍差點譁變。咸豐十年，江南大營被殲，朝廷環顧內外，除了湘軍，已無可用之兵，只好任命曾國藩為兩江總督，全權節制長江南北水陸各軍。自此曾國藩才得以統籌全局，破格請將，放膽添兵，重新制定剿滅太平天國的方略。

另一方面，英法聯軍逼迫清廷簽署《天津條約》和《北京條約》，條約規定開放長江下游口岸，而這一帶正是太平天國的領土。長江流域如果仍舊處於交戰狀態，對歐美通商絕對有害無益，更何況清廷已完全屈服，讓西方掠奪到所有渴望的利益，那麼，協助清廷重整江南秩序，不是更加有利嗎？次年，清宮發生「辛酉政變」，恭親王奕訢（一八三三—一八九八）掌握朝政，主張向西方「借師助剿」，雙方聯合之勢漸成。正當清廷與西方逐漸靠攏時，李秀成又不顧列強抗議而猛攻洋商雲集的通商大埠上海，更使西方認定太平軍有損商務。他們不再中立了。此後，列強或以武力將太平軍逐出通商口岸，或以洋將組成傭傭軍，或售賣較先進的武器裝備予清廷，協助平亂。

對於清朝而言，咸豐十年的危機可說是一大轉機；相反的，對於日薄西山的太平天國，東征的勝利無疑只是迴光返照，終究難以扭轉乾坤。

咸豐十一年（一八六一），陳玉成孤軍奮戰，兵敗被俘，安慶失守，長江中游要地盡失。曾國荃督湘軍順流而下，開始圍困天京。另一方面，李鴻章（一九二三—一九〇一）統率新成立的「淮軍」，聯合英人戈登所領的「常勝軍」步步進逼蘇常一帶；另一支湘軍勁旅左宗棠（一八一二—一八八五），則和法人日意格所組織的「常捷軍」進犯浙江，三路大軍，分擊合圍。同治三年（一八六四）四月，洪秀全病逝，其子洪天貴福繼位。六月，天京城破，李秀成被俘。湘軍在攻進天京時，到處燒殺搶掠，守城將士大多陣亡或自殺，昔日繁盛的金陵，盡成瓦礫，可見湘軍後期軍紀之敗壞。是年秋，洪天貴福與干王洪仁玕於江西被執，太平天國至此大抵告一段落。

歷史的分水嶺

天京淪陷了，洪氏王朝也煙消雲散，但中國經歷了這場綿延十五年，擾亂十多省，耗費二億五千萬兩（清廷在動亂之前的年收入還不到四千萬兩）才勉強平定的動亂後，一切會恢復舊觀嗎？太平天國事件無疑是一道分水嶺，事件前後，在社會、經濟、政治各方面，呈現迥異的面貌。

戰亂主要集中在人口稠密，經濟蓬勃的長江流域，據史家估計，這段期間死於兵災、饑荒、瘟疫等劫難者，估計超過一億人！不少富盛地區，燒殺一空，赤地千里，一直要到二十世紀才逐步恢復。就繁華的蘇州來說，亂前人口約三四〇餘萬人，亂後只剩不到一三〇萬人，損耗竟逾十分之六！戰亂既造成千萬人民死亡及逃離家園，卻也使得人口壓力稍得紓緩。戰亂期間，很多地主或死或逃，許多土地為農民所占有，亂後自耕農人口大幅增加。不少地區勞動力嚴重不足，地主為保障收入，紛紛給予農民「永佃權」。而且，朝廷為爭取農民好感，亦儘量減免苛捐雜稅，所以戰後農民的稅負稍得減輕，生活略有改善。此外，清廷財源主要來自長江流域，戰火使江南經濟受到嚴重的摧殘，朝廷的財政為之大變：從傳統以農業稅為主慢慢分散到工商業稅；支配收入的大權也逐步從中央戶部滑落到地方政府手中。咸豐三年（一八五三）開徵的「釐金」，是對貨物所課的通過稅，稅率約為百分之二，包括湘軍在內各地的軍費主要靠「釐金」來維持。而動亂期間委請外人管理的海關，收入年年增加，亦漸趨重要。

政治方面，太平天國所帶來的影響，無疑是既深且鉅。首先，清朝賴以平定太平天國的湘軍與淮軍，逐漸取代綠營軍成為清朝主要武力。湘、淮軍的組成與綠營軍大異：綠營士兵為土著世業，將領由中央銓選調補，軍餉由戶部核撥，兵權握於兵部。湘、淮軍兵屬自招，將則親選，餉由帥籌，因此兵隨將轉，兵歸將有，統帥擁有極大指揮調度的權力，私人隸屬色彩濃厚，讓清代兵制為之一變。民國初年的軍閥政治，便淵源於此。另外，太平軍興，朝廷為求平亂，鼓勵各地自行募兵；同時朝廷財力困絀，亦令地方自行籌措軍費，各地遂紛紛布置關卡，徵收「釐金」。督撫既可募兵，「釐金」亦有相當比例是由督撫支配，權力大增。自此以後，中央權威弱化，地方擅權之現象，愈趨嚴重。湘、淮軍集團的崛興，連帶也造成滿漢勢力的逆轉。太平天國起兵以前，全國總督巡撫比例，大抵滿漢相當，但曾國藩等漢人將領既立下不世功勳，清朝為酬庸籠絡，皆授以總督巡撫等方面重任，另一方面，曾國藩為有效掌握各地釐金，亦刻意安排部下出任各地的督撫，造成亂後督撫幾盡為漢人。太平天國排滿鬥爭雖然失敗，但卻激發漢人民族思想，促成了一甲子後由孫中山所領導的國民革命。除此以外，太平天國亦鼓勵和助長清中葉的地方動亂，橫行皖、魯、蘇、豫的捻軍；貴州苗民起事；雲、陝、甘、新疆的回民起事，都在這種背景下爆發或蔓延。

太平天國期間，也是中國走向近代化的開始。洪仁玕為洪秀全族弟，曾在香港教會服務四年，接觸大量西方文化制度，咸豐十年（一八六〇）到天京，封干王，總理天國朝政，並著手引進西方典章制度，改革天國，後成《資政新篇》一書，堪稱中國早期近代化的藍圖。清廷的李鴻章、左宗棠等，與「常勝軍」等外籍軍官統率的兵團合作時，認識到西洋武器的優越性，他們除了購買洋槍洋炮，也開始籌設兵工廠、造船廠等等，中國遂進入一段為期三十年，以洋務為主要內容的「自強運動」。

捻、苗、回的起事

「捻」是淮北方言，意即一股一伙。安徽河南邊界地處黃河氾濫區，加上土地兼併嚴重，民生艱困。人民為了生活，便依宗族關係，結成集團以互相保護，稱為「捻子」集團，人數從數人到一、二百人不等。這裡也是兩大鹽場（淮鹽和蘆鹽）的交界，從來私鹽販運猖獗，不少捻子也以此維生。

咸豐三年（一八五三），當太平軍攻克南京揮軍北伐時，皖魯捻眾紛紛響應。咸豐五年（一八五五）秋，各路捻軍齊集安徽雉河集，共推張洛行（？—一八六三）為盟主，聲勢浩大。其後以接受冊封但不聽調用為條件，與太平軍維持合作關係，在蘇北皖北聯軍屢破清兵。同治元年（一八六二），清軍襲破安慶，切斷太平軍與捻軍的聯絡。次年秋，清將僧格林沁攻陷雉河集，執殺張洛行，捻軍元氣大傷。餘眾由張宗禹（?—一八六八）統領，繼續轉戰豫陝一帶。捻軍頗有「劫富濟貧」的豪俠氣概，深受民間愛戴，在農村擁有雄厚基礎。此外，捻軍採飄忽戰術，也讓清軍捉摸不定，始終無法徹底清剿。

天京陷落後，太平天國的殘部賴文光加入捻軍，被推為首領，捻軍聲勢復振。同治四年（一八六五），捻軍破殺僧格林沁於山東，北京震動。原先清廷對於曾國藩的湘淮軍集團頗為忌憚，北方的叛亂一直都由滿蒙將領鎮壓。及至僧軍覆沒，朝廷只好急調曾國藩北援。這一刻湘淮子弟始得跨越長江，轉戰中原，正式取代綠營軍成為主要武力。其後，朝廷改以李鴻章取代剿捻無功的曾國藩。李除利用河流圍堵外，並大量使用騎兵及西洋火炮，終於重創捻軍。同治七年（一八六八），賴文光（一八二七—一八六八）被俘，不久張宗禹部隊也為清軍擊潰，捻軍至此告一段落。

✣

貴州苗民起事，自雍正以來從未止遏。咸豐五年（一八五五），因太平天國的刺激，苗民在張秀眉（一八二三—一八七二）、包大度（？—一八七二）的領導下起兵，二年後已控制貴州東南苗族聚居的大部分地區。咸豐九年（一八五九），貴州西北苗民陶新春（一八二五—一八六七）起兵反清，並與太平天國曾廣依部進攻大定府城。同治七年（一八六八），清廷調集湘、川、黔三省兵力圍剿，歷時四年，張秀眉、包大度、陶新春等分別被俘殺，苗境始平。

雲南、陝西、甘肅、新疆等地多回民聚居，其民族與宗教信仰與漢人迥異，彼此長期輕侮忌恨，加上漢回相爭，地方官多偏袒漢人，更易激成回變。咸豐六年（一八五六），雲南回、漢為爭奪南安銀礦而起衝突，不久各處回民紛紛起兵，逼得總督恆春自縊。杜文秀（一八二八—一八七二）督苗軍攻下大理，被尊為總統兵馬大元帥，遙奉太平天國號令，並聯合漢、彝力量，一度占有雲南大半省分。同治六年（一八六七），杜率二十萬之眾圍攻昆明不下，官軍開始反攻，杜部節節敗退。同治十二年（一八七三），大理城陷，杜文秀自盡，降回三萬被屠。雲南回民起事告一段落。

同治元年（一八六二），太平軍與捻軍聯合入陝，潰散的關中團練滋擾生事，漢、回互相焚殺，渭河兩岸回民遂紛紛起兵，事件更波及甘肅，眾推馬化龍（一八一〇—一八七一）為領袖。同治五年

（一八六六），西捻軍張宗禹部入陝，與回眾合流，聲勢擴大。新疆回民不堪地方官吏差役所苦，又受到陝甘回民起事的鼓舞，同治三年（一八六四）庫車率先爆發回民起事，不久即蔓延天山南北路，參與者除了回民外，尚有漢、滿、哈薩克和柯爾克孜等族。同治四年（一八六五）春，中亞浩罕國軍官阿古柏趁機進入南疆，旋即吞滅各處勢力，建立「哲德沙爾汗國」。同治九年（一八七〇），阿古柏攻占烏魯木齊，據有天山南北路部分地區，並與英俄訂約，取得兩國的承認。

同治五年（一八六六），左宗棠率領湘軍轉戰西北，左採「先捻後回，先陝後甘」的戰略，配合李鴻章先肅清華北的捻軍。同治八年（一八六九），左部以優越的洋槍洋炮進剿金積堡，回民糧盡援絕投降，馬化龍及回民一千八百多人被屠。再經四年征討，到同治十二年（一八七三），甘肅大致平定。左宗棠平定陝甘時，俄人已出兵盡占新疆的伊犁，其時又逢日人窺伺臺灣，朝廷遂發生「海防」與「塞防」之爭。李鴻章以為兩者「力難兼顧」，主張放棄新疆，將餉銀移作海防之用。左宗棠則力陳復新疆可保蒙古，保蒙古則可衛京師。若放棄新疆，必招致英、俄滲透。最後朝廷命左宗棠為欽差大臣，督辦新疆軍務。光緒二年（一八七六），左宗棠督軍七萬自肅州出征，採「先北後南」、「緩進急戰」之策，次年收復天山南北路，阿古柏兵敗自殺。光緒七年（一八八一），清廷與俄國訂定《伊犁條約》，收復伊犁，新疆全境克定，朝廷納左宗棠議，於新疆建省。

師夷之長技以制夷——自強運動

睜開眼睛看世界

鴉片戰爭的失敗，並不可悲，全國人民對戰敗幾乎毫無反應，才是真的可悲。這樣繼續沉睡了十八年，大清帝國面臨開國以來最嚴峻的危機：內有髮捻苗回起事，盤根交錯；外則英法聯軍蹂躪北京，焚圓明園。遍地烽火讓人看清楚中國的確生病了，而且病情不輕。治療這個垂危的病人，該用什麼藥方？在此內憂外患之際，朝野各界不約而同紛紛談論「自強」之道。有主張勤修內政，包括澄清政治和精選人才；有主張模仿西法，推行洋務；亦有主張兩者並重。若以歷史發展趨勢來看，以洋務事業為主的「自強」無疑是嗣後大清帝國施政的重心。

清廷的洋務新政固然是受到西洋衝擊所致，但清朝內部的權力結構變化更不可忽視。咸豐十一年（一八六一），清帝病逝熱河，臨終前遺命年僅六歲的皇嗣載淳（一八五五—一八七四）繼位，是為穆宗，並以肅順（一八一六—一八六一）等八人為顧命大臣輔弼。這番布局注定要引起紛爭。

慈安太后（一八三七—一八八一）與載淳生母慈禧太后（一八三五—一九〇八）不滿顧命大臣跋扈，欲聯合王公大臣加以剷除。另一方面，宗室諸王中論親疏才具，應以咸豐帝六弟恭親王奕訢（一八三三—一八九八）為首，但奕訢遭肅順排擠不預顧命大臣之列，恭王倘要掌權，只有發動政變一途，若得兩宮太后首肯，整個行動就可名正言順，恭親王和兩宮太后乃互結為援。這年九月，太后陪同幼主回鑾北京，肅順等顧命大臣護送咸豐皇帝靈柩後發。這時奕訢在京中早已布置妥當了。太后回京後立即下詔歷數顧命大臣罪狀，並革職拿問，最後，肅順斬於市，其他顧命大臣或賜死或革職，史稱「辛酉政變」。

政變成功後，年號定為「同治」，恭王總領軍機處，晉爵為「議政王」，權傾朝野；兩宮太后垂簾聽政，開啟了慈禧太后四十七年的統治。恭王與太后（主要是慈禧太后）同治的政府，也展開了一波以洋務為中心的自強運動。

最早提出應當師法西洋的是林則徐（一七八五—一八五〇），他被派往廣州禁煙後，努力了解西方，並上奏道光皇帝提議仿造西洋火炮，皇帝的回應是斥責他「一派胡言」！林的友人魏源（一七九四—一八五七）在其所提供的資料基礎上著《海國圖志》，全面介紹西洋文明，主張「師夷之長技以制夷」。可惜此書雖被譽為天下奇書，書成後竟毫無迴響。林、魏可謂中國最早睜開眼睛看世界的人。及至中國再敗於西洋，內部民亂蜂起，主張經世濟民的知識份子紛紛高談洋務，其中最重要的應是避難上海的翰林編修馮桂芬（一八〇九—一八七四）。

馮桂芬目睹洋場的繁盛，深受刺激，著《校邠廬抗議》一書，以為法制倘若不妥善，雖是古早也要放棄；法制若是妥善的，雖是蠻夷也要向他們師法。馮桂芬力主師法西洋，對魏源「師夷之長技以制夷」之語深為贊同。不過，馮所指的「長技」不限於船炮機器，尚包括聲光化電等科學，甚至西洋的議會制度也主張中國效法，其識見已非魏源所及。魏源的《海國圖志》和馮桂芬的《校邠廬抗議》，可謂開啟了往後洋務的思潮。

自洋務思潮之興，到匯聚成洋務運動，洋務派的代表人物，可分幾個層次：

中央政府以恭親王奕訢和軍機大臣文祥（一八一八—一八七六）為首。二人原是仇外份子，但與英法談判時，為西洋堅船利砲所震懾；及至條約締結後，英法迅速離京南撤，顯然無意侵略邦土，二人對英法敵意漸消，反過來興起借助之意。

地方的督撫則以鎮壓太平天國的曾國藩、左宗棠、李鴻章為主，後期又加上張之洞（一八三七—一九〇九）、劉坤一（一八三〇—一九〇二）等。曾、左、李都是在協同英法軍隊作戰時，見識到西洋火器的優越，乃大力倡導洋務。張之洞原屬放言高論，與洋務派針鋒相對的「清流派」，但在身歷中法越南戰爭後，態度完全扭轉。這些人都因為經歷戰爭而覺醒，所以軍事工業始終是他們辦洋務的一大重心。

另外，依附在曾國藩、李鴻章周圍的有郭嵩燾（一八一八—一八九一）、馮桂芬、薛福成

（一八三八—一八九四）、馬建忠（一八四五—一九〇〇）、伍廷芳（一八四二—一九二二）等，他們都受知於曾、李，為其重要幕僚。除馮桂芬外，這些人或曾放洋留學，或曾出使西方，對西洋文明之認識均逾曾、李。

最後，在野的有容閎（一八二八—一九一二）、王韜（一八二八—一八九七）、鄭觀應（一八四二—一八二二）、何啟（一八五九—一九一四）等人。他們一方面有較豐富的西方經驗，另一方面又並非朝廷官員，因此對洋務事業的建言，反而更有揮灑空間，遠較時人深入。譬如容閎力主派遣學生留洋，王韜等人則認為商務的興辦以及西方議會制度，才是西洋富強之道，中國當一一學習。

為甚麼要自強呢？自然是因為大清帝國瀕臨崩潰，要挽狂瀾於既倒。那麼，誰是大清帝國最嚴重的威脅？英法雖占北京，但和議一成立即退兵，顯然所求只在通商，不過是「肢體之患」；俄人乘機侵凌疆土，但並無吞滅中國之意，只是「肘腋之患」。雄據東南、纏鬥十年的太平天國才真的是「心腹大患」！再加上捻、回、苗等起事，都有可能使大清帝國分崩離析。顯然早期積極「師夷之長技」的目的，主要不是針對西洋而是為了平定各處的動亂，是對內而非對外。當然，洋務新政的目標也有對外的成分，倘若中國富強，亦可遏阻外國侵略，尤其光緒年間各地亂事大致平定，反而中外關係轉趨緊張，新政的目標也就以防制外侮為主了。

洋務新衙門對外的新窗口——總理衙門

清朝，甚至可說近代以前的中國，從無西方外交部之類專司外國事務的部門，傳統的禮部和理藩院，乃至兩廣總督都負有對外交涉的職責。《北京條約》簽訂後，外國使節正式駐京。為了與各國使節周旋，恭親王在咸豐十年底（一八六一）奏請設置「總理各國事務衙門」，簡稱「總理衙門」或「總署」。總理衙門本來只是臨時機關，打算一俟事務較簡，即予裁撤，故並無常規編制。總理衙門以恭親王為首領，其他成員均為兼任。可是，隨著中外事務日繁，其事權日益擴大，除了中外商務外，舉凡海關、輪船、鐵路、海軍等與洋務相關之事，皆由「總理衙門」籌劃，儼然是自強運動的中樞。「總理衙門」之設，標誌著自強運動的起步。

十九世紀七十年代，除了「總理衙門」外，又出現另外兩個推動洋務的重要官職。《北京條約》後，通商口岸遍布南北，清廷設「南洋通商大臣」和「北洋通商大臣」，分管江南和江北通商口岸事務，後來兩大臣例由兩江總督和直隸總督分別兼任。南北洋大臣既肩負對外交涉重任，也因利成便興辦洋務事業。尤其直隸總督為疆吏之首，李鴻章居此職長達二十五年，以李的才幹、功勳及地位，北洋大臣的角色自然不同凡響。李遂以北洋大臣的身分辦理外交及積極推動洋務。

從總理衙門的出現，就反映出自強運動一開始其實帶有強烈的臨時性，缺乏長遠的規劃與目標。總理衙門與南北洋大臣三者間互不統屬，但都身居自強運動的策劃角色，又反映自強運動的另一特徵，就是事權不一，各自為政。

除了總署和南北洋大臣外，另一個值得注意的機構是「總稅務司」。總稅務司雖不是自強運動的決策機構，但卻是重要顧問。況且，洋務事業的經費大部分是自其轄下的海關收入而來。咸豐三年（一八五三），小刀會起事攻占上海，江海關官員走避一空，清廷乃聘英人代為掌理。後以成效甚佳，更設總稅務司一職，掌管全國海關。自同治二年（一八六三）起，擔任總稅務司一職為英人赫德。赫德主持海關逾四十年，期間高薪聘用大批洋員以現代簿記方式管理，收益年年遞增。同治十年（一八七一）後，海關所得已逾一千萬兩，成為新政主要經費來源。而且，赫德強調洋員既領中國薪資即為中國雇員，當實心為中國辦事，故甚得恭親王和文祥等信賴，被視為中國的「客卿」，是最重要的洋務顧問，舉凡對外調停，建設海軍，學生留洋，鋪設鐵路等，都會諮商赫德。

富國強兵，走進世界

自強運動的發端是因為見識到西洋火器的威力，因此，運動一開始當然是以購製新式槍炮輪船為主。淮軍、湘軍為了對付太平天國部隊，陸續購置西洋火器。不過，向外國訂購總不是長遠之計，當以中國自身能製作為上。同治四年（一八六五），李鴻章在上海籌辦江南製造局，專門生產槍炮彈藥。江南製造局之經費因來自海關收入而較為充裕，為當時規模最大的近代化兵工廠。同年，李又在南京設金陵機器局。次年，左宗棠在福州馬尾設福州船政局，專門製造西洋軍艦輪船。再一年崇厚在天津設天津機器局。這四家算是中國最早期的近代國防事業，後來在各省先後辦過二十個機器局。中國國防事業邁出了第一步。

購買西洋船炮，固非長久之計，但中國縱使設局自製，局中工程人員仍不得不仰賴洋人。根本解決之道，當以習得西洋技術知識，培養人才為上。

清廷派遣與西洋各國交涉之人員，非但不諳西洋國情，即語言文字亦不能通曉。同治元年（一八六二），恭親王奏請在京師設「同文館」，挑選八旗聰慧子弟入館學習西語西藝（後不以旗人為限）。後來廣州也設同文館，上海又設立「廣方言館」。各館教習主要是西洋在華傳教士，其中較著名的有同文館的丁韙良，供職數十年之久。同文館肄業年限為八年，前三年學習西語和史地，後五年學習數理礦學及政法。七〇年代以降，中國初設駐外使館，人員不少畢業於同文館。除同文館外，還有

圖 3-1　李鴻章創辦的金陵機器局
資料來源：選自《簡明中國近代史圖集》，頁 87。

一批專門培養工藝軍事人材的專業學堂，譬如江南製造局、福州船政局都有附設學堂，其他尚有天津水師學堂、上海電報學堂等等。同文館等除傳授西語西藝外，更大量翻譯西書。同文館在三十年間共譯書約二百本，以史地政法一類為多。另一重要譯書機構為江南製造局附設的翻譯館，由傳教士傅蘭雅主持數十年，到二十世紀初亦譯出西書二百本，以實用科學、自然科學為主。

✣

早期的自強運動是以購置和製造西洋軍器為主，但中西接觸日益頻繁，中國認識到西洋之盛，並非單靠兵強，更賴國富，遂興起模仿西洋富國之道。此外，西洋各國所求者主要是通商與傳教，西洋商販深入內地，洋貨到處充斥，若不趕緊興辦類似事業，中國「利權」將源源流出。況且，軍工業並非營利事業，必須籌措財源方能持續興辦；而軍工業所需金屬和燃料為免長期仰賴進口，亦有必要自行開採生產。職是之故，約略在七〇年代，中國自強運動已開始調整方向，朝民生富國事業發展。創辦於同治十二年（一八七三）的「輪船招商局」，標誌著新階段的開始。

西洋火輪船因航速快、收費低，加上又有保險以及強大火力抵抗海盜，在各通商口岸迅速排擠中國帆船，壟斷了航運業務，其中以美商旗昌洋行實力最強，雄霸長江流域的航運。同治十二年實力雄厚的英商太古輪船公司成立，加上另一英商怡和洋行，三大公司成鼎足之勢。同年，李鴻章創辦輪船招商局，頗有與西洋爭奪利權之用意。有別於江南製造局的純粹官營，李嘗試了一種新的經營方法——官督商辦。

所謂官督商辦，簡單而言，就是官方先行墊支開辦經費，待商股募集後再歸還官款，事業本身自負盈虧，但官方可得「官利」。官方掌握財政權和人事權，實際經營則委請民間有經驗的商人負責，輪船招商局就是聘請怡和洋行負責航運業的買辦唐廷樞（一八三二—一八九二）主持。對於這個官督商辦事業，李鴻章提供一切必要的官方援助，但另一方面又儘量使招商局免於官方干涉，給予獨立經營空間。開辦之初民間資金裹足不前，旗昌等公司又削價競爭，招商局內外交困，所幸招商局享有承運上海至天津漕運的特權，加上李鴻章竭力維持，業務漸趨穩定。光緒三年（一八七七），招商局買下倒閉的旗昌洋行船產，實力大增，一度成為最大的航運公司。

輪船招商局的成功，鼓舞了清廷繼續以官督商辦手法經營其他事業。輪船的燃煤一直仰賴進口，英國多次爭取在中國開採煤礦均為中國所拒，為永久之利，李鴻章建議朝廷購置新式機器，自行開挖。光緒三年（一八七七），朝廷乃採官督商辦形式開辦「開平煤礦局」，仍由唐廷樞主持。開平煤礦產量穩定成長，除供給招商局輪船外，更販售民間，盈利可觀，也把久為洋煤壟斷的天津市場收回。洋布傾銷內地已有一段時間，為奪洋人之利，李鴻章乃於光緒八年（一八八二）聘請商人鄭觀應（一八四二—一九二二）開辦上海機器織布局（一八九〇年投產），其產品遏阻了英美在上海設廠的圖謀，並抵制了洋紗、洋布的進口。這時期另一重大事業為電報。電報之設，主要為行軍調兵，光緒六年（一八八〇）李鴻章先試辦天津至大沽一小段，效果奇佳，遂令盛宣懷（一八四四—一九一六）籌設中國電報局，大力推動。清廷亦鑑於兵貴神速，積極經營，以後數年長江及沿海省分陸續架設完畢，光緒十六年（一八九〇）臺閩的海底電纜亦鋪通。

富國事業除了官督商辦形式以外，當然也有一些是官營的，較大型的有張之洞於光緒十四年（一八八八）在武昌籌建的湖北織布官局和光緒十六年（一八九〇）籌建的漢陽鐵廠。織布局於光緒十九年（一八九三）投產，耗資一二〇萬兩，有紗錠三萬枚，布機一千張，工人二千，規模頗大，利潤豐厚，因此進一步增建南北兩紡紗廠。漢陽鐵廠更耗資五八二萬兩，於光緒二十一年（一八九五）營運，屬官營工業中規模龐大的一所，但經營不善，虧損嚴重，後來改為官督商辦。此外，還有一些屬於民營的工業，如光緒三年（一八七七）的安徽池州煤礦，光緒六年（一八八〇）的山東嶧縣煤礦等。總計在甲午戰爭以前，除了兵工事業以外，中國約有七十五家新型製造業，諸如軋棉、紡紗、麵粉、火柴、造紙等，另外尚有三十三個煤礦、金礦等礦場。這些事業規模不大，壽命多半不長，但至少已使用蒸汽和電力，算是中國近代型的工業。

二十世紀以前的中國由於缺乏現代的銀行體系提供企業必要的融資貸款，新興企業大多面臨資金籌措的困難，加上洋商的強大競爭，為求生存，這些企業往往需與地方大員保持一定的關係，才能獲得政府優惠保護，具備一定的競爭力。譬如，輪船招商局承接上海至天津漕運，上海織布局的產品在內地銷售免抽釐金等。職是之故，縱使是純粹民營，都儘量帶上一些官方的關係，諸如安徽池州煤礦和山東嶧縣煤礦等都沒有官款參與，但為了爭取官方的庇護，皆以官督商辦的名義開設。官辦或官督商辦企業的官方色彩愈濃厚，企業愈缺乏足夠自主性及專業領導，更難以避免將官場貪汙舞弊、安插私人等弊端帶進企業。因此，固然有一些官辦或官督商辦企業能成功與洋商爭利，但不少卻是虧賠累累，難以為繼。

✣

《天津條約》締結後，外國使節陸續駐京，但中國正式派遣首位駐外公使，卻是十七年以後的事。清廷以不知夷情而屢遭挫敗，理當盡速派遣駐外人員以窺敵情才對，可是一方面主政者認識不足，另一方面，朝臣往往視出使為陷身夷邦，乃仕宦一大汙點，造成出使人選難求，致使清廷遲遲無法派遣駐外使節。光緒元年（一八七五），朝廷任命素稱暢曉夷務的前廣東巡撫郭嵩燾（一八一八—一八九一）出使英國，後兼駐法公使。駐英法期間，郭的學養風采甚得英法外交界好評，頗受尊重。郭以其親身所見，對西洋政制社會多所讚賞，對國內洋務事業經常提出建議針砭。郭的識見應為當時洋務大臣之冠，可惜中國朝野仍是充斥仇洋輕外氣氛，其對西洋的讚賞無疑太早與過高，遂招致排山倒海的抨擊。三年後，郭終因飽受朝臣攻訐，請辭回國。歸國後退隱家鄉，不敢回京，其所著有關出使所見所聞的《使西紀程》一書，亦遭毀版禁印，可知郭所受怨謗之深。而其所受挫折亦多少反映自強運動的局限性。

培育專業技術人材，譯書設校終究還是間接，最直接的途徑莫過派遣學生留洋。曾國藩採容閎之見，請朝廷揀派幼童赴美留學。後因經費拮据，以及學生逐漸西化，引發清朝的管理委員不滿，此計劃只維持四年（一八七二年—一八七五年）便被迫中止。先後派遣幼童一百二十名赴美留學，畢業生中較著名的有民初的內閣總理唐紹儀（一八六二—一九三八）和「中國鐵路之父」詹天佑（一八六一—一九一九）。同一時期，福州船政學堂也先後派遣留學生三十多名赴英法學習海軍，畢業生中最著名的就是後來的啟蒙思想家嚴復（一八五四—一九二一）。

中學為體、西學為用

洋務大臣疾呼要師法西洋，但西洋學術對中國知識份子而言其實是一片陌生的。加以中國屢遭挫敗，難免在陌生以外加上幾分敵視。隨著西洋的器物知識不斷引進，西學與中學之間該如何銜接和並存成為當時最受關心的議題。

馮桂芬可能是最早思考中西文化如何共處的知識份子之一。他提出「以中國倫常名教為原本，輔以諸國富強之術。」這就是所謂「中學為體，西學為用」的理論。在一八六〇年代至九〇年代的自強運動期間，幾乎所有贊成洋務的知識份子都津津樂道「中體西用」，其中講得最著名的就是湖廣總督張之洞。時人所謂「中學」約略是指中國的三綱五常、典章制度，甚至堯舜禹湯文武周公之「道」。所謂的「西學」早期是指製造船炮等技藝，後來也包含商務、政制、哲學、文藝等。「中學」和「西學」的範疇並非固定不變，但不論西學的範疇如何變動，中學有某部分是屬於根本的，是不容撼動的。西學的引進就是為了補強中學在器用方面不足之處，也可以說是用來捍衛中學的。

「中體西用」本身是矛盾的，單單引進西洋技藝，不仿傚西洋政制作出改革，而冀求國富兵強，無疑是買櫝還珠。「西用」要發揮效能，「中體」則不可能不作革新。隨著西學的範疇日益擴大，內容日益複雜，洋務派逐漸了解西方富強之道非僅器物精良而已，其制度、哲學等皆有可取之處時，被認為不可更易的典章制度便必定受到挑戰。原先局限在器用範疇的西學，無可避免的會衝擊到中學，迫使中國知識份子不得不更進一步思考中學與西學的關係為何。「中體西用」固然局限了西化的目標，但「中體西用」在洋務推行之初的確起著積極作用。洋務派要面對遍布朝野的頑固守舊分子，如果不提出「中體西用」以釋頑固派的疑慮，西學的引進恐怕更加困難。沒有中學為前提，西學便無所依託，根本就進不了中國的大門。

成功還是失敗？

三十多年的自強運動到底是成功還是失敗？這個問題其實不易回答，端看所謂成敗的標準而定。

假如清廷自強的目的是增強軍備，興辦實業，加強對外溝通，改善財政，那麼，自強運動當然有顯著效果。總理衙門、南北洋通商大臣，都算是專責對外交涉的官員。洋人掌握的海關，效率甚佳，稅收年年遞增。中國陸海軍在添購了西洋艦炮後，實力增強，北洋海軍更是一度虎虎生威，頗有雄飛東亞之勢。軍工業方面，江南製造局、天津機器局能製造毛瑟槍和三十公分口徑的大炮，也一直生產彈藥供應湘軍淮軍使用；馬尾造船廠亦能建造一、二千噸的鐵殼兵船。至於實業方面，除了銀行業仍是西洋所壟斷外，洋務大臣認識到的富國事業，諸如輪船、煤礦、紡織、電報、麵粉、火柴等，都已一一興辦，甚至有部分事業還有聲有色。

自強運動開始於咸豐十一年（一八六一），時值清廷內外交困之際，髮捻苗回起事，蔓延全國。然而，裝備了西洋槍炮的湘淮子弟轉戰各地，逐一撲滅亂事，及至七十年代中期，全國動亂大體敉平。清廷在國運不絕如縷的危局下，竟能再延國祚數十年，這不能不說是自強洋務的功效。但換個角度來看，自強運動的緣起是戰敗，洋務的一大目標是強兵，抗禦外侮。從西洋槍炮購置到仿造，再到新式海軍的興辦，中國耗費不少財富心血，可是光緒十一年（一八八五）受挫法國於先，光緒二十一年（一八九五）敗於蕞爾小國日本在後，在在顯示三十年的努力沒有達到預期的成果。

簡單以成敗概括自強運動並不容易，與其爭執運動是成是敗，不如分析運動在推展期間所遭遇的困難來得有意義。

自強運動最大的難題，恐怕是當時的中國缺乏強而有力的領導中心來推動全國性的改革措施。在現代民主政治成立以前，皇帝應負起國政成敗的最大責任。自強運動的各項措施能否有效推動，清帝原應扮演至關緊要的角色。然而，自強運動期間，正值咸豐帝早逝，同治、光緒（一八七一—一九〇八）都是沖齡登基，皇帝根本難以領導全局。此時實際掌握大權的是慈禧太后，本來以太后的才幹和手腕，足以統籌全局，領導大規模的改革運動，無奈太后畢竟是舊時代婦女，識見有限；更重要的是雖以太后身分主政，終非名正言順，為了長期鞏固權位，她不得不儘量分化朝臣，操弄黨派。慈禧先後以大學士倭仁（一八〇四—一八七一）和醇親王奕譞掣肘恭親王奕訢；另外又以李鴻藻（一八二〇—一八九七）、張佩綸（一八四八—一九〇三）等「清流派」攻擊李鴻章。即使洋務大臣間，太后亦有意使其互相制衡，如早期栽培李鴻章、左宗棠以制曾國藩；不久又使左李二人相互抵制。自強運動的領導力量分散，相互抵消，這對運動的推展是相當不利的。

另外，自太平軍興以來，地方督撫權力不斷攀升，中央的權威已大不如前。中央雖仍有統籌之權，但實力與人才的不足，難以舉全國之力，推行改革。再加上滿人領導的中樞對於漢人盤據的地方督撫勢力，不能沒有戒懼。在中央與地方的矛盾以外，又有滿漢之間的嫌隙。因此，對於曾、左、李等漢人督撫的洋務建設，有時不免制肘阻撓。在整個運動期間，清廷始終缺乏鞏固的領導中樞來統籌、協調、控御全局，這是改革難有顯著效果的關鍵所在。

相較於此，同時間日本「明治維新」的情況卻大異。明治維新前，天皇雖受制於德川幕府，並不掌握軍政實權，但自古以來天皇即為具有神聖性的元首，故君臣之間的大義名分是不容挑戰的。幕府末期，日本與中國一樣受到歐美列強侵略，長州、薩摩等強藩乃藉機發動「尊王倒幕」，德川將軍盱衡局勢，即宣布「大政奉還」。因此，明治天皇雖仍不掌握實權，但身邊簇擁著長州、薩摩等強藩，這個由天皇領導的政府仍是強而有力。只要這些強藩在「尊王攘夷」、「維新開化」的大政方針保持一致，那麼，這個鞏固的政府就能在全國性的近代化運動中邁開一致的步調。任何全國性的改革運動，都需要有強固的領導中樞來推動，中日情況的差異，自然造成雙方改革效果不一。

自強的緣起出自不得已的情勢，運動的目標只是消極性的嚇阻西洋各國進一步入侵，並非積極的把中國建設為現代化的國家，因此並沒有規劃出中國未來發展的理想和藍圖。遇到什麼危機，趕緊因應一下，造成運動缺乏整體規劃，通盤考量，只有零碎的模仿，沒有全面的學習。而且，既然是基於危機作出的因應，一旦危機解除，改革的步伐很容易就緩慢下來，有些建設甚至原地踏步。

縱使自強的措施只是局部且零碎的，但惰性加上自尊心受挫，頑固派對於所有洋務事業幾乎一律反對。每一項洋務措施幾乎都引起朝野為數不少的頑固保守分子群起圍攻，簡直是步步艱難。更不幸的是，反對並非因為了解而是出於無知！本來不管贊成抑或反對西化，理當對西洋文化或多或少有所認識，然而，奇怪的是不光內陸各省的讀書人對西學漠不關心，即使是沿海省分對西學亦是出奇的冷淡。江南製造局所譯書籍約二百本，在甲午戰前總銷量不過一萬三千本。反觀同時期日本福澤諭吉（一八三五—一九〇一）所著介紹西洋各國社會政治的名著《西洋事情》，銷路奇佳，不計盜印的部分，僅他本人刊行的就不下十五萬冊！中國絕大部分士人對於西學極端冷漠，但反對洋務措施的聲浪卻又異常巨大，這種盲目的反彈與對抗，自然而然就消耗了改革者的努力。

除了改革者與反對者的局限以外，運動期間的內外客觀局勢，也值得注意。洋務事業的推動，不論是兵船的購置、鐵路的舖設，在在需財孔亟。但三十多年的自強運動，卻是在太平天國、捻軍、苗回起事等全國紛亂的背景下展開，尤其是太平天國的構兵，更是重創了中國最繁榮富盛的長江流域。在瘡痍未復，財政捉襟見肘的情況下，洋務建設往往顯得有心無力。另外，帝國主義強權的侵略，也阻礙了改革的推展。自強運動之初，中國調整對外態度，而各國也向中國示好，中外關係一時頗為融洽。此時，正值日耳曼和義大利兩地統一運動風起雲湧，法國和奧地利深受衝擊，歐洲內部不穩，對中國的侵略還算和緩。及至一八七一年（同治十年），德國和義大利完成統一，歐洲局勢逐漸穩定，各國紛紛在海外爭奪殖民地，擴張勢力，對於中國的侵凌，也日趨霸道。譬如俄國趁新疆回亂而占據伊犁，英人藉「馬嘉理案」向中國多方勒索，法國進侵藩屬越南，更觸發中法開戰。不過，更為猖狂的侵略卻是來自東鄰的日本，最後，甲午慘敗，自強運動遭到空前挫折。各國的侵凌既打擊洋務大臣的威望，更助長頑固排外份子的氣焰；中國不單無法在安定的狀況下逐步推動建設，甚至不少慘澹經營的事業也因戰火而毀於一旦。

相對於此，日本明治維新卻能在較佳的客觀環境中推動。明治初年的倒幕運動，雖引起幕府與倒幕陣營間的戰爭，但規模不大，為時亦短。因此，日本沒有經歷長期內戰的摧殘，元氣尚存。此外，日本在西方列強眼中，其財富絕不能與中國匹比。列強對中國的侵凌壓搾，自然遠較對日本猖狂。即以關稅一項為例，洋貨進口的關稅，中國被迫一直都只能維持值百抽五的稅率，而日本卻能保持在百分之十二．五左右。相較於中國客觀環境的不利，日本是在較為充裕的財政和安定的局勢下，逐步推行建設。

甲午一戰，日本無情地粉碎了中國自強的幻夢，數十年的努力並沒有使中國免於外侮。然而，姑且不論運動的成敗，中國畢竟是腳步蹣跚的邁出了近代化的第一步，總體成果也許不夠豐碩，但至少開創了時代風氣。期間所努力過的方向，並沒有因戰敗而停頓，反而是一直延續下去。只是中國知識份子已得到一個慘痛教訓：單純模仿學習船炮工藝，而沒有採用西洋政制改變祖宗之法，中國是難以轉弱為強的。新的改革路線正在醞釀當中。

富強夢碎——中日甲午戰爭

鴉片戰爭以後，中國被迫捲入國際政治當中。不僅對外事務，即使中國本身的政治發展，也愈來愈不是中國自身的力量可以完全主導，「太平太國」事件的爆發和平定，可謂明證。光緒二十年（一八九四），中日兩國因朝鮮的問題全面開戰，史稱「甲午戰爭」。戰爭的結果日勝中敗，對整個東亞局勢影響至鉅。同樣的，歐美列強的縱橫捭闔，都深深影響到戰爭的爆發和結束。

歐洲均勢的打破

一八七一年是歐洲近代史的分水嶺。這一年「普法戰爭」結束，法國慘敗，歐洲出現了兩個新興國家——義大利和德國，歐洲傳統均勢為之打破。

德國統一後，迅速成為歐洲新興強權，德相俾斯麥為防法國報復，積極拉攏俄、奧、義等強權，成功孤立了法國約二十年。及至一八九〇年俾斯麥去職，德、俄關係漸趨冷淡，此時，法國不斷援助經濟不景氣的俄國，兩國終在一八九四年簽訂軍事同盟。「法俄同盟」不僅標示法國正式打破二十年來的孤立，也宣布俾斯麥擔心的夢魘終於發生：德國面臨東西兩線敵人。同時，歐洲正式分裂為兩大敵對陣營，局勢轉趨緊張。「法俄同盟」雖是針對德國，但對英國同樣是沉重的壓力。英國多年來恪守不捲入歐洲事務，專心在海外殖民擴張的「光榮孤立」（Splendid Isolation）政策顯得不合時宜。「法俄同盟」迫使英國不得不積極尋找盟邦。

德國的崛興，歐洲均勢的破壞，列強間的縱橫捭闔，不僅影響歐洲局勢，連帶也牽動世界各地的政局。中日因朝鮮問題而發生的衝突，無可避免的也跟歐洲列強有著密切的關係。

強鄰環伺下的朝鮮

朝鮮位於亞洲大陸東部，北與中國為鄰，東北與俄國相接，東南隔朝鮮海峽與日本遙遙相對，這樣的地理環境，就注定朝鮮的命運與這些強鄰有著千絲萬縷的關係。

朝鮮與中國關係至為深遠密切，千百年來不為中國領土，即為中國藩屬。朝鮮與中國滿州地區鄰接，朝鮮有失，滿人「龍興之地」危殆，朝鮮具有相當重要的戰略價值。況且在一八八五年中法越南戰爭以後，中國只剩朝鮮一個藩屬，為了撐持天朝的體面，亦不得不盡力捍衛朝鮮。

歷史上日本若要對外擴張，朝鮮半島往往首當其衝，在中國唐代和明代，日本都曾入侵朝鮮半島。「明治維新」以後，日本再度展開對外擴張，擬定「南進」和「北進」的策略。「南進」即占領中國東南沿海和臺灣為基地，然後向東南亞發展。「北進」是吞併朝鮮，作為「渡滿州的橋梁」，然後征服中國以及亞洲。若以十九世紀日本的國力及國際情勢研判，「北進」比「南進」稍為容易。中國東南沿海一帶，早已是英國的勢力範圍，馬來半島亦為英國吞併，中南半島英法競爭激烈，更有劍拔弩張之勢，日本實難插足。設若日本北向入侵朝鮮，朝鮮的後台是積弱不振的中國，不難應付。另一強權俄國雖想染指朝鮮，但遠東軍力不夠強大，力有未逮。日本北進所遇到的阻力將會較少。

俄國國土遼闊，橫跨歐亞，但因沒有「不凍港」，使得海軍無法長駐單一港口。俄國曾試圖在黑海尋找出口，但為英法所制，俄國乃轉向遠東地區補償。此後，俄國陸續蠶食鯨吞中國黑龍江以北，烏蘇里江以東大片領土，就發展趨勢而言，往後必定深入中國東北，然後吞滅朝鮮。如此，俄國海軍占有旅順、大連或朝鮮的永興灣等不凍軍港，其勢力將可自東北亞順利延伸到東南亞。俄國的東進南下策略，無疑與日本的北進勢不兩立。

至於英國，一直是以維持國家商務利益為原則。截至十九世紀八〇年代，英國已占領歐洲到東亞航線的要地——直布羅陀海峽、蘇伊士運河、錫蘭、新加坡、香港等，大英帝國以世界最強大的海軍加以護衛，任何國家都無法挑戰其在亞洲的勢力。不過，俄國與中亞及東北亞接壤，靠著龐大的陸軍，仍足以威脅英國利益，俄國一窺伺阿富汗，英屬印度就惴惴不安。十九世紀英國的遠東政策就是維護商務利益，保持優勢，盡力遏阻俄國南下。簡單而言，其遠東外交政策可歸納為「防俄」二字。

朝鮮的國土不大，資源不豐，亦非通商要道，卻因戰略地位的特別，吸引了中、日、英、俄等互爭雄長，最後更觸發戰爭。

同治九年（一八七〇），日本遣使到中國試探兩國訂立條約的可行性。李鴻章認為與同病相憐的日本結盟可使其不致靠攏西方成為中國的敵人，遂於次年與日本訂定平等互利的《中日修好條規》。這是鴉片戰爭以來，中國與外國所訂第一條平等的條約。然而，中國試圖與日本結盟的希望很快落空。日本國內高喊的「征韓論」，使中國醒覺日本對朝鮮半島的野心。同治十三年（一八七四），日本藉口臺灣原住民殺害琉球和日本的船難船員而出兵臺灣。光緒五年（一八七九），日本趁中國與俄國為伊犁問題劍拔弩張時，公然將琉球併吞為沖繩縣。一連串的事件都讓中國感受來自東鄰的壓力，中日結盟已經不可能。

朝鮮雖為中國藩屬，但清廷秉持一貫傳統，對其內政、外交從不干涉。同治二年（一八六三），朝鮮國主李熙（一八五二—一九一九）年幼即位，其父大院君李昰應（一八二〇—一八九八）攝政。大院君為保守的親華派，緊隨中國的閉關政策。光緒元年（一八七五），日本有一支配備炮艦的巡邏隊，在朝鮮的江華灣探勘時，遭朝鮮守軍襲擊，日軍毀其防禦設施並強迫其簽訂《江華條約》，條約除了賦予日本通商的特權以外，最重要的是聲明朝鮮乃一獨立自主的國家，其用意顯然在否定中國對於朝鮮的宗主國地位。朝鮮的門戶就這樣被日本打開。日本幾年內先後侵略朝鮮和吞併琉球，讓中國對日本的野心大為震驚。肩負對外交涉重任的李鴻章認為中國在軍備尚未近代化以前，不宜與日本決裂，遂採「以夷制夷」策略，引進西方力量以制衡日本。朝鮮於是陸續與美俄等西方國家訂定條約，全面開放。孰料，朝鮮問題反而更加複雜。

朝鮮國王李熙雖已親政，但懦弱無能，其妃閔氏（朝鮮歷史稱為「明成皇后」）（一八五一—一八九五）頗有政治才幹和野心，欲引進日本力量以制大院君，雙方勢同水火。光緒八年

（一八八二），朝鮮軍隊以閔氏官員貪汙腐化，怨聲載道，大院君藉機煽動軍隊兵變，殺害日本軍官及親日分子，史稱「壬午事變」。中國反應迅速，馬上派兵拘禁大院君，平定動亂。日本公使在逃離漢城時焚毀使館，事後日本強迫朝鮮簽訂《濟物浦條約》，除了賠償日本損失外，更爭取到使館駐軍權，增強了日本在朝鮮的軍事力量。

「壬午事變」後，中國開始加強對朝鮮的投資及控制。朝鮮政府此時分裂為以閔泳翊（一八六〇—一九一四）為首，主張親華的「事大派」；及以金玉均（一八五一—一八九四）為首，主張親日排華，爭取獨立自主的「開化派」。光緒十年（一八八四），中法越南戰爭爆發，「開化派」趁中國分身乏術之際，在日本支持下發動政變，劫持國王，殺害親華官員，並頒布改革方案，史稱「甲申事變」。「事大派」緊急向清朝駐軍求援，年輕果斷的袁世凱（一八五九—一九一六）迅速率軍平定亂事，營救國王，日本使館再度被焚。亂後日本先與朝鮮訂定《漢城條約》，朝鮮除向日本道歉賠償外，並容許日本在漢城維持一千兵力。次年，越南戰爭結束，中國與日本簽署《天津會議專條》，協議以後朝鮮有事，締約國可以派兵，而且應互相知會，共同行動，一俟事平，應即全部撤回。日本的陰謀不單沒遭譴責，反而爭取到與中國同等地位，從此中國無法單獨處理朝鮮的事務，由此埋下了中日大規模衝突的火種。中國在軍事上著了先機，可惜在外交談判上卻處處落後。

「甲申事變」之後的十年，李鴻章積極推動其「干涉政策」，加強對朝鮮的影響，執行這套政策的人就是袁世凱。袁對朝鮮內政、外交、商務、郵電等事務，全面控制，儼然是朝鮮的太上皇，彷佛置朝鮮為殖民地。中國得以全力擴張，是因英、日懼怕俄國南下，乃慫恿中國加強對朝鮮的宗藩關係，以遏阻俄國勢力。不過，中國大力干涉朝鮮事務，難免引起朝鮮人民的惡感。

一場日本期待的戰爭

一八九〇年，日本頒布憲法及召開國會。日本憲法是仿德國的「立憲君治」，而非英式的「君民同治」。在野「民黨」（日本帝國議會建立時期，反對藩閥政府的在野黨，一律統稱「民黨」）就以掌握預算審查為利器，逼迫政府遵從立憲政體的規範，試圖建立「君民同治」的憲政，民權分子視之為「第二次維新」。政府為主導議會，一直分化收買議員，甚至不時解散國會，

圖 3-2　甲午戰爭時日本首相尹藤博文（1841-1909）

資料來源：《簡明中國近代史圖集》（北京，長城，1984），頁 65、59。

但始終無法得逞，反而兩年內首相相繼辭職。明治天皇（一八五三—一九一二）不得已只好請伊藤博文（一八四〇—一九一〇）等明治維新元老出馬組閣，號為「元勛內閣」，但府會的對立依然尖銳。一八九四年，伊藤解散國會重新改選，但改選後民黨的勢力依舊強大，伊藤勝望渺茫，「民黨」視此為「最後一戰」。對伊藤內閣而言，若藉由國外突發事件，當可轉移國民反政府運動的注意力，在朝鮮發動「無故而起的戰爭」以「膺懲暴清」，當是絕好的機會。的確，當中日在朝鮮正式爆發衝突後，國會僅花五分鐘即通過了伊藤內閣一億五千萬日元臨時軍費預算提案，充分體現出「舉國一致，官民合作」。

在日本政潮不斷的四年裡，有兩件值得注意的事件。一八九一年，俄國藉以連接歐洲與西伯利亞的「西伯利亞鐵路」正式動工，使日本朝野惴惴不安。鐵路一旦完成，俄國勢力將順利延伸到遼東、朝鮮，甚至連日本本土亦大受威脅，整個東北亞局勢必為之改觀，難怪日本首相山縣有朋（一八三八—一九二二）以為西伯利亞鐵路竣工之日，即朝鮮多事之時。因此，山縣強調保衛「主權線」外，同時還必須防護「利益線」，而利益線的焦點就在朝鮮。俄國西伯利亞鐵路計劃，無疑加速了日本謀韓之心。同樣的，英國亦感到俄國的威脅，認為有必要拉攏日本以制俄國，對日本近年極力爭取修改英日間不平等條約，開始作出善意回應。

一八九二年七月，中國北洋海軍的「定遠號」和「鎮遠號」訪問日本，日本朝野為之震動，舉國咸以建設一支堪與北洋艦隊匹敵的海軍，為最迫切的目標。明治天皇率先下令節省內廷經費六年，每年撥三十萬日元，並令官員在同時期納薪俸十分之一為建設海軍的經費，民間也踴躍捐獻。次年，政府以經費已足，不再接受捐獻。

甲午戰爭爆發的前夕，日本已完成海陸軍的擴張計劃，既擁有一支二十三萬人的現代化陸軍，亦具備一支包括二十八艘艦艇，總噸位達六萬餘噸的新式海軍。國防開支連年遞增，戰前已逾國家預算四成。參謀本部不斷派遣人員到中國東北、朝鮮等地，蒐集軍政情報，繪製軍用地圖。戰爭的部署已經完成，等待的不過是適當的藉口。

中國倉皇應戰

光緒二十年（一八九四），「甲申事變」的策劃者金玉均在上海遭韓人暗殺，中國將兇手和屍體送還朝鮮，朝鮮不顧日方警告，竟將金玉均屍首凌遲示眾，引起日方極度不滿。不旋踵朝鮮「東學黨」起兵，直指漢城，朝廷無力彈壓，乃請中國出兵。中國調派二千五百軍隊入韓，並遵照《天津會議專條》，知會日方。日本終於等到機會！日本一面大舉派兵，一面指派極右團體「玄洋社」組成「天佑俠徒」混入東學黨，試圖唆使他們攻擊清軍，擴大事端。當華軍抵達前，東學黨已被朝鮮朝廷招安。中國知會日方共同撤軍，但為日本所拒，日方並提議中日共同改革朝鮮事務，強中國之難行。日本的策略正如外相陸奧宗光（一八四四—一八九七）所云：「非欲調和已破裂之關係，乃欲因此以促其破裂之機。」

相對於日本的一意求戰，中國自始即陷於和戰不定，進退失據。自光緒十五年（一八八九）皇帝大婚後，慈禧太后已撤簾還政，但畢竟主政二、三十年，朝廷重臣幾乎都是太后所提拔，內政外交仍為后黨所控制。對於朝鮮的危機，后黨比較主張息事寧人，和談解決，這固然是不希望耽誤慈禧太后六十大壽慶典，另一方面也是低估日本的野心。光緒皇帝則鑑於親政有名無實，希望透過戰爭提升統治威望，但主戰的帝黨則顯然對敵我力量認識不清。朝廷就在帝黨后黨互相較勁下，戰和不定，猶豫不決。李鴻章雖低估了日本的野心，但至少他比較了解中國的實力。淮軍三萬疏於訓練，暮氣沉沉，也缺乏威望卓著的將領統率，甚至槍枝彈藥亦嫌不足。北洋海軍雖稱壯盛，但艦隊航速過慢，快炮太少，急需更換。可是自光緒十四年（一八八八）始，為了修築供太后「頤養天和」的頤和園，海軍經費遭到挪用（據說超過一千萬兩），多年來沒添購新艦，也無餘力替換裝備，即使砲彈亦儲備不足。北洋艦隊根本是外強中乾。

李鴻章自知實力不足，一意避戰，並冀求國際調停。俄國的介入是李鴻章最大的盼望。俄國原先表現積極，但日本一再表示無意吞併朝鮮，使俄國誤以為放任日本挑戰中國在朝鮮的勢力，不無好處，且深恐對日本壓迫過甚，會使其投向英國，最後宣布中立。俄國失信，李鴻章倉皇求助英國。但英方對李鴻章尋求俄國協助一事頗為猜疑；且「法俄同盟」的締結，讓英國深感孤立，急需盟友。日本努力遊說英方，只有日本才有足夠實力和決心遏阻俄國南下。英方在「防俄」的考慮下，逐漸發現日本較中國更為適合，決定犧牲中國爭取日本，乃放棄調停。當外交努力完全落空後，中國才匆忙備戰，但戎機已失。七月底，駐韓日軍已逾萬人，而清兵不過三千，強弱懸殊。不久日軍攻占王宮，成立以大院君為首的傀儡政權，並授權日軍驅逐屯駐牙山的清軍。同時，日本不宣而戰，在豐島海面擊沉中國運兵船「高陞號」，官兵八百五十人遇難。八月一日，中日同時宣戰。

✣

戰爭第一階段主要在朝鮮境內。中國入韓援軍一萬七千人屯駐平壤，與日軍數量相當。九月中，日軍三路進攻，清軍奮勇頑抗。日軍攻勢並沒完全得逞，戰況尚有可為，無奈總統各路軍隊的葉志超（一八三八—一九〇一）貪生怕死，率先遁逃，遂致全軍潰散。另外，中日海軍遇於黃海大東溝，鏖戰五小時，中國北洋艦隊十艦中，沉四、逃二、傷二，幸主力艦鎮遠、定遠奮戰，才不致全軍覆沒。但北洋艦隊遭到重創，被迫退回旅順修復，制海權喪失，朝鮮完全落入日本手中。

戰事進入第二階段，戰場主要在遼東半島。十月底，日軍三萬人渡過鴨綠江，大連、旅順相繼陷落，日軍更血洗旅順城。遼東戰況頻頻失利之時，中國已屢派使節到日本乞和，並要求國際調停，但日方想擴大戰果以利談判，因此藉故刁難。日軍擬定一個更大膽的作戰計劃——開闢山東半島戰場，對北京採鉗形攻勢。戰爭遂進入第三階段。

一八九五年一月，日軍二萬五千人登陸山東半島的榮成灣，奪威海衛南幫砲臺。日軍以艦隊封鎖港口，並以砲臺重炮轟擊被困的北洋艦隊。北洋艦隊終因前後受敵，彈盡援絕，定遠號艦長劉步蟾、提督丁汝昌相繼拒降自盡。最後艦隊的洋員以丁汝昌的名義向日本投降，慘澹經營的北洋艦隊，全軍覆沒。遼東方面，清廷以淮軍潰敗，乃急調兩江總督劉坤一率湘軍北援，中國六萬多大軍布防遼河東岸。可是在日軍猛烈攻勢下，遼河防線崩潰，日軍兩路夾攻之勢漸成，直隸危殆。同時，日本海軍進攻臺灣，澎湖不守。

夢斷春帆樓

北洋艦隊覆滅，遼河撤守，中國已無力再戰，只得派李鴻章赴日乞和。列強亦憂心戰況持續不利，清朝會因此覆亡，屆時中國將陷入大亂，各國也將蒙受損失，因此希望中日儘早議和。日本對戰績已感滿意，況且財政枯竭，無力再戰。和談時機成熟，由美國出面調停。中國全權代表李鴻章抵達日本馬關，在春帆樓與日方伊藤博文展開會議。雙方就停戰協定陷入僵局，孰料李鴻章遭日本狂徒行刺重傷，日本大為尷尬，擔心列強藉機干涉，才應允停戰並磋商和約。中日終於簽署了《馬關條約》，其內容大致如下：

1.朝鮮獨立自主；2.永遠割讓遼東半島和臺灣、澎湖列島；3.賠款二億兩；4.廢止中日一切舊約，並以中西條約為本重新訂約；5.開放沙市、重慶、蘇州、杭州為通商口岸；6.容許日本在通商口岸從事「工藝製造」。

《馬關條約》的內容，英俄早已得知。英國為爭取日本防俄，決定犧牲中國利益。俄國早視遼東半島為禁臠，若為日本捷足先登，勢必橫梗其東進南下之路，乃決定干涉。法國基於「法俄同盟」，自然配合俄國行動。德國與法、俄本是對頭，但德國卻積極支持俄國行動，希望將俄國的注意力轉移到遠東，以減輕德國東線的壓力；況且德國原來對日示好，卻沒有獲得日方善意回應，乃轉向中國施惠，希冀在中國能得到若干好處。三國乃在《馬關條約》通過一週後，聯合向日本致送備忘錄，對割讓遼東半島一事提出異議，史稱「三國干涉還遼」。最後，日方不得已答應中國以三千萬兩贖還遼東半島。對於俄國的干涉，清廷當然感激不已。不過，實際上俄國只是把遼東半島自日本手中奪回，交予中國暫管而已。

戰爭的震撼

《馬關條約》的賠款加上贖遼費用共計兩億三千萬兩，這數字遠超歷年戰敗賠款的總和，約相當中國三年的總收入。財政困絀的清廷根本無力支付，只好大舉外債，此後每年償付洋債的本息壓力沉重，清廷只好不斷借債，以債養債，中國財政於是陷入困境。此外，中國代表與日本爭執的焦點集中在割地與賠款兩項，對於日本要求在中國通商口岸從事「工藝製造」一款，卻並不在意。殊不知歐美各國紛紛以「最惠國條款」比照辦理，各國挾其先進的生產方式，雄厚的資本在中國就地利用廉價土地、勞工和原料，既節省大筆運費，復免於海關課稅，產品價廉物美，對中國本土產業造成沉重打擊，嗣後中國民族工業發展遂坎坷難行。

甲午戰前中國雖曾因戰敗而割損土地，但所失或為藩屬，或為偏遠的漁村香港，震撼不大，但《馬關條約》所割臺澎為中國一省，中國所受傷痛非如往常，難怪光緒皇帝激憤道：「臺灣去，則人心皆去。朕何以為天下主！」臺澎地區往後淪入日本統治達五十年之久。甲午戰爭的失敗，亦代表三十多年的自強運動，充滿虛矯浮誇，沒有達到預期的目標。部分知識份子已認清單純模仿西洋船堅炮利的改革，並不足恃，不引進西方的制度，稍「變」中國之「法」，實難守中國之土。中國的改革運動遂進入一個新的紀元。而且，日勝中敗代表日本明治維新的成功，變法維新論者自然把目光轉向東鄰，高喊師法日本。此後日本的動向，影響中國深遠。

李鴻章是自強運動的靈魂人物，長期督辦外交事務，甲午慘敗，李受到朝野攻訐指責，不久離開了擔任二十多年的直隸總督，改署兩廣。這位被譽為「名滿全球，中外震仰」的中興名臣，逐漸走下他的歷史舞臺。淮軍在戰爭中遭到重創，朝廷乃命李的部屬、在朝鮮事務表現果斷幹練的袁世凱，在天津小站督練新軍。袁以練兵有成，宦途青雲直上，繼李鴻章成為清末政壇的一大勢力。另外，戰後變法維新思潮的瀰漫，也造就了康有為、梁啟超、譚嗣同等政治勢力的迅速崛起，促發了「戊戌變法」運動。改良派對清廷仍存有希望，試圖透過變法以保大清，以救中國。但是另有一些知識份子卻體認到滿清乃腐朽之政權，不亡滿清，不足以救中國。孫中山所領導的革命運動，在甲午戰後逐漸萌生壯大。

甲午戰爭改變了整個東亞的政治秩序。中、日、韓三國本來同病相憐，都是被西方帝國主義者壓迫的國家。但日本的戰勝，取代了中國成為東亞霸主，地位急遽上升。日本一方面逼迫中國簽訂不平等條約，取得殖民地和最惠國待遇等權益，另一方面，也逐步廢除與各國間的不平等條約。既取得與歐美列強平等地位，復躋身帝國主義強權之列。日本從被壓迫者一變為對亞洲民族的壓迫者，東亞地區的均勢破壞，局勢動盪不安。一個安定但不強大的中國，有助維持東亞的均勢和現狀，但中國的戰敗，弱點盡露，國際地位迅速下滑，包括日本在內的強權，遂加速對這個腐朽帝國的壓迫，不出數年，中國遂面臨被瓜分的噩運。朝鮮的處境更是悲慘，朝鮮名義上是獨立自主國家，但實際上淪為日本的保護國。一九一〇年，日本強行合併朝鮮，朝鮮滅亡。東亞的動盪就是以中朝二國的瓜分與併吞為序幕而展開。

傳統英俄相持的局面，也在戰後為之改觀。戰前英國在防俄的考量下選擇了日本，及至一九〇二年，「英日同盟」簽訂，英國在遠東不再孤立，日本成為大英帝國遠東利益的代理人，協助英國防俄。俄國鑑於日本的野心及中國的積弱，加速對遠東地區的侵略，一九〇〇年趁中國「庚子拳變」時，占領中國遼東半島。而日本則在英國奧援下加以抵制，最後爆發了「日俄戰爭」，遏阻了俄國南下的野心。德國對遠東的侵略亦較以前積極，一八九七年，德占領中國山東半島的膠州灣，激化列強在中國劃分勢力範圍以及瓜分中國的行動。

「三國干涉還遼」的成功，朝野對俄國感念欣慰，「聯俄」之說一時高唱入雲。光緒二十二年（一八九六），俄皇尼古拉二世（一八六八－一九一八）加冕，清廷派李鴻章率團恭賀，實則商談結盟之事。後來雙方簽署了《中俄密約》，兩國以日本為假想敵，戰時互相援助，其中最重要一款則是讓俄國西伯利亞鐵路經過黑龍江和吉林以連接海參威，如此不單路程縮短，更可加強俄國對東北甚至華北的控制。清廷天真地以為結此大援，將高枕無憂。不料《中俄密約》之墨跡未乾，中國又被出賣了。

德皇威廉二世（一八五九—一九四一）亟欲揚威遠東，政治上一意擴張勢力，挑戰傳統英俄獨占的局面，在宗教上也大力支持天主教會在中國的傳教事業，以挑戰法國作為教會保護者的角色。光緒二十三年（一八九七），山東曹州府鉅野縣二名德國天主教神父為大刀會所殺，史稱「曹州教案」（或稱「鉅野教案」）。山東是德國覬覦已久的地區，威廉二世遂趁機出兵占領膠州灣，並逼迫清廷予以租借。德國的豪奪刺激了列強攫取中國土地的狂潮。德國占領膠州灣不久，俄國軍艦開抵旅順，清廷以為俄國履行《中俄密約》，孰料俄德早已勾結，俄國竟向清廷提出租借旅順、大連的要求，舉國上下萬分錯愕，最後亦只得照辦。英國為維持均勢，乃要

圖 3-3　二十世紀初年中國人繪製的「時局圖」，表示列強的瓜分中國。圖中的熊代表俄國、虎代表英國、蛙代表法國、香腸代表德國、鷹代表美國、太陽代表日本

資料來源：《簡明中國近代史圖集》（北京，長城，1984），頁 83。

求租借威海衛作為補償，並取得九龍半島北部土地的租借權，同時法國亦要求租借廣州灣。中國優良軍港一一落入外國手中，各國更劃分勢力範圍：東北和長城內外是俄國勢力範圍；黃河流域是德國的範圍；福建為日本的範圍；長江流域為英國的範圍；西南為法國的範圍，勢力範圍內的修築鐵路權及開礦權均為列強所攫奪。一時瓜分中國之說甚囂塵上，亡國滅種的噩運，迫在眉睫。

門戶開放

美國在東亞的貿易年年遞增，但政治影響力不若英、俄、法、德等國，及至一八九八年併夏威夷，又擊敗西班牙奪得菲律賓後，美國的海軍在亞洲終於有棲身之地，當可擴張在中國的利益。但是，此時歐洲列強已競相劃分勢力範圍，美國既沒有趕上這股狂潮，而且就商業利益考量，也不主張瓜分中國。英國商品本來南北暢銷，但列強劃分勢力範圍後，英國貿易頗招敵視，因此與美國利益一致，遂共同推動「門戶開放」（Open Door）政策。

光緒二十五年（一八九九），美國國務卿海約翰發表了著名的「門戶開放宣言」，其要點有三：各國在勢力範圍內不得干涉別國的商業活動；勢力範圍內之貨物進出，依中國現行海關稅率課稅，稅款由中國徵收；勢力範圍內的碼頭、鐵路所收取的稅金和費用，各國一致。簡單而言，所謂「門戶開放」，就是開放列強在中國勢力範圍的門戶，達到利益均霑。美國提出宣言後，英、日、義等國立即同意，德、俄雖有疑慮，但最終相繼答應。

「門戶開放」政策是列強彼此間在中國和平共處，以免引起糾紛摩擦的一套規範，但卻把地主中國排除在外。倘若中國的主權和領土完整沒有受到保障和尊重，「門戶開放」政策不會成功，但這套政策尚需更多的時間和中國更大的代價去落實完成。

參考文獻

郭廷以，《近代中國史綱》，香港，香港中文大學，一九八七。
徐中約著；計秋楓等譯，《中國近代史》，香港，香港中文大學，二〇〇一。
費正清編；張玉法主譯，《劍橋中國史》第十冊，晚清篇，臺北，南天書局出版社，一九八七。
費正清著；薛絢譯，《費正清論中國》，臺北，正中書局，一九九四。
唐德剛，《晚清七十年——太平天國》，臺北，遠流出版社，一九九八。
史景遷著；朱慶葆等譯，《太平天國》，臺北，時報文化出版企業股份有限公司，二〇〇三。
高陽，《紅頂商人》，臺北，聯經出版事業公司，一九七七。
高陽，《李鴻章》，臺北，風雲時代，一九九二。
中華文化復興運動推行委員會主編，《中國近代現代史論集——自強運動（第六編～第十編）》，臺北，臺灣商務印書館，一九八六。
金耀基，《中國現代化的歷程》，臺北，時報文化出版企業股份有限公司，一九八三。
中華文化復興運動推行委員會主編，《中國近代現代史論集——中日甲午戰爭》，臺北，臺灣商務印書館，一九八六。

第四章　救亡圖存運動的展開

⁂

甲午戰爭的慘敗，中國知識份子得到一個慘痛教訓：單純模仿西洋船炮工藝，而沒有採用西洋政制改變祖宗之法，中國是難以轉危為安的。是故，甲午戰後士人無不高談變法。光緒二十三年（一八九七），正值列強磨刀霍霍，準備瓜分中國之際，光緒皇帝任命康有為毅然變法維新。無奈君臣都缺乏必要的實權，政治手腕也不夠高明，在慈禧太后等舊黨勢力的反撲下，新政只歷一百多天就煙消雲散。溫和的改良宣告失敗，救亡圖存的方法必定日趨激烈。

庚子（一九〇〇）、辛丑（一九〇一）正當世紀之交，中國出現劇烈的震動。此時舉國的焦點無疑是華北那批借助降神附體，高舉「扶清滅洋」大旗，以血肉之軀抵擋帝國主義洋槍洋炮的「拳民」。拳民的螳臂終究難擋八國聯軍的鐵騎，中國付出極慘痛的代價。不過，義和團的怒火畢竟遏止了列強瓜分中國的狂想。溫和的改良和激烈的排外相繼失敗，藉武力推翻滿清以救亡圖存的革命運動，遂風起雲湧。

八國聯軍後，慈禧太后等為了挽救危在旦夕的國家，乃推行一系列清朝歷史上最激進、範圍最廣泛的改革措施。十年新政，舉其犖犖大者，計有：新軍的編練、西洋法律的繼受、廢科舉、興學堂、鐵路的國有化等，尤其君主立憲的推動，更獲民心。只是，領導階層識見有限以及改革時機早已錯失，再加上清廷欲藉政制改革以重整滿族政權，使得原先支持朝廷的立憲派陷入絕望，轉而響應革命。清廷推動新政原意是要自救，但許多措施卻帶來反效果。清朝彷如置身浮沙之中，愈是掙扎，愈是迅速滅頂。

變祖宗之法——維新運動

變法呼聲的高漲

變法，即變祖宗之成法，其目的是為了因應客觀的變局，變法改制以自強圖存。變法之成例，古已有之，最著名的是戰國商鞅（前三九〇—前三三八）和宋代王安石（一〇二一—一〇八六）。變法一詞雖舊，但晚清的變法運動卻有著嶄新的意蘊。變法維新的主張在甲午戰爭之前十年即已萌生，但直至甲午慘敗，列強進一步侵凌，中國面臨亡國滅種陰影下，才臻於高潮。

三十年的自強運動，大抵以模仿西器西藝為主。但自光緒十年（一八八四）以來，朝野有識之士早有指出西洋除船政礦務火器以外，其法政亦有可資借鑑之處。王韜、湯震（一八五七—一九一七）、鄭觀應等都先後提及西洋議會制度促使君民一體，上下一心，乃富強之根本，模仿西藝遠不如師法西政來得重要。可惜主政者或囿於識見，或礙於形勢，未敢輕言變法。除了中國的知識份子外，外國傳教士對於變法風氣的倡導，也相當重要。美國傳教士林樂知創辦的《萬國公報》，不僅宣揚基督信仰，也介紹西學和世界事務。報紙曾以「養民」、「教民」、「新民」、「盛衰」、「變通」等題目徵文，這些詞語不久成為維新運動時使用頻率極高，影響廣泛的用語。《萬國公報》在十九世紀九〇年代的發行量高達四千多份，對於中國思想的啟蒙發揮重大作用。另一威爾斯傳教士李提摩太為人長袖善舞，廣結朝野達官名士，在主持「廣學會」事務時，大量出版有關西學、時事、變法等論著和翻譯，對知識階層影響甚大。

言論之批評終不如戰爭的慘敗來得具體、沉痛與深刻。甲午戰爭的慘敗不僅戳破了自強運動的虛矯與浮誇，也說明不變祖宗成法，購置再多的洋槍洋炮，亦屬徒然。甲午戰敗，列強虎視眈眈，各自劃分勢力範圍，瓜分之說甚囂塵上，民族危機空前嚴峻，有識之士無不高喊變法維新以圖振作。相較於古代變法的背景，或肇因於土地兼併，社會不均，如王莽（前四五—二三）的變法；或肇因於財政枯竭，國家積弱，如商鞅、王安石之變法。晚清變法的背景，除內憂外患，積弱不振外，還再加上亡國滅種之危機迫在眉睫，處境之險惡實前所未見。光緒二十二年（一八九六），學兼中西的嚴復翻譯了英國哲學家赫胥黎的《天演論》，把當時風行西方的「社會達爾文主義」介紹到中國來。「物競天擇」、「適者生存」、「優勝劣敗」等自然生物法則，漸為國人所認識。國人進而了解外種闖入，與舊種間必然競爭，爾後可能新盛舊滅，中國須有求存之道，才能免於滅亡。有識之士對於中國的命運，前所未有的憂心；變法求存的呼聲，也是前所未有的急迫。

中國政治傳統崇古因循，變法改制，每多遲疑。對於晚清的變法派而言，首要任務是說服大家變法之合理與必要。為了合理化自身言論，最佳辦法莫如託古改制，自儒家經典尋找變法的理論依據。因時代不同，有別於王莽、王安石等借助《周禮》，晚清變法派則依據《易經》。《易經》中「窮則變，變則通」之語，正好說明變法的合理性。除了《易經》外，十九世紀末傳入的達爾文「演化論」，亦有助說明變通乃中外之通理。因此，晚清的變法派大抵崇今薄古，具有進步的觀念，迥異於傳統士人「一治一亂」之類的循環論。其次，面對內憂外患之危局，傳統經世濟民之學受到提倡，又兼西學的傳入，故重視實用之學。在提倡西洋技藝和通商的同時，也直斥傳統科舉八股文無用。此外，有別於革命派的急進，變法論者皆堅持緩進，但求實效，不求急功。故彼等並非反對民主共和政體，只是以中國民智未開，愚弱之民難以應付近代政治組織，若貿然進行暴力革命，只有陷中國於分裂，因而以為開明專制之政體，最適合當時國情。變法的目的固然要建立富強的中國，但這個中國是立憲政體，工商繁榮的近代國家，絕非千百年來專制獨裁，重農輕商，妄自尊大的天朝。富國強兵尚非終極目標，大同世界的追求才是最高理想。

變法派主張借鑑西洋，乃一貫之主張。但值得注意的是，自甲午戰後，變法論者的目光迅速轉向日本。求學東洋，成為一時風尚。為什麼仇人突然成了老師？甲午戰爭的結果證明「明治維新」的成功，日本自然成為中國變法圖強學習的對象。其次，日本新法來自西方，尤其是歐洲，了解日本法政，也就了解西方法政。況且時人以為日本研究西人之學，「棄其糟粕而擷其英華」。中國與日本同洲同文，「風土人情，與我相近」，中國正好透過日本擷取西學中適合東方世界的精華，可謂事半功倍。這樣的主張將日本明治維新的成功放大了，不過在一定程度上確實加強了變法改制的合理性。

康有為與維新運動的展開

變法的呼聲在光緒二十四年（一八九八），也就是戊戌年，臻於高潮，朝廷終於落實變法主張，維新改制。變法維新從議論得以落實，關鍵是光緒皇帝和康有為的決心與努力。

光緒皇帝載湉（一八七一—一九〇八），四歲登基，但直至光緒十五年（一八八九）慈禧撤簾歸政以前，他都只是名義上的統治者而已。親政後雖仍受慈禧制肘，但畢竟青年英銳，而且急欲建立權威，鞏固帝位，所以對政務頗欲更張。甲午之役，光緒一直主戰，迴異於后黨的妥協避戰。甲午慘敗，列強強占港灣，國事日非，光緒帝不欲為亡國之君，乃大購西人政書，決心變法改制。此外，皇帝的師傅翁同龢（一八三〇—一九〇四）對西法新學所知雖不多，仍盡力啟導其政治理念，並不時進呈變法論著，如馮桂芬的《校邠廬抗議》、湯震的《危言》、陳熾（？—一八九九）的《庸書》等，鼓勵其變法維新。光緒帝雖有改革之雄心，但提出變法藍圖與積極推行者，則是康有為。

倘若「戊戌維新」是二十世紀中國史的序章，康有為即是其開卷之人。康有為（一八五八－一九二七），廣東南海人，出身書香門第。自小受傳統教育，埋首舉業。十八歲時師從名儒朱次琦（一八〇七－一八八二），重經世濟民。當時學術上以重視考據訓詁的「古文經學」（也稱為「漢學」）為主流，政治上則以高言性理的「宋學」占優勢。康氏以中國內憂外患嚴重，總覺兩者無補於時艱。其後遊歷香港、上海，購置西書，研習西學，漸知救國必須維新，維新只有學習西方，尤其俄、日之變法最足效法。中法越南戰爭後，康有為趁入京考試之機，上書朝廷，請求變法，但為頑固派所阻。其後，康受今文經學家廖平（一八五二－一九三二）啟迪，改宗今文經學，尤其踵繼《公羊春秋》，力主改革。

圖 4-1　康有為（1858-1927）（左），梁啟超（1873-1929）（右）
資料來源：選自《簡明中國代史圖集》（北京，長城，1984），頁 88-89

光緒十七年至二十年間（一八九一－一八九四），康有為暫停政治活動而在兩廣講學，這幾年的講學活動既培養一批維新骨幹份子，如梁啟超（一八七三－一九二九）、徐勤（一八七三－一九四五）等；也著書立說，完成《新學偽經考》和《孔子改制考》，建立變法的理論體系。《新學偽經考》以漢代所謂「古文經」，其實是劉歆為王莽篡漢而偽造，所謂「漢學」，根本是「新學」；所謂「經」，根本是「偽經」。《新學偽經考》旨在推倒當前漢學的學術權威，宣傳今文經學的可靠。《孔子改制考》中則把孔子塑造為改革者，三代盛世是孔子為「救世改制」而捏造的。孔子並非述而不作，而是作六經寄託改制的微言大義。康有為將孔子這個傳統文化權威塑造成「制法之王」，自然是為了減輕守舊人士對變法的阻撓。此外，《孔子改制考》也力圖扭轉士人厚古薄今的陳習，指出事物是日新又新。舊者必壞，就不可泥守舊法；新者必興，則必須維新變法。康有為又汲取今文經學「變」的哲學，將《公羊春秋》「據亂世」、「升平世」、「太平世」的「三世」說；《禮運》「大同」、「小康」說；達爾文進化觀念等雜揉起來，建構他的大同思想。康氏以為人類歷史是進化的，必須透過改制變法，才能達到大同之日。

光緒二十一年（一八九五），康有為與弟子梁啟超赴京考試，時值甲午戰爭慘敗，《馬關條約》議定之際，康有為發動各省應試舉人聯名上書請願，要求朝廷拒和、遷都、練兵、變法，史稱「公車上書」。上書雖為都察院所拒，但已打破清初以來厲禁士子議政的陳規，「公車上書」堪稱近代知識份子在國難當前下的集體醒覺和吶喊，康有為儼然年輕士子的領袖。不久，康有為高中進士，授工部主事，又上書力陳變法諸事。這次皇帝終於看到康有為的上奏，大為欣賞，「毅然有改革之志」。康有為不斷上書光緒的同時，也組織學會和創辦報刊以糾集同志和開啟民智。先是在北京組織「強學會」和創辦報紙《中外紀聞》，後又在上海設分會和創辦《強學報》。兩地強學會成立之初，冠蓋雲集。然而，朝中帝黨與后黨明爭暗鬥，北京強學會主事骨幹均帝黨中人，漸帶政黨色彩，終遭守舊勢力彈劾而被封禁。上海的強學會也在湖廣總督張之洞對康有為學說漸生疑慮的情況下遭到同樣命運。

京滬之維新運動雖然受挫，但湖南卻另有一番局面。湖南風氣原較保守，但湖南巡撫陳寶箴（一八三一—一九〇〇）、署按察使黃遵憲（一八四八—一九〇五）與地方人士譚嗣同（一八六五—一八九八）、唐才常（一八六七—一九〇〇）等成立「南學會」，創辦時務學堂，發行《湘報》，風氣為之一變。光緒二十三年（一八九七）年底，梁啟超擔任時務學堂教習，除鼓吹較激進的維新思想外，甚至刊行清廷視為禁書的《明夷待訪錄》和《揚州十日記》等。維新言論帶有若干反滿的意識已經引人側目，更嚴重的是，維新人士進一步提倡西方民權和平等思想，衝擊到儒家三綱學說，動搖傳統士人的根本價值。激進的維新言論和行動，終於招來朝廷的禁制。除了京、滬、湘等地方外，鄂、閩、浙、陝等省的維新分子也稱活躍，其活動形式以組織學會和創辦刊物為主。據統計各地學會數目多達七十六個，報紙也從十餘種增至六十種。

百日維新

光緒二十三年（一八九七）年底，德國強占膠州灣造成全國恐慌，康有為再度上書痛陳時局之險惡與變法之急迫。皇帝在取得慈禧應允不作干預的承諾下，於光緒二十四年四月二十三日（西曆一八九八年六月十一日）頒布變法上諭。康被宣召入宮陛見，商討變法事宜，展開了所謂「百日維新」。自四月二十三日至八月初六（六月十一日至九月二十一日）這一〇三天內，皇帝先後下達百多道變法上諭，改革內容大致如下：

1. 經濟方面：設立國家銀行、農工商總局、礦務鐵路總局、獎勵發明專利。
2. 軍事方面：裁減綠營、停弓刀石武舉。設武備學堂、籌練新軍等。
3. 教育方面：廢八股取士、廣設學堂、辦報紙、編譯西書等。
4. 政治方面：開言路、裁冗官、刪訂衙門則例。

經濟與軍事改革只是在自強運動的基調上進一步推展而已，似乎不是新政重心。教育改革則相對激進，廢八股取士，改考經濟實學；廢淫祠以興學堂等，影響層面廣泛。七月，改革方針漸轉向政制。除了裁撤冗署以外，康有為力主設制度局，統籌新政；開懋勤殿，集朝野人才議定政制。可惜設制度局一直未有下文，開懋勤殿之事則為慈禧所拒。至於康有為最在意的頒憲法、設議院和宣布君民共治等事項，據說已獲光緒首肯，但未及下詔施行。大體而言，新政推行時日短促，官員又大多心存顧望，所以成效不彰，只停留在政策宣示之狀態。

從變政到政變

當光緒展開變法維新之初，已見不祥之兆。在皇帝下變法詔書後的第四天，負責起草詔書的帝黨重臣翁同龢就在后黨的壓力下被黜退。與此同時，太后最寵信的大臣榮祿（一八三六—一九〇三）被任命為直隸總督兼北洋大臣，統率京津勁旅。此番變局無疑斷了光緒帝右臂並扼其咽喉，顯見后黨對於皇帝改制的不滿和不安。太后只作部署而沒有立即行動，可能是在觀察維新運動的發展，伺機而動；也可能是等待新政製造朝野更大的不滿，累積更大的能量與正當性，把帝黨一舉拔除。

康有為並非不知光緒帝受制於慈禧以及軍機樞臣的老耄守舊，但以為利用皇帝的名器，只要宸綱獨斷，陸續頒布變法諭旨，維新改革總能推動。然而，各地官署或消極抵制，或敷衍懈怠，改革始終未見成效。七月，皇帝似乎逐漸失去耐性，顯得衝動急躁，先是裁撤太僕寺等冗署，繼而以禮部尚書阻撓部員上條陳，一舉罷黜尚書等六名堂官。皇帝試圖透過罷頑臣、明賞罰等連串動作以伸天威，展示朝廷決意除舊圖新之志。罷頑臣的同時，又任命譚嗣同、林旭（一八七五—一八九八）、楊銳（一八五七—一八九八）、劉光第（一八五九—一八九八）等四人擔任軍機處章京，參預新政。

改革一旦觸及既得利益集團，若無妥善的安撫或威勢的鎮壓，因新政而喪失地位、特權、生計者，必然匯聚成為反改革勢力。軍事和經濟的改革並未引起很大反彈，可是廢八股取士，影響全國數百萬童生舉子的前途，裁冗署、廢淫祠更是斷人生計。況且，皇帝重用康有為、譚嗣同等漢人小臣，也造成滿族勳貴的憤慨。反新政的舊黨勢力逐漸群聚於慈禧和榮祿周遭，準備發動政變，推翻新法。謠傳舊黨將於九月初五（十月十九日）慈禧和光緒赴天津閱兵時，將行廢立。這恐怕只是空穴來風，蓋舊黨掌握軍政實權，欲行廢立，何須等待閱兵之時？但不管如何，情勢確是相當險惡。帝后之間、新舊之間，衝突終於從暗鬥激化為明爭。

✣

康有為等鑑於情況緊迫，決定借重前日相伊藤博文以爭取英、日支持，復拉攏袁世凱以奪榮祿兵權。

當新、舊黨劍拔弩張之際，日本明治維新元老前首相伊藤博文訪華。原來日本自甲午戰後，頗欲與中國修好，並希望進一步籌組英、日、中同盟。伊藤訪華，頗有促成其事的目的。中國自李鴻章在七十年代主持外交以來，一向秉持聯俄政策。但《中俄密約》中國雖輸以大利，俄國仍跟隨德國強借旅順、大連。光緒皇帝與部分重臣如張之洞漸悉俄國不可恃，惟有聯英、日，方可遏阻俄國侵略。伊藤抵達中國之前，光緒皇帝撤李鴻章總署大臣之差事，顯示外交政策的轉向。新黨既欲借重伊藤的維新經驗，同時也希望爭取英、日的支持，準備聘為顧問，甚至盛傳將出任宰相或軍機大臣。八月初五（九月二十日）伊藤覲見光緒皇帝，相談甚歡。

袁世凱時為直隸按察使，曾督練天津小站的新軍，掌握七千兵力。袁為人狡猾，既得榮祿信任，復奔走翁同龢之門。強學會成立之初，袁亦曾捐助，儼然維新人士，可謂左右逢源。當光緒皇帝處境危急時，康有為以「擁兵權，可救上者，只此一人」，力主拉攏袁世凱。七月底，皇帝先後三度召見袁世凱，破格擢升為候補侍郎，辦理練兵事宜，並暗示袁今後不必受榮祿節制。八月初三（九月十八日），康有為鑑於事態緊急，乃派譚嗣同遊說袁世凱捕殺榮祿，奪其兵權，圍頤和園。袁對譚虛以委蛇，八月初五（九月二十日）下午急奔天津向榮祿告密。八月初六（九月二十一日）慈禧發動政變鎮壓「亂法」，宣布重出訓政，幽禁光緒皇帝，史稱「戊戌政變」。光緒皇帝拉攏袁世凱和接見伊藤博文的舉動毫無疑問引起舊黨的高度警戒，八月初四（九月十九日），榮祿就急調董福祥（一八三九—

一九〇八）和聶士成（一八三六—一九〇〇）的部隊至京津，「防袁有變」；與此同時，慈禧自頤和園回宮，光緒皇帝恐怕已喪失自由。舊黨選擇在八月初六，光緒接見伊藤的次日動手，當然是顧慮袁真有行動或英日介入更深時，將不易應付，遂採斷然行動。可知「戊戌政變」的發生，摻雜著帝后之間、新舊之間、滿漢之間、聯英日與聯俄之間種種矛盾。一般以為袁的告密是舊黨政變的導火線，但回顧政變過程，在袁告密之前，舊黨其實已部署妥當。況且以袁有限兵力欲執殺榮祿，圍頤和園加害太后，勝算渺茫，而縱使成功，日後亦難免兔死狗烹的下場。因此，袁為自身利害考量，出賣光緒皇帝，是可以理解的。

政變後，慈禧將光緒皇帝幽禁於瀛臺，並大舉逮捕新黨人士。康有為、梁啟超分別得英、日之助，逃離中國。譚嗣同則以「各國變法，無不從流血而成。」自願留下而被捕。八月十三日（九月二十八日），譚與康有為之弟廣仁（一八六七—一八九八）、林旭、劉光第、楊銳、楊深受等被殺，史稱「戊戌六君子」。其他尚有多名贊成新政的官員被革職譴戍。新政除京師大學堂予以保留外，一律罷廢。

短命改革的深遠意義

百日維新的失敗，其實並不讓人意外，任何措施的推動都需要有相當權勢作後盾，更何況是全國性大幅度的變法改制。光緒皇帝受制於慈禧和舊黨，完全缺乏必要的權勢，而輔助推動改革者，都是年輕小臣，不過區區軍機章京，人微言輕。在君臣都沒有實權的狀況下，推動一系列自上而下的改革，成功機會微乎其微。更何況皇帝極度倚重的康有為年齡不過四十，康有為最得力的助手梁啟超更只是二十多歲，兩人才大識淺，空憑書生熱血與高論，卻毫無官場歷練，不諳施政與權鬥的手腕。而且，君臣在推動如此大規模的改革，又操之過急，缺乏周詳籌畫，對於因改革而利益受損者也沒有妥善安排，終於在過度刺激反對勢力以及過度天真的寄望於袁世凱與伊藤博文身上，而導致改革的失敗。

光緒皇帝、康有為等主張學習西法的君臣遭到打擊，朝廷親西方的力量頓時大為削弱，此時瀰漫濃烈排外的氣氛，終於在兩年後造成中外之間再度兵戎相見。知識份子為了救亡圖存，推動一系列自上而下的變法革新運動，最後卻在守舊力量的反撲下告終。然而，中國並沒有如守舊份子所願恢復安定，反而更加激烈動盪。新政的失敗證明了自上而下運動的失敗，接下來的是自下而上運動的展開。運動從上而下推動，手段較為和平，朝廷大致仍能掌控局勢發展的方向；但運動一旦由下而上展開，手段轉趨激烈，朝廷往往措手不及，情況隨時失控。上層緩進的改革既然失敗，無疑鼓動來自下層社會的激烈革命。清廷撲滅了自己的改革運動，使不少人對這個朝廷徹底失望，以推翻滿清為宗旨的革命運動，漸成氣候。同時，官僚與社會精英的救亡運動被扼殺，局勢的險峻與時俱增，下層社會的芸芸群眾只好以他們的血肉之軀，展開新一波的救亡運動，乃有標榜「扶清滅洋」的「義和團」誕生。

作為一場政治運動，「百日維新」在政變下落幕。但作為一場社會與文化的運動，自甲午戰爭以來的維新運動卻沒有遏止。

新式學堂在甲午戰後已陸續開辦，政變以後，這股潮流並無稍歇。傳統的書院也在課程上作出變革，添加西學內容。強學會、南學會的成功，助長了學會的成立。學會作為士人糾集同志，交換意見的場所，如雨後春筍，而且，多數學會都是為了因應民族危機而成立，具有相當民族主義的色彩。學會林立的現象，既打破清初以來禁止結社的禁忌，也代表知識份子求知論政愈益重視群體的轉變。作為啟迪民智的工具，報紙雜誌也以驚人的速度成長。報紙多達六十種，發行的地區深入內地，版面內容也出現了新的變化。報紙通常有二版，一版用於新聞報導，一版是社論之類的政治性文章，這樣的內容迥異於以前通商口岸的報紙只重視商務新聞。這些不同的啟蒙手段，具有不同的功能：報紙向一般大眾啟迪新知，學堂是向幼童和青年灌輸新學與新價值，學會則是成人學者間交互意見的團體。經過一、兩個世代的啟蒙，中國湧現了大批「新知識份子」。這些新知識份子有別於傳統的士人：他們年輕和愛國，更重要的是，他們受傳統文化的熏陶不如他們的父祖輩。因為年輕，難免躁進；因為愛國，為了救亡不惜任何犧牲；因為傳統文化包袱較輕，敢於質疑與挑戰傳統文化。隨著新知識份子人數急速增長，當他們發現西方器藝乃至西法西政的模仿，仍然無法拯救中國於水火之中，為了救亡圖存他們不惜攻擊甚至揚棄傳統文化，非僅政治層面，中國的社會與文化同樣產生激烈的動盪。

扶清滅洋——義和團

庚子（一九〇〇）、辛丑（一九〇一）正當世紀之交，中國出現翻天覆地的變化。庚子年的華北爆發了大規模排外事件——義和團；長江流域則有保皇維新派的唐才常組織「自立軍」起事，試圖揮軍北上營救光緒皇帝；珠江流域又有孫文所領導的「惠州起義」，想以革命手段建立民主共和體制。三股力量的目標雖有扶清與亡清之別，但所使用的都是武裝暴力手段，相較於之前溫和保守的「自強」與「變法」，救亡圖存的方法已經愈益激烈。唐才常「自立軍」所代表的康梁保皇維新派，正逐步在歷史舞臺中淡出；孫文所代表的革命力量，此時方興未艾，尚未到達高潮。庚子年舉國的焦點無疑是華北那批借助降神附體，高舉「扶清滅洋」大旗，以血肉之軀抵擋帝國主義洋槍洋炮的「拳民」。據當時人的描述：「看其連日由各處所來團民不下數萬，多似鄉愚務農之人，既無為首之人調遣，又無鋒利器械；且是自備資斧，所食不過小米飯玉米麵而已。既不圖名，又不為利，奮不顧身，置性命於戰場，不約而同，萬眾一心。」（仲芳《庚子記事》）轟轟烈烈的排外運動終究難逃慘澹的下場，其行可議，其情可憫。中國就在拳民的「螳臂」與列強的「鐵蹄」交錯下，展開了血淚的二十世紀。

洋貨與洋教

西方國家在中國主要的利益，不外通商與傳教，兩者都靠強大武力作為後盾。《北京條約》簽訂後，中國市場已全面開放。洋貨的進口固然刺激中國生產技術的改善，但也無可避免衝擊了傳統產業。洋布洋紗的充斥，造成傳統女工失業。火輪船和火車等新交通工具的引進，由於效率高和收費低，嚴重衝擊傳統的運輸業。河運漸為海運和鐵路所取代，運河沿線城市相繼沒落，成千上萬以此維生的船夫、水手為之失業；客棧、店家紛紛倒閉。這批失業破產的百姓，自然把一切怨恨遷怒洋人和洋物。不過，就義和團最活躍的山東與直隸地區而言，所受西方經濟的衝擊，其實遠不如中國沿海各省來得嚴重。這些地區仇外情緒的高漲，與其說是肇因於西方經濟侵略，不如說是洋教傳布所造成。

相較於十六世紀基督宗教在和平氣氛下傳入，十九世紀它的再度來臨卻是在西方堅船利炮的卵翼下達成，傳教士為加速傳教事業也支持本國使用武力。隨著清廷對外戰爭的慘敗，列強在條約中明定傳教的權利，對中國而言，「洋教」所代表的是恥辱與創痛。洋教強調的原罪、救贖、懺悔等觀念，皆與中國儒家文化格格不入，其教眾聚會「男女混雜」，更被指斥傷風敗俗。但最使人不滿的是教會「包攬詞訟」情況嚴重。鴉片戰爭後，英法等國先後取得「領事裁判權」，洋人不受中國法律管轄，後來，外國領事更有權在公堂參與會審或觀審，干涉中國司法運作。傳教士不僅不受中國法律管轄，甚至經常為中國信徒的訴訟向朝廷施壓。官吏為免開罪西洋，多偏袒教民。良民不僅蒙冤受屈，有時還要向教會繳納罰款。教會在司法上的優勢自然吸引大批無賴流氓相率入教以求庇護，教民素質良莠不齊，更使鄉民側目，日益「仇教」。

洋教中，天主教會為因應來自新教的壓力，積極在中國擴展傳教版圖，但也更惹起中國民間的不滿。法國國內天主教勢力雄厚，政府為爭取教會力量，對各地

圖 4-2　湖南地區仇洋反教的宣傳品

資料來源：《簡明中國近代史圖集》（北京，長城，1984），頁99。

天主教會都加以援助，儼然天主教的保護者自居。另外，法國與英國殖民競爭激烈，但因無力取代英國在遠東地區的軍事及貿易地位，所以對天主教傳教大力贊助，以圖在宗教事業上壓過英國。然而，九十年代以後，德皇威廉二世積極對外擴張，也大力支持德國聖言會在中國的傳教事業。相較於法國，德國政府在傳教事務顯得更加強硬與蠻橫。

教會與百姓之間的誤解磨擦，自六〇年代以來愈演愈烈，各地教案頻傳。甲午戰後，列強對中國的侵略日趨緊迫，教會在民教糾紛中也愈益霸道，民間排外仇教的情緒更加激昂，終於釀成大規模仇外運動。

大刀會、神拳、義和團

義和團的起源一直眾說紛紜，主要有起於白蓮教和民間團練等兩種說法，但兩者都缺乏足夠證據。其實，與其研究義和團來自什麼，不如考察這場運動為何在山東爆發。

民間文化、異端宗教與習武風俗，可說是義和團形成的主要條件，這三者在九十年代的華北，特別是山東半島，逐漸匯聚起來。華北廟會的中心活動是「社戲」，社戲的題材往往來自《水滸傳》、《西遊記》、《封神演義》等小說故事，其中像關羽、孫悟空、姜子牙等名將神怪角色，更是家喻戶曉，成為百姓以及秘密宗教膜拜的神祇。自光緒二十一年（一八九五）以來，盛行於山東的「大刀會」和「神拳」被認為是義和團的雛型，前者活躍於魯西南，後者則在魯西北。魯西南是開闊的平原，經濟繁榮，人口稠密，貧富差距大，加上廣植鴉片，私鹽販運猖獗，盜賊橫行。魯西北則地瘠民貧，外來人口眾多，但地形險要，自古為兵家必爭之地，戰亂不斷。海運成功使大運河逐漸沒落，魯西北日趨蕭條，尤其黃河在五十年代河道北移，更讓魯西北連年水患。而不論魯西南或西北，士紳力量薄弱，秘密宗教盛行，治安不靖，民間常有練拳風氣，不少村莊更雇請拳師保護。在民間文化、異端宗教與習武風俗三者的結合下，義和團運動的條件趨於成熟。

值得注意的是，權力真空的山東西部，同樣也吸引野心勃勃的德國聖言會傳教士安治泰到這裡拓展傳教事業。大刀會與神拳之類的民間團體，最後便與德國卵翼下積極擴張的天主教勢力，爆發嚴重衝突。

✢

義和團運動的發展，大體可分為三個階段，第一階段是光緒二十一年（一八九五）至光緒二十二年（一八九六），以大刀會活動為核心。第二階段從光緒二十三年（一八九七）至光緒二十五年

(一八九九)九月，以神拳的活動為核心。第三階段從光緒二十五年九月以後，直至光緒二十七年八國聯軍止，領導者則是義和拳(團)。

大刀會又稱金鐘罩，標榜以簡單符咒，坐功運氣來提高武術，達到刀槍不入的境界。魯豫蘇皖四省交界盜賊如毛，百姓紛紛加入大刀會抗擊匪徒，官方對大刀會自然歡迎，其活動相當公開化。不少盜賊為逃避大刀會而投靠天主教以求庇護，大刀會與天主教會間磨擦日益嚴重。後來，大刀會開始攻擊教民財產，地方官認為大刀會已逾朝廷的掌控，遂一改過去放任政策轉而強力彈壓，幾名大刀會的領袖遭逮捕處死，大刀會的活動頓時沉寂。雖然如此，但大刀會在山東威名赫赫，嗣後不少反教活動，都以大刀會名義進行。大刀會強調的是練功而非降神，所以義和團不是從大刀會複製而來，但其刀槍不入的概念倒是對義和團有相當的啟發。

大刀會和教民的衝突，與多年來的教案性質類似，都是純粹的「仇教」運動，但隨著以德國為首的帝國主義列強對中國的壓迫日益嚴峻，教案增添了反西方侵略的意義，也就是從「仇教」轉為「仇洋」。排外運動自魯西南快速向魯西北擴散。除了民教相仇事件激增外，拳民與官方也爆發大規模衝突。這是義和團運動進入第二階段的特徵。

山東是甲午戰爭的戰場之一，戰後山東為負擔部分《馬關條約》的賠款，只好裁減軍隊以緊縮開支。軍隊裁減除了使防治罪案的能力削弱，被裁的軍隊在脫下軍服後常常一變而為盜匪，使治安不靖的山東更是雪上加霜。光緒二十三年（一八九七）全省還發生洪澇和黃河決口，百萬人無家可歸。軍隊的裁減加上自然的災害使得治安日壞。除此以外，來自德國的侵略更使問題進一步惡化。德國垂涎山東半島已久，對天主教聖言會在該地的傳教積極支持，藉「曹州教案」占領了膠州灣，並且要求清廷嚴懲失職官員。據記載「此案結後，教堂日增，教民日眾，教焰亦日熾。」德國不僅干涉地方官的任命，甚至以武力鎮懾反教活動。官員對教會顯得更加軟弱，仇教仇洋情緒益加高漲。

標榜降神附體達到刀槍不入境界的「神拳」，在這種治安惡劣及普遍仇洋的背景下迅速壯大。拳民多為二十歲左右的貧農，也有手工業者、舊式交通運輸工人、和尚道士等。團體的基層組織是「壇」，又稱「壇場」或「拳廠」，首領稱為「大師兄」、「二師兄」，其他成員均以師兄互稱。拳民以吃符念咒、請神附身達到刀槍不入，儀式簡單易學，所請降的神祇皆來自社戲中的神怪和英雄，廣為農村所接受。神拳既然旨在保衛鄉土，自然深受百姓歡迎，其活動遂在短短數月間席捲華北。神拳後來改稱「義和拳」，並提出「興清滅洋」、「扶清滅洋」等口號，但不管是「興清」還是「扶清」，都顯示拳民無意與朝廷為敵，只是鑑於朝廷軟弱，難抗外侮，才挺身而出。「滅洋」的

「洋」，此時已非單指洋教，而是包括洋人與一切洋物了。

正如前述，魯西北士紳階層薄弱，社會流動性大，加上拳場首領並非唯一具有神聖性的人，徒眾可請降同樣的神祇，因此團體內彼此相當平等，首領對徒眾並不具有崇高的權威。團體內的上下聯繫以及各拳場間橫向聯繫不強，這種運動發展起來，政府和神拳領袖都難以約束，隨時一發不可收拾。

✣

剿撫兩難

光緒二十五年（一八九九）九月，由朱紅燈領導的義和拳，在平原縣與官兵發生衝突，此役標誌著義和團運動進入第三階段。拳民雖死傷慘重，但卻贏得相當威望，「扶清滅洋」的口號廣泛傳揚，更重要的是，約在此時，義和拳改名為「義和團」。易「拳」為「團」，其目的是要與正統鄉村自衛組織的「團練」等同起來，以示並非政府一直查禁的拳會或祕密宗教。類似義和團的排外事件劇增，其活動遍及魯西北，並且快速蔓延到直隸省。

山東巡撫毓賢（？—一九〇一）深知大規模彈壓義和團活動將使朝廷失去民心，但他也不是一味縱容。毓賢秉持當年鎮壓大刀會的「懲首解從」策略，以為只需追捕少數的領袖，該團體自會瓦解。但正如前述，神拳或義和拳根本沒有強而有力的領導中心，縱使誅戮朱紅燈等重要領袖，仍舊無濟於事。毓賢的對策反而兩面不討好。光緒二十五年（一八九九）年底，在美國公使強烈要求下，清廷以袁世凱出任山東巡撫，毓賢調往山西。同時，一名美國傳教士在山東遇害，這是曹州教案以來又一個被殺的外國人，標誌著拳民暴力活動的升高。袁世凱就任後，對拳民採取較強力的彈壓政策，不少義和團領袖遭捕殺，山東的義和團活動稍息。拳民對付的主要是洋教，洋教後臺是駐北京的各國公使，因此，義和團在山東遭彈壓後，自然就往直隸而非河南蔓延出去。恰巧這時慈禧太后領導的朝廷正處於極端仇洋排外的一刻，為義和團力量的蔓延提供了很好的背景。

康有為、梁啟超膽敢以西洋政制變祖宗之法，戊戌政變後二人又得英日協助逃離中國，兩國還拒絕清廷的引渡要求，這些都使太后銜恨外人。太后本來有意廢黜光緒皇帝，卻遭各國公使干涉而作罷，更使后黨憤恨難平。舊恨加上新仇，朝廷排外氣氛空前熾烈，為首的是端王載漪（一八五六—一九二二）、內閣學士剛毅（一八三七—一九〇〇）、直隸總督裕祿等滿州王公貴族。光緒二十五年年底，嫻熟外交事務、與西方關係良好的李鴻章被外調為兩廣總督，朝廷的仇外勢力更是難以遏阻。面對義和團之類的排外組織，朝廷陷入「剿」、「撫」兩難的困局之中。拳民打出「扶清滅洋」旗號，相當符合這個仇外朝廷的利益，而且上自王公下至宮監，都狂熱迷信義和團能打神拳、避槍炮。但若以撫代剿，放任拳民持續攻擊教民和洋人，列強會坐視不理嗎？相反的，假如朝廷武力彈壓，雖能消除外國疑慮，但朝廷必然喪盡民心。何況面對人數眾多但組織鬆散的拳民，根本無法以「懲首解從」方法弭平，勢必要全面鎮壓，朝廷有這種力量嗎？朝廷時剿時撫，朝令夕改，無疑鼓勵拳民與教民雙方各自尋求自保的方法。

光緒二十五、二十六年，華北地區長久乾旱，百姓紛紛指責洋教觸怒神明，乃罪魁禍首。但長期乾旱造成的大批無業遊民，也為大規模的群眾運動提供充足人力，當義和團擁有充足的糧食，自然吸引了大批饑民紛紛參加。團民從各處湧進首都，對一切與西洋有關的事物展開攻擊。這時拳民四出破壞鐵路、電線、教堂，攻擊對象主要仍是洋物而非洋人。拳民對西洋深惡痛絕，連所用武器亦捨洋槍而用傳統大刀長矛。各國公使斷定清廷包庇拳民，已不再指望清廷能有效或有心鎮壓。也導致英國在沒有得到中國許可下，竟然命令駐天津海軍上將西摩率領二〇〇〇聯軍赴北京守衛使館。這次魯莽的軍事行動使清廷震怒和疑懼，在面臨西方軍事威脅之下，爭取民眾支持尤其重要，此刻清廷只能選擇與義和團結為一途了。

八國聯軍——民族的創傷

光緒二十六年（庚子年，一九〇〇）五月，日本公使館書記官杉山彬和德國公使克林德先後為清軍所殺，北京陷入混亂，聯軍開始搶攻大沽炮臺。五月二十五日（六月二十一日），慈禧太后得知洋人出兵時竟要求她還政予光緒皇帝，震怒之餘，又收到裕祿虛飾誇大的「捷報」，誤以為清軍在大沽勇挫強敵，終於在御前會議後，下定決心向英、美、法、德、義、日、俄、西、比、荷、奧等十一國宣戰，但實際上清廷只下達宣戰詔書，並沒有依照外交慣例將國書致各國公使。宣戰同時也把義和團列為義民，義和團正式和朝廷結合為一後，開始大規模的「滅洋」行動。此時參加義和團者絡繹於途，成員亦日益複雜，大批流氓、罪犯、乞丐、會黨為討活而加入，使活動逐漸變質，不僅洋人教民受害，甚至不少豪商富家亦遭劫掠。北京的洋人與教民多避難於城西西什庫教堂和東交民巷的使館區，使館區洋兵不足五百，但清軍以數千之眾仍無法拾奪四平方哩之地。無法攻陷使館區的主要原因可能是慈禧太后或榮祿有意保留談判餘地，所以五十多天的圍攻，炮彈多朝天發射，實際猛攻的時間不多，甚至還有提供蔬果接濟使館。天津戰事方面，西摩所率聯軍為清軍和拳民伏擊大敗，退回天津租界，另一支聯軍則攻陷大沽炮臺，兩軍會合後開始進攻天津城，清將聶士成陣亡，天津城陷，聯軍四出焚殺搶掠，天津彷如人間地獄。

英、俄、德、日、法、奧、義、美等國共組聯軍二萬，後陸續增至十萬，以德國司令瓦德西為統帥，從天津往北京挺進。清軍與拳民雖英勇攔截，但仍節節敗退，七月二十日（八月十四日）北京城在激烈攻防戰後陷落，慈禧太后和光緒皇帝喬裝倉皇西逃。這是北京城第二次為西洋攻陷，紫禁城、頤和園的珍寶文物遭聯軍肆意洗劫，損失無法估計。聯軍將北京城分成幾個占領區管治，其中以日本和美國占領區較為安寧，其他占領區死傷枕藉，幾無人跡！史稱「闔城痛哭，慘不忍聞。逃者半，死者半，並守城之兵，死者山積。」這就是所謂「文明」世界的復仇行動！

慈禧太后倉皇西逃途中，頒布「剿匪」諭旨，通令各地官兵剿辦義和團。轟轟烈烈的反侵略活動，在朝廷的背棄和列強的鐵蹄下，迅速走向尾聲。京津以外，殺洋滅教的行動以山西省最為熾盛，主要和毓賢大力鼓動有關，總計洋人和教徒有二千多人遇害。其他慘重的地區尚有河南、內蒙古及東北。義和團的故鄉山東，則因袁世凱刻意鎮壓，反而免遭外國報復。

正當朝廷對外宣戰，華北遍地烽火時，東南若干總督巡撫卻私下與列強訂立「東南互保」協定，保證彼此互不侵犯。

當西摩的聯軍北犯遭挫時，英國擔心義和團的亂事若波及長江流域，勢必引發俄國藉機漁利，損及英國的利益，因此，有必要與東南督撫先行取得諒解。東南重要督撫如湖廣總督張之洞、兩江總督劉坤一、兩廣總督李鴻章等，對於京津拳民鬧事，本來力主剿辦，及至朝廷宣戰，張之洞、劉坤一皆以北京已為義和團亂民所控制，宣戰乃亂民「矯詔」，所以拒絕執行「亂命」。結果，在英國倡議，東南督撫配合，其他各國響應下，遂商訂了《東南互保章程》，互相保證「兩不相擾，以保全中外商民人命產業」。東南互保範圍後來陸續擴大，參加者包括江蘇、江西、安徽、湖南、湖北、廣東、廣西、浙江、福建、山東、四川、陝西、河南各省，實不止東南而已。

「東南互保」具有防內、拒外和避戰自保等三重作用。對內鎮壓義和團的騷亂，對外可避免列強藉機入侵，如此所統地盤才得以安定，本身實力才得以保全。因此，當華北飽受拳民聯軍蹂躪時，互保各省仍是安堵如故。但地方政府公然抗命中央，可說是太平天國事件以來地方勢力坐大的進一步惡化，及至民國更演變為軍閥割據。此外，漢人督撫完全無視滿人中樞的號令，在在也加深了滿漢之間的嫌隙。

✣

當北京陷落，局勢已無可挽回時，朝廷多番敦促素得外國信任的李鴻章入京與各國議和。聯軍內部其實矛盾重重，英美日為一陣線，俄法為另一陣線，德國則別樹一幟，因此，和議須等各國大致形成共識方能開始。次年各國達成一致協議後，清廷在一字皆不能更動下，簽署《辛丑和約》。這是一份空前惡毒的條約，藉此永遠置中國於列強牢牢控制之下。歸納而言，可從以下幾個方向來分析：

首先，賠款四億五千萬兩，分三十九年攤還，年息四釐，以鹽稅、關稅、釐金為擔保。賠款約相當中國五年總收入，每年賠款數約占收入的五分之一。賠款連本帶利約為九億多兩，以俄德所得最多，俄占百分之二十九，德占百分之二十。實際上，基於各種理由，賠款有部分減免，部分停付，但歷年所付白銀約已超過六億五千多萬兩。鉅額的賠款對中國的經濟帶來雖然不是致命，但至少也是沉重的打擊。鹽稅、關稅等重要稅收從此置於外人管轄之下，中國不得置喙。政府在入不敷出的窘境下，只好不斷加重人民的稅負，造成晚清抗捐抗稅的事件層出不窮，為革命提供了背景。

《辛丑和約》充斥著侵害中國主權，干涉中國內政的條文。

圖 4-3 《辛丑和約》簽字儀式。左為十一國公使，右為清廷代表奕劻（前）、李鴻章（後）

資料來源：《簡明中國近代史圖集》（北京，長城，1984），頁 125。

中國首都附近要塞一律不得設防，反而各國卻可在使館區駐軍，駐軍總數雖只二千多人，但中國政府彷彿在列強炮口監視下，更難言獨立自主。各國公使為對付義和團而組成的「公使團」，現在已逾越了外交使節團的分際，變成中國政府的「太上皇」，強力干涉中國的政務。此外，條約也永遠禁止中國組織仇外團體，違者處死。

中國人民的自尊心、自信心在八國聯軍的淫威下徹底瓦解。天津陷落時，百姓為求自保在門前紛紛插上白旗，上書「某某國順民」。聯軍入京時，不少達官貴人「鼓樂燃爆竹，具羊酒以迎師。」難怪時人沉痛的以「喪心忘恥」來形容。翻譯通事，一時身價驟增，社會上亦競尚洋貨。仇外排外固不可取，但崇洋媚外更加可悲。

義和團事件也造成西方對中國進一步誤解，視此為另一場「黃禍」，錯以中國人為野蠻和沒有文化之民族，國際形象進一步低落。不過，中國人民為反抗列強的侵略，展現無畏之精神，的確深深震撼了世界。從三元里到義和團，中國的民族主義正在興起。西方認識到中國人民蘊涵蓬勃生氣，深悉無法吞併如此廣土眾民的國家。列強本來興奮的準備「瓜分中國」，但義和團的怒火遏止了列強的行動。列強為免因掠奪中國的土地而激發類似義和團的事件，對「門戶開放」政策作了進一步的補充，相互保證中國的主權和領土完整。地主的中國終於被包含在「門戶開放」政策之中，代表這套政策的完成，列強既相互保證中國的領土完整，中國也因此逃過了被瓜分的噩運。

這場民族大災難到底由誰惹起的？大多數人馬上聯想到清廷的權貴和拳民。大亂之後，清廷仇外頑固的權貴遭到清洗，朝廷也再度回到維新西化的路上。光緒二十七年（一九〇一）開始，清廷推動了一系列前所未有激進的「新政」改革，試圖挽狂瀾於既倒。不過，對於清廷的統治，愈來愈多人絕望了，由孫文、黃興（一八七四—一九一六）所領導的革命，正以洶湧的波濤淹沒大清王朝。

「愚昧」的農民妄想借助神力來抗擊西洋，最終帶來災難，這給知識份子一個警惕：百姓既無知又盲動，其爆發的力量驚人卻又不易駕馭，因此絕不能開發這股力量，甚至根本不應讓他們捲入政治。這樣的認知一直要等到三十年代毛澤東的崛起才有改變，屆時中國亦將進入一個新的時代。

浮沙中的掙扎——清末十年新政

義和團事件和八國聯軍為中國帶來空前災難，國勢危如累卵。兩年多前才撲滅了維新運動的慈禧太后，終被戰火懾服，明白再不維新西化，帝國必將沉疴難起，乃推動一場晚清歷史上最大幅度的新政改革。二十世紀第一個十年，中國在政治、社會、經濟各方面，呈現明顯和劇烈的變化。當時在華的外國人對此留下深刻印象，如傳教士狄考文於一九〇五年給他的朋友說道：「今天中國的情形恰與四十一年半前我初到中國時的情形，成一明顯的對比。那時，一切都是停滯不動的；如今一切都是充滿生機的，……不久的將來，大有可觀。」丁韙良也指出「世界上最偉大的一幕運動正在中國展開。」駐華英國海軍上將西摩就以為「中國目前的革命是法國大革命以來最驚人的一次革命。」

變法以救殘局

光緒二十六年（一九〇〇）七月，聯軍占領北京，慈禧太后和光緒皇帝倉皇逃至西安。俟局勢稍靖，太后痛定思痛，知道不變法難以取悅外人，也無法收攬人心，遂在年底以皇帝的名義下旨高談變法，聲稱世無「一成不變的治法」，歷來所學西法，不管語言文字，抑或製造器械，「皆西藝之皮毛，而非西政之本源。」這道上諭預告了這波改革的幅度，不再只是囿於自強運動的技藝層面，而將觸及先前自己曾血腥阻撓的政制法律範疇。次年，清廷設置「督辦政務處」，以商議變法條陳，督辦政務處有如自強運動時的總署，成為規劃改革的統籌部門。與此同時，太后還諭令中外臣工就當前局勢，當興當革，各抒已見，湖廣總督張之洞與兩江總督劉坤一乃聯銜呈上知名的〈江楚會奏三疏〉。第一疏主要是關於興學育才；第二疏列舉致治、致富、致強之道，旨在革除當前的弊政陋規；第三疏議論包含練兵修律等當採行之西法。三疏所論堪稱詳備，也多切實可行，既囊括了洋務派一貫的政策，也吸收了維新派部分主張，已是張之洞之類的洋務老臣識見的極致。此三疏也大致勾勒出晚清新政的藍圖。

相較於數年以前康梁維新時候的政治氣氛，此時上自太后下至疆吏咸認「欲救中國殘局，惟有變法一策。」變法圖存已是政壇共識。但這樣的共識卻是以慘痛的代價換來：若非侵略者把大清帝國蹂躪至垂死邊緣；若非八國聯軍清除了一批頑固的排外官僚，壓制朝廷排外氣氛，政策不知何時才會盪回洋務西化的路線。若論新政的領導，年邁的慈禧太后仍居不容置疑的地位，附翼其下的尚有榮祿、奕劻（一八三六—一九一八）等滿族親貴，地方疆吏則以張之洞和直隸總督袁世凱最為重要。光緒三十四年（一九〇八），光緒、慈禧先後駕崩，繼位的宣統皇帝溥儀年僅三歲，政無大小皆由生父載灃以攝政王身分裁決，載灃毫無疑問就是清末最後幾年實際的領導人。

新軍的編練

清廷原來的正規軍——八旗和綠營，在太平天國起兵時，早已腐敗不堪。同治年間，平定各處動亂主要是仰賴湘、淮之類的「勇營」。然而，甲午一戰，勇營面對現代化的軍隊時，證明也是不堪一擊的。屢次的戰敗，尤其是八國聯軍的震撼，清廷亟欲建立一支可恃的現代化軍隊。裁撤舊式軍隊以及籌組「新軍」就成為清廷當前急務，但在軍事改革的同時，清廷也認識到絕不能重蹈當年地方督撫藉籌設勇營而趁機坐大的覆轍。

光緒二十七年（一九〇一），朝廷廢除行之有年的武舉，同時下令各省陸續汰減綠營、防勇十之二三。籌組新軍方面，早在甲午戰後，袁世凱、張之洞分別在直隸和湖廣編練新軍，成效甚著，朝廷乃決定推廣。軍制主要仿德國、日本規制，計劃在全國建置三十六鎮新軍，每鎮官兵約一萬二千五百人，組成國家的常備軍。常備軍外，尚有續備軍和後備軍。新軍的條件頗嚴：年齡限定二十至二十五歲之間、身體健康、本省有家之人、無不良嗜好和犯事紀錄。為因應新軍的擴編，各地廣設軍事學校，朝廷更派遣學生留洋，特別是送到日本受訓。

軍隊改革的同時，朝廷也刻意集權手中。光緒二十九年（一九〇三）設立「練兵處」，統籌全國練兵事務。後來，練兵處與兵部合併為陸軍部，由滿人鐵良（一八六三—一九三九）出任尚書。光緒三十三年（一九〇七），朝廷任命袁世凱和張之洞為軍機大臣，藉此將其新軍收歸陸軍部手中。宣統二、三年（一九一〇—一九一一），先後增設海軍部、軍諮府，分別由皇族子弟主持。顯然，清廷有意藉建置新軍之機，奪地方督撫以及漢人的軍權，扭轉太平天國以來的政治態勢。

西洋法律的繼受

晚清新政的背景是義和團事件所造成的災難，義和團事件的爆發則源於民間仇外情緒的節節升高，而仇外情緒之瀰漫又與列強的「領事裁判權」脫不了關係。

部分官員深知「領事裁判權」一日不收回，民間仇外事件難以平息；而欲列強交還「領事裁判權」，除了廢棄固有法襲用西洋法以外，別無他途。光緒二十八年（一九〇二），英國與中國修訂通商條約時，允諾中國若與各國「改同一律」，俟法律與審判辦法「皆臻妥善」後，即放棄領事裁判權。這給中國不小的鼓舞，朝廷乃命刑部侍郎沈家本（一八四〇—一九一三）著手制定新律。

光緒三十年（一九〇四），清廷設立「修訂法律館」作為編纂法律的專門機構，以沈家本、伍廷芳（一八四二—一九二二）等為修訂法律大臣。制定新律之前，必先廣泛翻譯外國法律典籍，沈家本等乃盡力搜購各國法典和法學著作，並大力延攬歐、美、日歸國留學生，展開大規模的譯書工程。截至宣統元年（一九〇九）為止，總計譯書一〇三種。就國別言，日本譯著有三十八種，約占全部譯作的四成；就類別言，刑法典和刑事法著作約占了六成左右。新律的制訂方面，負責人除了前述的沈家本、伍廷芳以外，日本法學專家更占有重要地位。清廷先後延聘岡田朝太郎（一八六八—一九三六）等日本法學專家來華，協助制定新律，教授學生。

光緒三十三年（一九〇七），沈家本奏上岡田朝太郎起草的《刑律草案》五十三章三八七條。《刑律草案》採西方刑法體例，分總則與分則兩篇，是一部貫徹落實西方罪刑法定與平等人權觀念的法典。然而，新律卻引起張之洞為首的部分朝臣強烈反彈，他們認為中國素重君臣、父子、夫妻之倫，可是新律對於臣犯君，子傷父，妻毆夫處罰過輕。更嚴重的是，新律對於無夫之婦與人通姦以及子孫違反尊長教令二事，竟然不視作犯罪，完全悖離倫常禮教。張之洞為首的「禮教派」與沈家本為首的「法理派」針鋒相對，水火難容。宣統二年（一九一〇）年底，清廷在未經資政院三讀前逕行頒布由《刑律草案》改訂而成的《大清新刑律》。宣統二、三年間（一九一〇—一九一一），清廷又先後完成了《大清商律草案》、《大清民律草案》、《民事訴訟律》和《刑事訴訟律》等，但都因「辛亥革命」爆發，不旋踵清朝滅亡而未及頒行。

晚清的修律工作中，處處可見日本的影響，最後制定的各種法典大抵皆日本法典的翻版。由於晚清制律深受日本的影響，現行法律又源自晚清新律，所以，今日法典中充斥大量日本法律術語，諸如：不動產、債權、保釋、拘留、教唆、法人、現行犯、破產……等等看似中文的詞語，其實都是二十世紀初年引進中國的日本法律用語。

廢科舉、興學堂

《辛丑和約》規定凡殺害凌虐外國人的城鎮，停止科舉考試五年。列強深悉中國士人重視科舉，故意在精神上加以摧折。孰料，時勢之丕變出人意外，科舉考試竟在四年後的光緒三十一年（一九〇五）被清廷廢除。二十世紀以來的教育改革，就在科舉考試被廢除下展開了序幕。

科舉考試自西元六世紀末隋朝推行以來，逐漸成為國家最重要的官員選拔制度。為官既是士人一生夢寐以求的出路，科舉又幾乎是進入宦途唯一的敲門磚，那麼，科舉自然就主導了教育。隨著參加科舉的士子不斷增加，競爭愈趨激烈，為求公正客觀，科舉考試必然邁向標準化。明清五百多年間，科舉考題所出的儒家經典，都有朝廷欽定的標準注釋本；作答的格式也標準化，文章分作八段書寫，即所謂的「八股文」；甚至連字體都規定了「小楷」。考試邁向標準化固然代表制度的成熟，但同時也難免空洞和僵化的弊端。士人自幼反覆練習作答技巧和背誦先賢注釋，「不復知有人世當為之事」，造成正統教育培養出來的讀書人普遍因循保守，缺乏創造力。

鴉片戰爭後，中國面對西洋現代文明強力挑戰，有識之士早就慨嘆中國欠缺的不是有貝之才而是人才。義和團的愚昧行徑，更讓不少人認識到開民智、育英才的急迫性。育才莫急於興辦新式學堂，但科舉一日不廢，則學校一日不能大興，廢科舉自然成為教育改革的首要項目。光緒二十七年（一九〇一），清廷下詔廢八股文，可謂科舉數百年來的重大變革，亦廢科舉的先兆。光緒二十九年（一九〇三），在各地督撫要求廢除的奏折此起彼落下，朝廷規劃在十年內漸停科舉，但光緒三十一年（一九〇五）的「日俄戰爭」卻加速了步伐。時人以為日本擊敗俄國，代表立憲共和戰勝專制獨裁，因此舉國上下無不要求立憲。為了盡速建立憲政國家，人民應接受現代西方教育才能具備所需的獨立思考和判斷能力，廢除科舉考試遂刻不容緩。光緒三十一年（一九〇五），清廷下詔廢除科舉考試，這個一千多年來關係千萬士子命運的制度終於走入歷史。

廢科舉的同時是西式學堂的興辦。清廷仿日本模式建立現代學制，將學校分為小學、中學、高等學堂、分科大學等。各省除了紛紛廣設西式中小學堂，還設立專供女子教育、各種職業教育、師範教育的專門學校，而創立於戊戌維新時期的京師大學堂也進一步擴充。除了官立學堂外，不少地方士紳富商也樂於捐款興辦各式私人學校。新式學堂之設，一時如雨後春筍。為有效管理全國各級教育，清廷在光緒三十一年設立學部，取代傳統的禮部作為中央的教育行政機構。據學部統計，光緒三十年（一九〇四）全國學堂總數是四千二百二十二所，學生九萬二千一百六十九人；但不過五年時間，學堂數字竟激增為五萬二千三百四十八所，學生超過一百五十六萬人！同時，教育的宗旨也帶有濃厚的現代氣息，希望培養「尚公」、「尚武」、「尚實」的學生，迥異於科舉時代士子只知舉業，別無所長，只求功名，別無他志的自私空疏。

放洋留學亦因變法新政而大興。清廷採納張之洞「多派士人出洋遊學」的主張，通令各省選派適當人選出洋，也鼓勵自費留學。一時留學蔚為風氣，尤以留學日本特多。據統計，光緒三十一年的留日學生約有萬人，公費自費參半，所學以師範、政治速成科為主。另外，美國退還庚子賠款，規定作為文化教育事業用途。宣統元年（一九〇九），朝廷以退款作為經費，除作為每年派遣約百名留美學生之用外，也成立了清華學堂作為留美預備班，亦即後來的清華大學。

晚清的教育改革成績頗為亮眼，這多少與地方士紳的合作有關。按理說廢除科舉考試必定引起仰仗科舉功名而取得政治和社會地位的士紳強烈不滿，但一來科舉漸為時人厭惡，二來朝廷把科舉功名與新式學堂教育加以聯繫：大學畢業生將授予進士功名；高等學堂畢業生將授予舉人功名；中學堂和高等小學堂畢業生將授予秀才功名。士紳權衡利害，只要興辦新式學堂讓子弟就讀，家族利益一樣得以延續，實在不必拼死捍衛一個遭人唾棄的制度。新式學堂遂在這種背景下，在各地如雨後春筍般設置。然而，在亮麗的數字背後，不能不注意實際上的局限。師資的來源是一大難題，所以不少學堂其實是聘用傳統士人任教，因此，課程內容常常不脫傳統窠臼，仍以講授儒家經典為主。

獎勵實業和整頓財政

自強運動期間早有人提出重商或商戰等觀點，但一直未為朝廷所重。直到二十世紀，一方面是連番戰敗帶來鉅額的賠款，一方面是洋貨的傾銷，利權的喪失，終使清廷意識到國日窮、民益困，必須獎勵工商以富國利民。光緒二十九年（一九〇三），朝廷設立「商部」，作為「振興商務」之地，專掌商、工、農、路、銀行、貨幣事宜。之後，陸續頒布《獎勵公司章程》、《商人通例》、《公司律》、《破產律》等法律規章以促進工商發展和保障商人權益。宣統元年（一九〇九），中央各部改組，商部乃與工部合併，改組為農工商部，原商部掌理的輪船、鐵路、郵政則劃歸新成立的郵傳部。此外，朝廷又制訂獎勵辦法，不僅獎勵工藝發明者，對於所辦實業資本在千萬以上者，更授予爵位。從政府正式設專部以統籌事務，到頒授商人爵位，在在顯示中國已完全扭轉自古以來重農輕商、崇本抑末的基本經濟政策。

義和團事件以來中國民族主義澎湃，富商士紳高喊實業救國，紛紛投資興辦工廠。同時，在民族主義風潮下掀起了一波收回利權運動，對於落入外人手中的礦權路權，要求朝廷協助收回，由各省紳商籌組公司自行開採和興建。在朝廷獎勵和救國思想瀰漫下，晚清十年的實業發展呈現了一股熱潮。晚清最後的五、六年間，中國自設廠礦資本在萬元以上者超過二百家，資本七千五百餘萬元，增長速度和規模遠超過去數十年。只是，自鴉片戰爭後中國喪失關稅自主權，導致關稅過低，無力保護本土產業；又加上《馬關條約》後，列強得以在中國通商口岸設廠，就地利用中國廉宜的勞力和原料從事生產，進一步重創中國萌芽的近代工業。是故，清末實業固然一時興旺，但根本難題不解，中國民族工業終究是舉步維艱。據估計，此時外資總額約為中國資本總額的五倍。

晚清各項新政皆需龐大經費，實在有必要整頓國家的財政，而第一個要解決的難題就是統一貨幣。此時中國流通的貨幣非常紊亂，除了傳統的紋銀、銅錢外，還有外國流入的銀元。十九世紀末，各省為了增加經費，經常自行開鑪鑄造銀元、銅錢。各種貨幣的質量沒有標準化，彼此間也沒有統一的兌換率。除此以外，官私營銀號、錢莊和外國銀行也自行發行紙鈔。混亂的貨幣無疑嚴重妨礙了工商業的發展。宣統二年（一九一〇），清廷統一鑄造銀元作為標準硬幣。同年，設立大清銀行統一發行紙鈔。然而，朝廷入不敷出的情況嚴重，財政枯竭，始終缺乏足夠資金作為紙鈔發行的儲備基金以及回收其他各式硬幣。故此，貨幣的統一並沒有成功。

立憲運動

光緒三十一年（一九〇五）以後，清廷政制革新的重心，毫無疑問就是憲政的推動。晚清的政治改革中，憲政的推動可說最富戲劇性，也攸關清朝的滅亡和民國的誕生。清廷原先一直抗拒立憲，何以後來竟然答應？

康梁變法時，已有推動君主立憲的構想，但因政變而未果。康梁流亡海外後，仍繼續鼓吹立憲政體，對海外留學生和華僑有相當影響力。相對於康梁在海外的鼓吹，在國內高談憲政的則是張謇（一八五三—一九二六）。張謇，江蘇南通人，光緒二十年高中狀元，其後棄官從商，倡言實業救國，創辦大生紗廠等近代工業。光緒二十九年（一九〇三），張往日本遊歷，對日本憲政留下深刻印象。歸國後，自刻《日本憲法》、《議會史》等書，倡言立憲，並遊說張之洞。只是立憲風氣仍未大開，且朝廷擔心憲政會導致權力下移，始終不肯輕言立憲。

光緒三十一年的日俄戰爭，改變了整個態勢。戰爭的結果竟是亞洲小國日本擊敗了歐洲強權俄國，朝野咸以立憲政體戰勝了專制獨裁。立憲之國，下情可以上達，君民一心；專制之國，卻是君民離心離德，二者強弱立判。立憲正是西洋致富強之道！中國知識份子值國難當頭，苦無解救良方而徬徨失措之際，突然發現了西洋富強的奧祕，彷如在黑暗的曠野中看到一盞指路的明燈。一時舉國若狂，高喊立憲，視之如特效藥、萬靈丹，中國立即服用，短時間即可救國，長久更可致富強。立憲之議既成狂潮洪流，朝廷再不願意也不得不稍作應付。

西元一九〇五年除了是立憲運動重要的一年外，也是革命事業重要的一年。孫文、黃興等人所領導的排滿革命運動，風起雲湧，這年為了團結各股革命力量，興中會、華興會、光復會等幾個重要的革命團體乃在日本東京組織了「中國同盟會」，為革命事業跨出一大步。當革命勢力不斷茁壯之時，清廷若仍拒絕立憲，原先擁護政府的立憲份子，可能憤而與革命黨人結合；倘若朝廷答應君主立憲，展示開明改革形象，反而可以拉攏各界，削弱革命力量。因此，清廷在「欲防革命，舍立憲無他」的考量下，權衡利害，逐漸傾向立憲。

光緒三十一年年底，清廷派載澤（一八七六—一九二八）等五大臣出洋考察各國憲政，其中主要以日本憲政考察較詳，其考察報告更是出自梁啟超和楊度（一八七五—一九三一）之手。根據考察報告，日本憲法是由天皇制定頒布，天皇權力在憲法中受明文保障。中國一旦制憲，可仿日本之成例，皇帝之大權不僅不會限縮，反而更形鞏固。如此，原先對憲政抱持疑慮的慈禧太后，終於首肯而決意推行憲政。

光緒三十四年（一九〇八），清廷宣布九年預備立憲，預定九年後的一九一六年頒定憲法，召開國會。同時，朝廷頒布「憲法大綱」，大綱主以日本明治憲法為範本，但君權比日本天皇還大。預備立憲的九年將陸續完成各級地方自治、提高人民識字率、改組政府、成立內閣等事宜。另外，鑑於中國毫無代議政治的經驗，朝廷先後在宣統元年（一九〇九）成立「諮議局」，宣統二年（一九一〇）成立「資政院」，作為省議會和國會的前置機構，俾預習代議政治。有謂清廷九年預備立憲旨在拖延敷衍，並無真心立憲的誠意。但平心而論，以中國一個毫無西方民主政治傳統的國家而言，前置作業的確千頭萬緒，以九年時間逐一克服，並非不合理。況且，清廷針對九年預備立憲的進度表，確有一一落實，並無拖延。可見清廷立憲雖或為時勢所迫，但並非全是虛張聲勢，敷衍欺矇。

宣統元年（一九〇九），清廷如期在各省舉行諮議局選舉，諮議局本為省議會之前身，純屬各省督撫的諮詢機構，權力有限，但始料未及，它卻在晚清歷史中扮演了舉足輕重的角色。原來，每省的立憲派人士分散各處，聯絡不易，省與省之間立憲派的串連更是困難。可是，諮議局的成立卻為各省的立憲派製造了聚集的場域，各省諮議局一一成立後，全國立憲派的聯合行動也變得可能了。據分析，諮議局議員多具科舉功名，部分曾留學日本或進入新式學堂學習，年齡大致在四十歲以下，大多家道殷富。顯而易見，諮議局議員其實就是傳統的士紳階級。地方士紳對於地方政府施政從來就具影響力，諮議局的誕生不過使他們的影響力合法化而已。正如前述，朝野各界咸以君主立憲為救國的特效藥，儘早服用，中國將盡早轉危為安。是故，立憲派對於朝廷九年預備立憲深感緩不濟急，要求速開國會，再由國會制定憲法。當諮議局成立不久，江蘇諮議局議長張謇就邀集各省諮議局代表會於上海，組織諮議局請願聯合會，開始到北京請願，要求速開國會。

對於諮議局代表的請願，起初朝廷態度堅決，不肯退讓。但請願團前仆後繼，及至宣統二年（一九一〇）年底，請願團發動第三度請願，全國諮議局皆有代表參與，督撫亦互通聲氣，若干省份還有學生罷課響應，聲勢壯大。攝政王終於退讓，答應把預備立憲從九年縮短為六年，並重訂官制以及組織責任內閣。朝廷讓步的同時，也下令各省代表立即返回本籍，不得再生事端。朝廷的讓步使部分溫和的立憲份子，如張謇等人滿意，他們隨即返回本籍準備組織政黨，迎接即將到來的國會大選。然而，部分態度激進人士，如湖北諮議局議長湯化龍（一八七四－一九一八）、湖南的譚延闓（一八七九－一九三〇）等，都希望朝廷能立即召開國會，因此繼續留京請願。清廷終於忍無可忍，先將東三省代表押回本籍，甚至還將請願代表遣戍新疆。毫無疑問，朝廷這些舉動激怒了大部分的立憲派。辛亥年伊始，立憲派與朝廷的關係迅速惡化。

同年五月，朝廷組織「責任內閣」，並裁撤了軍機處、舊內閣等衙署，可是，當責任內閣名單公布時，卻讓舉國失望，輿論嘩然。內閣總理是聲名不佳的奕劻，而包括總理和各部首長合計十三人的內閣，漢人只有四名，蒙人一名，滿人卻有八名，且其中有五名皇族，所以這個內閣被大家抨擊為「皇族內閣」。「皇族內閣」的結構，嚴重違逆同治光緒以來的政治實況，漢人批評滿人藉改組政府以收漢人之權，甚至連滿人也認為攝政王實際是要集權於皇族。皇族內閣似乎坐實了革命黨一直指責清廷憲政改革的虛情假意，此時此刻立憲派愈來愈感到清廷根本無意釋出權力。想與清廷分享權力，有如緣木求魚。立憲派徹底失望了。某些激進派所發表的言論，更加尖銳大膽，看來與革命派已經相差無幾，有些甚至投向革命陣營。

正如前述，「庚子拳變」以來民族主義澎湃，各地士紳紛紛要求收回利權，其中四川、湖南、湖北、廣東等地士紳在收回路權上最為積極。然而，民間修築的鐵路或因經費不足，或因內部貪黷，進度未如理想。五月，新內閣的郵傳部頒布「鐵路國有化」政策，將全國幹道收回由國家修建，結果引起四川等省的強烈反彈。鐵路國有化政策本身未可厚非，而朝廷的賠償也算合理，可是一方面因為當時士紳對於賠償不滿意，另一方面因為清廷財力不足，決定向外國銀行團借款修建粵漢鐵路和川鄂鐵路，牴觸了當時的民族主義潮流，被指出賣國家利權。四川、湖北的士紳既因請願被拒而怨懟，復因鐵路問題而蒙受經濟損失，遂掀起激烈的「保路運動」。當對於清廷的失望與不滿已累積到極限時，只要一點星火，也會把士紳的憤怒全面引爆。這點星火不久就在武昌點燃了。

新政的檢討

清廷推行新政旨在拯救危在旦夕的政權，但最後事與願違，改革的結果竟與主政者的意向完全相左。籌組新軍原要維護政權，孰料新軍遭到革命思想滲透，反而成為推翻清廷的力量；興辦新式學堂卻培養出一批抨擊朝廷保守腐化的知識份子；鼓勵學生留學造成更多人受到革命思想洗禮；鐵路國有化政策激起各地的保路風潮，最終還吞噬了大清王朝。晚清新政被形容為宛如身陷浮沙中，愈是盲動，愈快遭到淹沒。到底問題出在那裡？

對中國這樣一個專制政體來說，領導人的識見、手腕、魄力都深深影響改革運動的成敗，新政的領導人是慈禧太后、榮祿、奕劻、張之洞、劉坤一、袁世凱等，其中只有袁世凱四、五十歲，春秋正盛，其他皆六、七十歲的垂暮老人，除了奕劻以外，都在七、八年間陸續過世。這些人對於西洋文明認識本來就不深，加上垂垂老矣，難望大刀濶斧的興革。宣統年間獨掌大權的攝政王載灃是光緒皇帝之弟，他以袁世凱戊戌告密，造成光緒皇帝被幽禁十年，鬱鬱而終，在宣統皇帝登基不久即罷黜袁世凱。可是，攝政王的威望、識見、手腕遠遜慈禧，奕劻則貪瀆無能，兩人皆難當重任。舊人推動的新政，很難有遠大的宏圖和創新的氣象。

倘若清末的新政能提早十年頒布，所遇阻力可能少很多。先不論列強的侵凌和革命黨的鬧事，此時單單財政就比以前困窘許多。清廷因繳付各項洋債以及《辛丑和約》的鉅額賠款，每年就要四千六、七百萬兩，入不敷出的情況日益嚴重。每項新政的開辦都需挹注大量經費，在國家財政極度困難的背景下，核撥的經費往往七折八扣，如修訂法律館之籌設，沈家本原要求經費七萬兩，但朝廷最後只核撥了三萬兩。財政改革方面，朝廷縱使鑄造標準銀元，試圖統一貨幣，但因缺乏資金無力將流通的紙鈔和各種硬幣收回。倘若要完成此項任務，僅紙鈔部分大清銀行就需要有三億五千萬兩的儲備金，可是它只有一千萬兩的實力而已！新軍的編練所需經費尤鉅，軍事支出節節上升，清廷傾覆時的軍費竟比六、七年前激增了五倍之多。鐵路國有化政策立意雖佳，卻因缺乏資金而須舉外債，間接導致辛亥革命的爆發。經費不足固然導致許多改革窒礙難行，但更嚴重的是，為了籌措經費，朝廷不斷開徵苛捐雜稅，山西省開徵油稅、煤炭稅等十多種新稅，直隸連娼妓和人力車夫也要課稅，有些地方田賦的「浮收」竟增加了三倍之多。清末民生日益困苦，抗稅抗捐，搶糧暴動之事此起彼落。此外，中央欲支配更多的財源，乃不斷清查地方政府錢糧稅收，甚至派員至各省稽核，多少加深了與地方政府的嫌隙。

除了財政困窘以外，晚清民族主義狂飆，戊戌維新以來的變法老路，已顯得不合時宜。變法維新派基本上都擁護清廷，雖然康梁變法時舊黨曾疑慮新黨旨在「保中國不保大清」，但其實凡主張變法，大抵都是透過保大清以保中國。可惜，戊戌變法失敗以及其後的「庚子拳變」，粉碎了許多人對清廷的幻想，在民族主義的狂潮下，愈來愈多人以為保中國必先除去滿清。繼續維持滿清政府以推動緩進的改革，已難以滿足國人救亡圖存的期望，清廷已錯過改革的良機。

新政的目的在維護政權，這本來是無可厚非，但主政者昧於客觀政治形勢，一意孤行，當然造成災難性的後果。自太平軍興以來，中央權威不斷弱化，地方勢力日益擴張，特別是軍事和財政兩方面，中央更須地方督撫的合作。重振中央威權是新政的一大基調，所以設練兵處、財政處，統籌全國練兵和財政事務，統一鑄造銀元，嚴禁地方鑄幣，全都可視為壓制地方勢力的措施。另一棘手的政治難題則是漢人勢力日益坐大。其實，這兩個問題彷如一體的兩面，因為地方督撫幾全為漢人。戊戌變法和八國聯軍時的「東南互保」，在在都加深了滿人勳貴對漢人的猜忌，因此在軍政的改革中，處處可見剝奪漢人勢力的痕跡。光緒晚年，朝廷擢升張之洞、袁世凱為軍機樞臣，目的就是調虎離山和剝奪他們的軍權。宣統年間對漢人的防制更甚，其時軍機大臣有四，漢人只占其一，皇族內閣的誕生更明白顯示攝政王藉政府改組之名，奪漢人政治權力之實。但是督撫權重和漢人坐大並非一朝一夕之事，清廷既昧於政治實況，手段又躁進蠻橫，自然激起地方政府和廣大漢人的寒心與憤怒。結果，武昌起義後不數月各省紛紛獨立，可知晚清地方離心力之強。

華人學界對於晚清新政的評價一向不高，國民黨和共產黨都自詡革命政黨，對於保守的改革從來不以為然。再加上中華民國是辛亥革命的產物，革命黨一向譏諷晚清的新政旨在維護滿人種族政權，根本是虛情假意，欺矇百姓，所以中華民國的教科書對其評價不高，篇幅也不多。但倘若平心而論，晚清的新政縱使立意偏狹，不少作為仍足可稱道，在歷史上還是深具意義和價值。廢除科舉乃中國教育史上重大的革新，而廣設學堂和建立現代學制則為現代教育奠下基礎。晚清所制《刑律》、《民律》、《商律》等新律，雖因清廷傾覆而未克頒行，但後來卻成為中華民國法典的藍本。經濟的改革雖因經費不足而成果有限，但頒訂各種促進商業和保障商人的法規章程以及授予商人爵位，扭轉了長久以來崇本抑末的經濟政策。

晚清十年的新政是失敗的，因為它沒有拯救垂危的大清帝國，甚至可能加速了她的滅亡。但是，倘若不以清朝為限而放寬歷史的視野，晚清新政許多成果卻成為中華民國重要的資產。如此說來，晚清的新政還是具有意義。

參考文獻

郭廷以，《近代中國史綱》，香港，香港中文大學，一九八七。

徐中約著；計秋楓等譯，《中國近代史》，香港，香港中文大學，二〇〇一。
費正清編；張玉法主譯，《劍橋中國史》第十冊，晚清篇，臺北，南天書局出版社，一九八七。
費正清著；薛絢譯，《費正清論中國》，臺北，正中書局，一九九四。
唐德剛，《晚清七十年──太平天國》，臺北，遠流出版社，一九九八。
史景遷著；朱慶葆等譯，《太平天國》，臺北，時報文化出版企業股份有限公司，二〇〇三。
高陽，《紅頂商人》，臺北，聯經出版事業公司：一九七七。
高陽，《李鴻章》，臺北，風雲時代，一九九二。
中華文化復興運動推行委員會主編，《中國近代現代史論集──自強運動（第六編～第十編）》，臺北，臺灣商務印書館，一九八六。
金耀基，《中國現代化的歷程》，臺北，時報文化出版企業股份有限公司，一九八三。
中華文化復興運動推行委員會主編，《中國近代現代史論集──中日甲午戰爭》，臺北，臺灣商務印書館，一九八六。

第五章　革命與再革命

✢ ✢

從宣統三年（一九一一）「辛亥革命」到民國十七年（一九二八）北伐完成，短短十七年間，中國歷經了天翻地覆的變化。在政治上，是由帝制（清朝）歷經共和（北洋）而至集權（或威權，即國民政府）。在社會上，是由舊時代的士紳、新軍（北洋軍閥）而至新知識份子、甚至專業革命家（黨員）。在經濟上，清末商民抬頭，至民國八年（一九一九）「五四」學生運動階段，達到顛峰，而後漸受「國家資本主義」統制。總之，「五四」之前八年，主角還屬士紳、軍閥、政客、商民；其後九年，國民黨和共產黨漸成主宰，北伐即其結果之一。

在國際上，這十七年間，以民國七年（一九一八）第一次世界大戰的結束為分水嶺。其前七年，列強仍以過去帝國主義之態度，處理中國問題。所以從辛亥革命前後的三次《日俄協約》、《西姆拉（Simla）草約》、《恰克圖協定》，到大戰期間的《二十一條》、《山東換文》，其形式多係列強之間、或與中國統治階層間，私相授受。但隨著美國總統威爾遜「十四點原則」的提出、蘇俄革命輸出、亞非拉民族主義的普遍覺醒，國人要求「廢除不平等條約」的聲浪大起，在反政府和「喚醒」群眾的情緒下，「修約外交」既感不足，「革命外交」遂起而代之，各次「慘案」的迭起，正反映了中國對外關係的激動化。

中華民國的誕生

兩個世界：農村與口岸

甲午戰爭後的十六年（一八九五－一九一一），中國處於一段異常動盪的歲月。舊的思想、社會和經濟秩序已搖搖欲墜，新的秩序正蓄勢待發。統治兩個半世紀的滿清王朝，正處在歷史的關鍵時刻；由於它不能跟上時代，提供暴力革命以外的其他選項，終究難逃滅亡的命運。

首先，從太平天國之亂後期，中國對外貿易就逐步擴大，導致列強對國內市場的支配不斷加深；自強運動（一八六一－一八九五）又引進大量西方企業與工業，夾帶相當數量的外國資本。在短短半世紀（一八六一－一九一一）裡，進口幾乎增加九倍，出口則增長七倍。進口持續超過出口，本國資金外流，使得晚清始終面臨貿易逆差的困境。至光緒二十五年（一八九九），貿易赤字竟高達六千九百萬兩，政府預算赤字約為一千兩百萬兩白銀之譜。為加平衡，只能增加稅率，並要求各省捐款，負擔最終都落到了百姓頭上。

其次，經濟變遷是種潛移默化的過程。中國農民生產茶葉、生絲、菸草或棉花，實際已是為了供應世界市場；但全球價格的起落，往往莫名地使他們一夜致富、或頃刻破產。國內對經濟作物的倚賴，確實比往日獲利更豐，但也更容易因市場波動而受害。

最後，列強在華鋪設鐵路，大大破壞了傳統的運輸體系。兩條舊有的南北幹道：大運河和漢口到北京的陸路，都在競爭中沒落。這引起沿岸城市和百姓生活的困難，成千上萬的船夫、車夫、客棧店主和商人失業。總之，到十九世紀末，鄉村手工業破產、國內商業日下、失業日增，許多人把這歸咎於洋人對中國經濟的負面影響；也因此，對洋人和洋務的敵意，也就不難解釋了。

經濟凋敝之外，一連串的自然災害，進一步加深了生活的艱難。咸豐二年（一八五二）黃河從河南改道至山東，光緒八年（一八八二）後反覆氾濫。光緒二十四年（一八九八）再次決堤，淹沒了山東境內的幾百座村莊，患及一百多萬人。但到二十六年（一九〇〇），包括北京在內的華北大部，卻是一場大旱接踵而至。當農村群眾覺得生活無可忍受時，只好向盜賊和祕密社會中尋求出路。

在社會與思想方面，甲午戰後的十餘年間，同樣處在新舊雜陳的局面。國人豁然認知到，中國不是唯一的「天朝上國」，竟只是芸芸「萬國」當中的一個；這樣的認知，也使知識界開始強調，若無深明義務與權利的男女「公民」，現代國家是無由存在的。

社會改變的速度，也快得令人驚奇；第一個變的，就是服裝與外表。清廷的新軍，按既定的西方教範積極組成，軍人穿起西式軍服，別上勳章綴飾；高層文官和口岸商人也換上了西裝。有的激進學生更剪了辮子，以示對清廷的不滿。

此同時，各通商口岸的都市化，拉開了它們和內地農村之間的差距；感染了外國風氣的都會裡，有人改而從事各新興行業。例如為了甲午戰爭與《馬關條約》的挫敗，口岸出現了中國最早定期出刊的報紙。這些書刊讓基督教士得以提倡反對纏足及煙毒的運動，也讓國人更加了解中外的時事。新聞傳播有利於「輿論」的形成，這要比傳統讀書人的「清議」更寬廣、也更有意義。

透過這些新管道，迄至一八九〇年代，國人已能掌握從拿破崙或彼得大帝、華盛頓到明治維新的革新經驗。倡導改革的期刊與歷史著作蔚為盛況，不僅稱頌昔日的西方賢哲，還以波蘭、土耳其、印度等衰亡的例子，作為中國的借鏡。沿海口岸的發展，也讓希望改革的人，有機會串聯起來，並公開他們的政治理念，儘管這仍是朝廷禁止的。有人甚至開始推動革命，孫中山（一八六六—一九二五）就是一個榜樣。

在光緒二十四年（一八九八）瓜分危機的氛圍裡，一股力量悄然茁壯，表現方式雖各不同，但已可用「民族主義」一詞加以概括。民族主義既彰顯中國人為了民族生存，必須團結一致的認知；也包括他們對列強、乃至國內滿人統治的新認識。光緒三十一年（一九〇五），因美國通過排華法案、歧視虐待華工，引發了中國首次抵制美貨的行動，這就是一次民族主義精神的展現；學生和商人一起開大會，且運用了新聞鼓吹的現代作法。

孫中山與三民主義

孫中山，名「文」，字「逸仙」，旅居日本時署名「中山樵」，故世稱中山先生。廣東香山（今中山縣）人，地近澳門，長期與洋人接觸，遠離北京的控制。中國第一位留美學生容閎（一八二八—一九一二）和無數華僑，都出身於此。孫父務農，孫自己一生從未考過科舉，十三歲便隨長兄孫德彰（一八五四—一九一五），乘英國輪船到檀香山。在那裏住了三年，寄宿於教會學校，研讀英文，並參加唱詩班，接受基督教信仰。

從光緒十一年（一八八五）中法戰爭失敗後，孫中山就開始關注中國的命運。他很早便和傳統反清會黨「三點會」接觸。光緒二十年（一八九四）手創另一祕密組織「興中會」，且將據點擴張到夏威夷、澳門、香港、廣州等地。光緒二十一年（一八九五），他發動第一次起義，試圖攻占廣州的兩廣總督府，結果被清廷發現而失敗。由於他是北京通緝要犯，不久就途經美國，到了倫敦。光緒二十二年（一八九六）被駐英的清使館人員識破，橫遭十二天的拘禁。由於這場「倫敦蒙難」，使三十歲的他名噪一時，以中國革命領導人的身分，名聞於世。

光緒二十三年（一八九七），孫中山回到日本，在當地一些「志士」，同時也是日本擴張主義者的幫助下，糾集了各方革命勢力。其中包括由內地祕密會黨集結而成的反清武裝勢力，和身處內地傳統社會之外、不受禮教拘束、有著商業價值觀與國家主義的海外華僑。

就在祕密會黨「三合會」的協助下，孫中山在光緒二十六年（一九〇〇），趁著華北「義和團」之亂的機會，在廣東惠州發起了第二次起義。但因原先由日本輸送武器、由臺灣偷渡革命黨人的計劃，突生變動，迫使這次起義在兩星期內又告失敗。事後孫中山為求合作，光緒二十九年（一九〇三）在夏威夷加入「三合會」的支部「致公堂」，藉此在美國各地宣傳革命。

這時，更活躍的角色在日本出現了——成千的中國留學生。他們聚居在東京一帶，其中的積極份子，主要來自四個地區：湖南湖北、廣州、長江下游和四川省。他們依照同鄉關係，組成祕密革命團體、出版刊物、召集會議。終於在日本志士協助下，海外華僑的資金、祕密社會的武裝、留學生的領袖層及孫中山的革命理論，於光緒三十一年（一九〇五）結合起來，組成了「中國革命同盟會」。

光緒二十九年（一九〇三），孫開始面臨一項問題：如何使新生代的中國留學生，成為革命的新血輪。因為「保皇黨」的康有為（一八五八—一九二七）仍得到東南亞的保守華僑商界支持；梁啟超（一八七三—一九二九）的文章，也對留學生的觀念還有相當影響。革命運動雖在發展，卻缺乏必要的意識型態和長期計劃。而要動員知識份子，就需要這樣一套革命理論，於是，孫中山創作出了《三民主義》。

《三民主義》用西方學者的話說，就是民族主義、共和主義及社會主義。這是在動盪時代中，依當時需要而生的；所以它的內容，在後來也隨時代有了很大的轉變。例如「民族主義」本該有「反滿」和「反帝國主義」雙重意義，但因最初，革命黨仍須尋求列強的協助，所以孫中山要到民國十二年（一九二三）「聯俄容共」以後，才把「反帝」主張凸顯出來。

另外，「民權主義」係透過憲法中的「五權分立」，來保障民主的實踐；亦即結合西方的行政、立法、司法三權分立，及中國傳統的考試、監察二權所成。「五權憲法」很明顯是孫中山自己的發明。最後，他的「民生主義」是針對工業成長後，可能產生的新問題而設想。他採用亨利喬治「單一稅法」的概念，使都市地權得以平均，而非馬克思式的重新分配土地。這或許也因土地重分配，會引起主要出身於商人及地主階層的留學生不滿，而「平均地權」則很少涉及地租和租佃問題。

同盟會成立後，孫中山繼續嘗試以武力推翻滿清。從光緒三十二到三十四年（一九〇六—一九〇八）間，同盟會至少又發起了六次起義，三次集中於孫的故鄉廣東，其餘分散在雲南、廣西等邊陲地區。然而光緒三十三年（一九〇七），孫被日本驅逐出境，不久又遭法屬越南當局拒絕；同盟會內部也浮現雜音，某些人不再接受孫的領導，內訌使革命進行更加困難。

在這關鍵時刻，孫的左右手黃興（一八七四—一九一六）卻以滲透清朝所組的新軍，來作為革命的新方向。宣統二年（一九一〇）二月，廣州新軍原本計劃的第九次起義遭到壓制，活躍份子倪映典（一八八五－一九一〇）陣歿。不過宣統三年（一九一一）四月，黃興仍將以留學生為主的敢死隊，再次送進廣州，二十七日（即農曆三月二十九日）猛攻兩廣總督府。只是這次俗稱「黃花崗之役」的第十次起義，依舊失敗。

辛亥革命的合與分

清廷的傾覆，來得非常突然。推動的主角，並不完全在同盟會的控制之內，而是由各省競相獨立。宣統三年（一九一一）十月十日，武昌的新軍發動起義，很快得到響應；到十一月初，華南、華中、甚至西北各省紛紛獨立。短短幾星期中，有將近二十四支新軍，在同盟會的影響下，向該省諮議局宣布反清；至於清軍與革命軍的戰鬥，只在十八處地方發生過。

由於這一年是農曆的辛亥年，這場革命就被稱為「辛亥革命」。其中最活躍的，係屬率領各省新軍的都督及擔任各省諮議局議員的維新派，此兩者才是各省獨立的領導力量。但也由此，各省內形成三大勢力：第一是同情革命的反滿祕密社會及其群眾；第二是具有諮議員身分的地方士紳；第三是由各省都督率領，擁護共和的軍隊。

三大勢力在不同省份中，組合的比例也不同；於是各省軍政府裡頭，權力劃分也各不同。響應革命的二十二省都督中，十五位是軍人、七位是士紳。包括湖北、雲南、山西、江西，軍人勢力強大，結果成立了軍人領導的「軍紳政權」。而士紳面對的最大危險，不是清廷或南京中央，卻是祕密社會所領導的群眾、及他們可能造成的無政府狀態。在陝西、四川、貴州、湖南、安徽、廣東，士紳和祕密社會的矛盾，尤其尖銳。所以在解除了清廷的箝制之後，士紳們就重返「保境安民」的初衷，在民國元年（一九一二）後，轉向支持袁世凱（一八五九—一九一六）的強人政府。

✣

民國元年（一九一二）一月一日，新的「中華民國」臨時政府在南京成立。孫中山先是在美國丹佛市（Denver）的報紙上得知武昌革命的消息，之後隨即赴英國尋求借款，並要求勸阻日本給予清廷軍經援助。當他返回上海，及時被選為中華民國臨時大總統，並在元旦宣誓就職。一月二十八日南京又成立「臨時參議院」，每省推派了三名代表。

南京臨時政府的誕生，實得力於上海中產階級的財力和政治支持。估計革命期間，工商會社給予同盟會的資助，超過七百萬元；商人、買辦也對外國商會施壓，貸款給革命黨，以與擁清派勢力對抗。但同盟會並沒有足夠力量，恢復全國秩序；且上海中產階級儘管強而有力，卻造成臨時政府社會基礎的相對狹隘。南京政府的軟弱無力，恰恰反映出中國中產階級人數很少、地理分布極不均勻的邊際性格。

由於清軍精銳多數效忠於袁世凱，清廷在無法收拾殘局下，只好恢復袁的權力，希望藉此作最後掙扎。無奈袁對清廷並不效忠，一心想乘機奪權，於是要求立刻組成責任內閣，由他擔任內閣總理，指揮全國軍隊。

這時，南京臨時政府雖號稱全國中央政府，事實上權力僅限於長江下游各省。北方完全在袁世凱的控制之下；而中部各省如湖南、湖北，則受到傾向與袁合作的黎元洪（一八六四—一九二八）所左右。其他各地，由於地方主義盛行、行政組織崩潰，中央號令毫無效果。孫中山迫於形勢，只好宣布如果袁世凱誠心支持共和，他願以總統職位相讓，以求中國統一。

對滿清政權的致命一擊，來自民國元年（一九一二）一月底，四十四名袁世凱所轄的北洋軍將領，聯名致電清廷，敦促成立共和政體。一群強硬的滿族親王成立「宗社黨」，試圖退回滿洲續行抵抗；但隆裕皇太后（光緒的皇后，一八六八—一九一四）則願與袁妥協，以求保護身家安全。二月十二日，宣統皇帝溥儀（一九〇六—一九六七）終於遜位，但仍拒絕承認孫中山的地位，退位詔書中則授與袁世凱全權，組織共和政府，與民軍協商統一辦法。

二月十四日，南京參議院選舉袁世凱為第二任臨時大總統。為建立穩固的共和體制，三月十一日又頒布新的《中華民國臨時約法》。約法保障包括少數民族在內，全體中國人應享有的平等地位。只是原先孫中山的臨時政府，曾試行總統制，以鞏固他的地位；現在卻因擔憂總統大位落於袁世凱之手，便將《臨時約法》改為責任內閣制，行政大權委任於內閣。凡法律制定、任命閣員及使節、宣戰媾和訂約等，均須經國會同意，始可實施。官方文件由總統簽署後，也必須經內閣總理副署。《臨時約法》同時明定，應於十個月內舉行全國大選，召集正式國會；屆時臨時參議院即行解散、袁世凱也需去職，以籌辦正式總統之選舉。新的參議院，每一行省的代表員額將擴增為五名。

總的來說，辛亥革命以後，中國原有的政治體制，已遭受嚴重破壞；那些脫離清廷、宣布獨立的省分，都想組織一個能滿足自己在地需求的政府，都督也就成為地方上新的統治者。不過各省內部也開始分化，例如廣州已不能控制廣東省的東部；四川則有兩個政權，一個在成都、一個在重慶。許多城市和地區紛紛宣布自己是「獨立政權」或「自治團體」。

作為主流形式的軍紳政權，隨著政治分化的長期走向，士紳在地方上所代表的「合法」象徵作用與地位，逐步減少。相對的，軍人在政治上的領導地位，反而水漲船高，不再是士紳階級的附庸、不再是馴良的國防工具，而變成了政治鬥爭的主角。下開民國史上的「軍閥時期」（一九一六—一九二八）。

帝制與軍閥

袁世凱成了唯一強人

民國元年（一九一二）二月十四日，南京參議院選舉袁世凱為第二任臨時大總統，孫中山也立刻提出辭呈；但辭呈另附條件，要求袁世凱離開北京，到南京就職。孫相信，袁離開北京，將可切斷他和北洋軍人的封建關係。然而二月二十七日，宋教仁（一八八二－一九一三）等南方專使團到達北京時，當地駐軍卻發生暴動，表示情勢確實危急。目睹這個過程，專使團放棄對袁南下的要求，允許他在北京就職。四月以後，臨時政府和參議院也遷到了北京。

袁世凱首先任命跟隨多年的幕僚唐紹儀（一八六二－一九三八），擔任他的內閣總理。但只維持到六月，總統就和內閣、國會發生了衝突。緣因同盟會主導了直隸（今河北）省議會，選舉王芝祥（一八五八－一九三〇）為直隸都督，希望這位前革命黨員，能就近控制北京，監視袁世凱。袁起初不知王的身分，應允了任命，稍後了解到這項人事案的危險，堅拒承認選舉的有效性。唐內閣遭到北洋軍界群起反對，迫使唐辭職。

另一方面，政府北遷前後，民國元年（一九一二）三月，同盟會黨員大會，宋教仁獲得多數支持，著手改組同盟會，成為中央集權式的民主政黨「國民黨」，以便在該年底和翌年初的國會兩院大選中，推出候選人。這年宋僅三十歲，已展現出政治組織的才幹，使他在之後幾個月中，表現比孫中山還顯眼。大選揭曉，國民黨在兩院都得到壓倒性的席位，並計劃推宋為新內閣的總理。

但是不幸地，民國二年（一九一三）三月二十日，宋教仁前往上海車站候車時，遭人近距離開了兩槍，兩天後辭世。一般咸信袁世凱是這樁陰謀背後的主謀，因為所有證據，都指向和他關係密切的新任內閣總理趙秉鈞（一八六五－一九一四）與國務院祕書洪述祖（？－一九一九）。稍後涉及此案的幾位嫌疑人，不是被暗殺、就是離奇失蹤，袁個人則未曾正式牽連。宋教仁的死，代表民國初年政黨政治的結束，也打開獨裁統治的序幕。反對黨的渙散與背叛，影響了他們在國會和地方的實力。民國元年（一九一二）底選出的國會議員，於民國二年（一九一三）四月集會。國民黨員雖占多數，卻放棄質詢和調查刺宋兇手的想法。

接著當袁世凱不依憲法程序、未得國會同意，逕向外國銀行團舉債超過二千五百萬英鎊（大約一億美元），即所謂「善後大借款」時，國民黨也只是提出表面的責難。事實上，袁一再嘗試透過賄賂，減少國會的反彈。國民黨議員若願自動脫黨，就可得到相當的酬庸；若是堅持立場，則受到軍警的脅迫。國會的反對力量，終於被逐步瓦解了。

袁的軍隊，已控制了華北；並藉由副總統黎元洪等人的合作，擴張他在華南與華中的勢力。但仍有六個省分——包括安徽、江西及廣東，是國民黨有效控制的地區，不願與袁妥協。民國二年（一九一三）六月，他解除了這幾省國民黨都督的職位。國民黨的領導層一度遲疑之後，決定起兵討袁。期間雖有七省宣布獨立，卻只有江西和南京發生實際的戰鬥。到了九月南京失守，「二次革命」即告失敗。

二次革命的失敗，不僅軍事上的問題，社會大眾對兩年來的政局混亂，已感到厭倦。儘管袁世凱濫用權力，引起中產階級的不滿，但在二次革命過程中，他們並未再像辛亥革命那樣，給予國民黨支持。尤其當社會秩序破壞時，中產階級的利益往往最先受到威脅。為冀望和平，迫使他們與袁合作。商界中立的態度，在二次革命中，確實給了袁不少幫助。

二次革命敉平後，民國二年（一九一三）十月六日，袁世凱收買乞丐暴徒，包圍國會，強迫議員選舉，讓他從臨時大總統升格為正式總統。接著十一月四日，國民黨被宣布為非法組織，國會不久也遭解散。孫中山被迫離開中國，前往日本，再度流亡。民國三年（一九一四）十二月，在袁授意下，修改《中華民國約法》（新約法），延長總統任期為十年，連選得連任，永無限期。且總統選舉時，若參議院以為沒有改選必要，便可直接連任。接班人亦由現任總統推荐，「書之嘉禾金簡、藏之金匱石室」。這項安排，確保袁享有終生權力，且為子孫鋪下世襲繼承的道路。

民國三年（一九一四）八月，第一次世界大戰在歐洲爆發。法、英、德、俄等列強無暇東顧，正是袁建立專制獨裁的良機。然而日本卻趁勢取代西方，獨霸中國。藉口光緒二十八年（一九〇二）成立的「英日同盟」，於民國三年八月對德宣戰，出兵占領山東的德國租借地。

民國四年（一九一五）元月，日本得寸進尺，向袁政府提出《二十一條》要求，內容包含在東北和內蒙享有更多經濟利益；中日聯合管理「漢冶萍」煤鐵公司；日本的警察和經濟顧問得以進駐華北；擴大日本在福建的經濟利益等。五月九日袁世凱答應了這些要求，史稱「五九國恥」。或許袁確實無力對日本採取任何反抗措施，但從強化自己的統治地位著眼，他基本上也願意付出這些條件。

帝制夢與復辟夢

袁世凱何以會想由終身總統晉位為皇帝？這恐怕難有確切的答案。首先，袁究屬舊式官僚出身的政治強人，一生唯以保持權位為目標。據言早在甲午戰前駐軍朝鮮，他已有取韓王而代之的企圖。又對慈禧太后治下的警蹕威儀，數十年耳濡目染，或許也相信稱帝才是「正名」之道。其次，袁的長子克定（一八七八－一九五五），被指勸進甚力。袁克定不良於行，地位上只能寄望「父死子繼」，傳聞其每日偽造日本在華官方喉舌《順天時報》一份，令袁世凱誤信東京贊助其帝制。最後，「上有所好，下必甚焉」，袁世凱稱帝私心一旦流露，左右希風承旨、好事鑽營者，自然加以包圍，終致身敗名裂。

民國三年（一九一四）袁世凱以擁護孔教信仰，揭開恢復帝制的序幕；並於同年冬天到前清祭天的天壇，進行了傳統的天子之禮。他的外國顧問群，包括知名的哥倫比亞大學教授、前美國政治學會會長古德諾，誤信中國人渴望在總統之上，還有一個中央集權的象徵，因此恢復帝制，會受到人民歡迎。

古德諾的看法，稍後被楊度（一八七四—一九三一）、嚴復（一八五四—一九二一）、胡瑛（一八八四—一九三三）等人所領導的「籌安會」扭曲引用，該會是袁花了二百多萬元支持，用以鼓吹帝制的。之後，袁的親信梁士詒（一八六九—一九三三）又組織一個「請願聯合會」，收買無賴，電請變更國體。基於輿論的請求，北京參議院決議，召集國民代表大會決定。終於民國四年（一九一五）十一月二十日，國民代表大會投票，全體通過恢復君主政體。袁世凱遂宣布改中華民國為「中華帝國」，民國五年（一九一六）為「洪憲元年」。

袁恢復帝制的企圖，造成反對勢力的串聯。最早的批判聲浪來自曾在國會支持他的進步黨份子。該黨靈魂人物梁啟超放棄官職，發表了一篇〈異哉所謂國體問題者〉，掀起全國迴響。民國四年（一九一五）十二月，雲南當局宣告成立「護國軍」，脫離袁政府獨立，翌年元月貴州繼之，三月廣西也通電獨立。

另一方面，孫中山逃到日本後，由於民國元年（一九一二）國民黨與西方式政黨政治的失敗經驗，激起他想利用過去祕密社會的傳統組織，來改造國民黨。民國三年（一九一四）七月，中華革命黨就在這種想法下產生。黨內弟兄必須宣誓效忠黨魁、蓋手印；孫中山認為只有這樣，才能加強黨內的團結和訓練。但這種做法，引起老同志們反對，寧願與孫決裂，其中包括黃興在內。這使得中華革命黨在討袁運動中，所扮演的角色明顯微弱許多。

至於北洋軍，袁的控制力也愈來愈小。一方面，袁熱衷中央集權，削奪省政府的權限，引發已升任各省都督的北洋將領們不滿。另一方面，袁的帝制活動，暗示著將來皇位可能傳子，這也讓北洋軍首腦段祺瑞（一八六四—一九三六）、馮國璋（一八五九—一九一九）等感到接班無望、遭受愚弄，在在使得他們對袁離心離德。

外交上，列強對於袁的稱帝，或冷淡以對、或公開批評，並未給予袁所期待的支持。等到民國五年（一九一六）護國軍討袁氣勢高漲，公使團更相繼斷絕財政及外交上的援助。但這些都曾是三年前，袁能敉平二次革命的要件。

終於，民國五年（一九一六）三月，袁世凱撤銷了帝制，以緩和各界的強烈抗議。然而他威信盡失，各省一如辛亥革命，再次宣布獨立於北京之外。六月五日袁歿於尿毒症，享年五十六歲，一般認為是羞憤交集，鬱鬱而終。

袁世凱病逝後，護國軍及各省相繼取消獨立。北洋軍依照《臨時約法》，同意由副總統黎元洪繼任總統。黎即重新召集在民國二年（一九一三）開幕、卻遭袁世凱解散的舊國會，並任命段祺瑞為內閣總理。

這時在歐洲，第一次世界大戰方酣，段祺瑞欲加入英、法協約國，對德宣戰；以為一旦將之擊敗，德國在山東青島的租借地，就可能歸還中國。然而黎元洪和國會，認為須經由他們，而不是內閣總理，來決定是否宣戰。民國六年（一九一七）四月，段在各省的督軍黨羽們，串聯召開北京「督軍團」會議，決定對德宣戰。五月二十三日，黎倉促解除了段的總理職務。

黎絕望之際，只好求助安徽督軍張勳（一八五四—一九二三）。張率兵到了北京，卻要求解散國會，作為調解的先決條件。黎別無選擇，只得於六月十二日照辦。不料張勳又在康有為、馮國璋與段祺瑞等人慫恿下，於七月一日擁戴末代清帝溥儀重新登基，是為「復辟事件」。張等分封了官爵，段祺瑞卻落了空；在感到被愚弄之後，段便召集軍隊，七月十二日順利將張逐出北京。政變雖然轉眼落幕，但中央的權威也隨之蕩然，此後不管是總統或國會，都無非是軍人的傀儡，軍閥正式粉墨登場了。

復辟過後，黎元洪自知復職無望，宣布去位，由馮國璋繼任總統。二度當上國務總理的段祺瑞，在梁啟超的策動下，聲稱復辟已使中華民國法統斷絕，拒不重開黎元洪所解散的舊國會。這時南方的孫中山指責段違反《臨時約法》，遂赴廣州組織了軍政府，開展「護法運動」。中國至此分裂成南北兩個政府。

南北軍閥翻雲覆雨

辛亥革命以後，中國實際的政權基礎，是軍人和士紳的結合；尤其袁世凱死後，軍人勢力日趨壯大，全國的行政機構，從上到下都變成軍人領導士紳的局面。北京政府的總統、總理、國務院、國會都難逃軍人操控，各地的縣長、鄉長也受軍人的操縱。這種政權，有人稱之為「軍紳政權」。

軍紳政權肆虐的軍閥時期（一九一六－一九二八），最明顯的特徵之一，可說是「分崩離析」，也說是政治、社會、財經都分派系、或分省籍、乃至省以內的地域觀

圖 5-1 廣州軍政府外貌

念。在這種派系主義和地方主義影響下，財政自然變成一大難題。辛亥革命以後，縣款不上繳於省、省款不上繳於中央。受惠最大的是地方士紳，他們不交田賦、不繳稅款；吃虧最大的是中央政府，只好舉債度日。另一難題則是裁軍，這應是解決財政困難的根本辦法，裁軍沒有成效，造成了小軍人統治基層的混亂局面。各縣的支出，和省府或中央一樣，多數用在養兵上面。

軍紳政權的結構下，北京政府大半時間仍是依據《中華民國臨時約法》來運作。大總統係由國會選舉，任期五年，對外代表國家，但僅具虛位元首的象徵性。總統大位頻頻易手，變成各軍系角力的對象，光從袁世凱死後到「五四」運動，短短三年（一九一六—一九一九）光景，就有三人出任過該職。

實際掌握行政權的內閣，同樣混亂和不穩。總計民國五年（一九一六）至十七年（一九二八）間，就歷經二十四次內閣改組，有二十六人擔任過國務總理一職。任期最長的十七個月，最短的兩天，平均在位三到五個月。另外，國會係由眾議院和參議院組成，議員任期分別是三年和六年。只是民國二年（一九一三）依據《臨時約法》召開的舊國會，始終陷於四分五裂、聲名狼藉的困境。許多議員都擋不住當權者的「銀彈」攻勢，而被輿論比喻為在南北各政權間游蕩的「豬仔」。不過，多數大軍閥仍支持國會與內閣的存續；一遇機會，也都願意和國務總理或總統，建立倚賴關係。

民國六年（一九一七）八月，張勳失敗後，段祺瑞終於壓迫內閣，通過對德宣戰。日本在幕後，為加鼓勵，乃貸鉅款給段，是為「西原借款」，總數約合七千萬美元。新任外相後藤新平

（一八五七－一九二九）藉機和駐日公使章宗祥（一八七九－一九六二）祕密談判，提出包括濟南、青島駐兵、新築鐵路等要求。章當天回覆，對各條件「欣然同意」，史稱《山東換文》。這一祕件，後來在巴黎和會公開，激起了民國八年（一九一九）五月四日的「五四」學生運動。

得到日本充足的金援後，段祺瑞開始著手打擊南方軍政府，發動又一場內戰「南北戰爭」。但是總統馮國璋卻不支持，兩人原皆屬袁世凱手下同僚，至此終令北洋軍一分為二：安徽籍的段祺瑞稱為「皖系」、直隸（今河北）籍的馮國璋稱為「直系」。直系在中央，勢力不及皖系，但據有直隸及長江下游財富之區。民國八年（一九一九）馮國璋病死，所部曹錕（一八六二－一九三八）、吳佩孚（一八七四－一九三九）於民國九年（一九二〇）七月，得到來自奉天（今遼寧）省、當過綠林鬍匪的張作霖（一八七五－一九二八）「奉系」支持，終於擊敗了段祺瑞，逼他下野，是為「直皖戰爭」。

直皖戰爭前後，國人目睹軍閥割據、統一無望，同時一次大戰結束（一九一八），許多新興國家，紛紛採用聯邦制度來建構新政府。加上「五四」學生運動（一九一九）後，國人增添了一種自信，開始呼籲屏棄「首領政治」的觀念，「當以自力，實現政治改良之希望」。部分人就認為，要先「確立聯省自治組織，先使各省各自獨立」，彼此才沒有打仗的機會。這就形成了民國九年（一九二〇）以後「聯省自治」運動的基礎。

民國以來，倡導聯邦制的多為湖南人；而南北戰爭，湖南受禍最烈。名流熊希齡（一八七〇—一九三七）乃公開倡為「聯省自治」之說；湖南省議會也在民國九年（一九二〇）七月宣布自治、創制省憲。接著南方各省，雲南、四川、浙江的督軍們，也都以「自治」為名，同聲相應，是為「聯省自治」的高潮。

儘管南方「和平」、「自治」呼聲震天，北方各大勢力，依然征戰如故。直皖戰爭後，段祺瑞下野，直系曹錕、吳佩孚漸成北洋軍中心，與之相抗的是奉系張作霖。雙方既爭地盤、也爭中央政府控制權，民國十一年（一九二二）四月，第一次「直奉戰爭」開打，不久奉軍戰敗出關，曹、吳聲勢如日中天。

但民國十二年（一九二三）十月，曹錕透過賄選，讓自己成為總統。五百名舊國會議員，每人據稱得到五千銀元的賄款，社會觀感一落千丈。張作霖乘機捲土重來，於民國十三年（一九二四）九月掀起第二次「直奉戰爭」。意外的是吳佩孚所部軍長馮玉祥（一八八二—一九四八），卻在十月發動兵變，二十三日占領北京，導致吳軍全線崩潰。曹錕下臺，北京成了張作霖的天下。

至於南方孫中山的活動，也是阻難叢生。民國六年（一九一七）組織軍政府「護法」以來，進展有限，真正的領導權落入西南各省軍閥手中。民國七年（一九一八）五月，孫中山被迫離開軍政府，退往上海，從事《建國方略》等寫作；民國八年（一九一九）十月十日，乃將「中華革命黨」更名為「中國國民黨」。

民國九年（一九二〇）十一月，在舊部陳炯明（一八七八－一九三三）的幫助下，總算收復了廣州，重建軍政府。然而就在孫著手北伐之際，和陳炯明的矛盾卻越來越嚴重。陳熱衷「聯省自治」，只想保境安民，對於孫統一中國的想法，不以為然。民國十一年（一九二二）六月十六日，陳炯明在廣州叛變，孫僥倖逃上軍艦，最後只好再退往上海。護法運動至此，已告名存實亡。

圖 5-2　巴黎和會議場

民初外交的奮鬥

儘管北洋政府給予後世的一般印象，不脫軍閥肆虐、動盪不安、顢頇無能、賄賂公行等；但也有證據表明，這一時期還是有好幾個部門，相當有效地發揮了作用。或許應該說，因為一次大戰以後，在全球興起的「集權」或「極權」政府概念，這時尚未傳入中國，若干部門依其專業發揮，反而表現得可圈可點。例如在教育部的努力下，各級學校的水準提高、註冊人數也增加。司法部門享有公正的聲望，法典編纂和監獄管理都有進步。交通部所屬的鐵路、電報、郵政，服務十分可靠且有盈利。尤其外交部的工作，可能是最有成效者；世界聞名的外交官，如顧維鈞（一八八八—一九八五）或顏惠慶（一八七七—一九五〇），都曾堅持不懈，為積弱的祖國爭取公理的實現。

✣

光緒二十五年（一八九九）九月到翌年七月，在英國慫恿下，美國國務卿海約翰接續送出了兩回通牒，要求維持中國「領土完整、主權獨立、門戶開放、利益均霑」。這一政策開啟了列強在中國「雙重外交」的階段：也就是對於獵取在華新權益，多抱相互爭奪、彼此牽制的態度；不過一旦為了維護既得利益，即又慣採「列強協調」的模式。這種均勢和協調，稍後因著光緒二十七年（一九〇一）《辛丑和約》所加強的東交民巷「外交團」，而更得組織化。

鑑於德國全球擴張政策的威脅，英國在進入二十世紀以後，逐步放棄她行之有年的「光榮孤立」不結盟政策。第一個爭取結盟的對象是日本，故有光緒二十八年（一九〇二）「英日同盟」的簽訂。接著光緒三十三年（一九〇七），英、法、俄三國終於結合成「三國協約」，並與日本形成「三加一」關係。

由於英、法、俄、日在華都有龐大利益與勢力範圍，使得「列強協調」機制，一度更顯強大。於是辛亥革命前後，密集出現了三次《日俄協約》，重點在將中國東北劃分為南滿洲（日屬）和北滿洲（俄屬），私相授受。等到中華民國建立，又一致拖延對袁世凱政府的外交承認，英國藉此勒索到民國三年（一九一四）七月的《西姆拉草約》，宣稱西藏自治。俄國則在民國四年（一九一五）六月和袁世凱代表簽訂了《恰克圖協定》，承認外蒙自治，中國僅保留冊封活佛的所謂「宗主權」。財政方面，還有英、法、俄、日、德、美所組成的「六國銀行團」，操控袁世凱所急需的「善後大借款」。

一九一四年，第一次世界大戰爆發，在華列強除了日本和美國外，幾乎都在第一時間捲入戰爭，為日本獨霸中國，創造了千載難逢的良機。自光緒二十一年（一八九五）《馬關條約》以來，日本執行所謂「大陸政策」，每因列強在華均勢，不得不顧慮國際現實環境，處處與列強協調，而動受牽制。如今歐戰爆發，各國無暇顧及遠東；「三加一」關係猶存，英國且有求於日本；美國遠東政策則向不積極，似無可能以實力出面干預。這就成了日本迫不及待，提出《二十一條》要求的時空背景。

而且，德、俄兩大帝國在一次大戰中崩潰所出現的勢力範圍真空，日本也相繼接收下來。先是民國三年（一九一四）八月，日軍占領德國在山東的租借地。等到民國六年（一九一七），俄國爆發「十月革命」，共產黨建立的蘇俄新政府，宣告退出大戰；日本便一面和北洋政府合作，接管中東鐵路，驅逐俄籍職員；一面又藉口阻止赤禍東漸，和各協約國共同出兵西伯利亞；同時還介入俄國內戰，在外蒙等地支持「白俄」（保皇黨）對抗「赤俄」。日本在亞太地區的影響力，急速膨脹。

✣

美國曾是日本「明治維新」重要的支持者，日俄戰爭時也曾大買日本公債，以助抗俄軍費。但是日俄壟斷中國東北、美國繼《排華法案》之後的一連串「排日」法案，都讓雙方關係急轉直下；且辛亥革命後日本等「三加一」各國主宰了對華局面，更令美國淪為列強中的「孤鳥」，所謂「門戶開放」也經常形同具文。因此美國曾率先承認袁世凱政府，破敗了列強拖延承認、勒索代價的計劃。六國銀行團也因美國宣布退出，一度陷入內訌的境地。

一次大戰期間，日本影響力如日中天，為防戰後美英捲土重來、確保戰時非法所得，遂積極向各協約國要脅密約，其中包括與段祺瑞的《山東換文》在內。所以當大戰告終，美國總統威爾遜於巴黎和會上，準備討論山東問題時，才發現日本早已立於不敗之地。這事件既成為中國國內「五四」運動的導火線，也是美國國會最終否決《凡爾賽和約》的理由之一。美日關係因此更陷低潮。

巴黎和會既未能解決山東問題，戰後美日在太平洋上的海軍競賽又一觸即發，英國也恐「英日同盟」會使之捲入美日大戰，亟欲解盟。乃有美英聯合邀請日本，召開「華盛頓會議」之舉。會議於民國十年（一九二一）十一月舉行，除了限制軍備問題外，特設「太平洋遠東委員會」，最終迫使日本將山東歸還給北洋政府，會後且簽訂了《九國公約》，包括中、日、英、美、法、義、葡、比、荷，共同重申「門戶開放」諸原則。華會結論，無異是針對日本戰時所得，施予了相當程度的壓制，日本國內強硬派銜恨不已，也才有十年後「九一八」事變的反撲。

一次大戰的戰後效應之一，是有關帝國主義、殖民主義、種族主義等論調，都不再能如戰前之「理直氣壯」。相反的，第三世界的民族覺醒、加上十月革命後的蘇俄煽風點火，包括印度的甘地、土耳其的凱末爾乃至中國的「五四」運動、臺人的「臺灣文化協會」，都代表民族主義運動在全世界的野火燎原。

呼應這道潮流，自民國八年（一九一九）「五四」運動以後，「廢除不平等條約」的口號開始響徹中國。北洋政府儘管不敢開罪列強，但在國內輿論壓力下，也逐步以「修約外交」的緩進手段，以圖解除列強的桎梏。巴黎和會上，中國代表團首次提出說帖，雖未得受理，但對一次大戰的戰敗或革命國，如德、奧、俄等，廢除舊約、改訂平等新約，仍取得了若干成果。中國且成為「國際聯盟」創始會員之一，首次以平等地位，加入擴大的國際家庭。迨華盛頓會議召開，中國代表團再次力爭，並在官方文書中，首次使用「不平等條約」一詞。與會的九國，同意日後經由談判，逐步放棄領事裁判權及協定關稅等。不過直到民國十五年（一九二六）國民革命軍北伐發動，為了修約而在北京召開的各國「法權會議」和「關稅會議」，仍未能取得任何成果。

思想革命

民初社會與新知識份子

對於關心國是的中國知識份子來說，辛亥革命一度曾是值得紀念的里程碑。然而其後，整個國家陷入空前的紊亂狀態，國際形象跌到谷底，受到外人極端的蔑視。混亂的局勢，造成了輿論對於政治團體或政黨，普遍的不信任。空有其名的政黨，更使國會成為私利結合的淵藪，加深了民眾的反感。這種失望，引導知識界，開始對辛亥革命重新檢視。結果發現，其失敗乃在對象僅限於政治層面，而整個社會傳統卻未受動搖。

除了革命不夠深化的體認外，民國六年（一九一七）展開的「新文化運動」，同時反映了民國初年各種社會勢力的重新組合。蓋清末以來，隨著地主和士大夫等傳統勢力的衰微，一群擁有現代西方學識的「新知識份子」出現了，並在中國社會發揮作用。自從光緒三十一年（一九〇五）科舉廢除以後，新式西方教育制度在十幾年間，已經造就了約一千萬的知識人口。

這些新知識份子中，包括了許多由英美教會、醫院所訓練出來的醫生、律師、新聞記者、工程師與科技專家。學校裡的新科目，必須用進口的英文教科書來傳授；許多專用術語的中譯詞彙，都還沒有大備；大學入學考試和期末考試，也常是英文問答；外籍教授講課，也都使用英文。在在使得新知識份子，和儒家理學的隔閡更大，乃至與傳統思想逐漸背道而馳。

⟡

此外，自從十九世紀西方勢力打開了門戶，列強利用特權，把大量價廉物美的工業產品，傾銷到中國市場，中國的民族工業始終難有發展機會。不平等條約的壓力，要到一次大戰爆發，列強忙於生產軍需品，才告減輕；入超的減少，也使中國民族工業得到喘息的機會。但是好景不常，大戰結束不久，有利中國經濟躍進的國際局勢就告轉變。日本對華貿易激增、列強紛紛重返中國市場，中國剛萌芽的工業遭遇到重重困難，和外國經濟勢力衝突也日益尖銳。

也因此，在新文化運動中，商人階級和中產階級都表現出對於經濟發展的渴求。這不僅為了維持中國主權，也是為了保護本身的經濟利益，期盼打擊外來的競爭對手。例如：加入由學生群眾主導的抵制日貨運動、民國七年（一九一八）底要求「關稅自主」運動等，民國八年（一九一九）還曾有四十六個商會，就爭取海關平等互惠條約，聯名致電巴黎和會。這種將國家利益與階級利益結合的表現，成為新文化運動中，工商界參與的顯著特徵。

民國初年的商人和中產階級，除了積極參與救國活動外，也經常在各通商口岸擔負起「保境安民」

的角色。箇中尤以各地商會最為活躍。自光緒二十八年（一九〇二）後，傳統或現代企業的商會組織在國內逐漸普及，到民國四年（一九一五）總數已達七九四個。這些地方商紳的聯誼團體，多數不讓軍閥政客管到頭上，口岸的行政人員也儘量就地取材。新興企業人對「地方自治」要求之迫切，並不亞於新文化運動中的學界人士。

⊹

新文化運動，除了民國初年的環境影響外，也應被看作歷史整體發展過程中的一個階段。中國為了適應現代文明，自十九世紀以來，已走了相當長的一段路程。如今這個運動的組成要素中，其實許多都是上個階段，譚嗣同（一八六五—一八九八）、嚴復、梁啟超等歷史工作的延續。清末譚嗣同對封建綱常的批判、嚴復對中西文化的比較、梁啟超所大力提倡的「新民說」，就已是用「西學」來反對「中學」的啟蒙運動了。

如果用世代傳承來分析，那些在新文化運動期間，試圖把中國從絕望中喚醒的學子們，已經是近代中國反傳統思想的第三代接班人。在他們之前，已有兩代人，針對儒家和帝制提出了挑戰。第一次是光緒二十四年（一八九八）的戊戌變法，第二次則是宣統三年（一九一一）的辛亥革命。

戊戌變法的鼓吹者，包括梁啟超和章炳麟（太炎，一八六九－一九三六）等，多出生在一八六〇和一八七〇年代初。他們引導著知識界走入「啟蒙運動」的堂奧，部分人且曾寄望具有維新思想的皇帝或強人，從上而下復興傳統文化、拯救中國。雖然他們失敗了，但梁啟超終其一生，仍不失為理性主義改革者。當光緒二十九年（一九〇三），他在東京以「飲冰室」為名，出版第一本文集時，就已經揭示了自我的形象。

辛亥革命的那一代人，包括了晚梁十餘年出生的陳獨秀（一八七九－一九四二）、胡適（一八九一－一九六二）、魯迅（一八八一－一九三六）、錢玄同（一八八七－一九三九）等，作為第二代的反傳統論者，他們多數窮一生青春，孜孜於底層顛覆舊制度，為現代化開闢道路。然而，儘管革命推翻了帝制，他們卻失望地體認到，同胞們仍然渴望順從政治強人的權威、一種帶有奴性的特質，且執政者不僅對民主一無所知，還輕視民主。

事實上，不僅梁啟超，就算魯迅、胡適等人，這兩代在觀念提倡與其行為表現之間，仍然存在很大落差。也就是雖然對於家族制度和傳統禮法，口頭上作了激烈的批判；但在行為上，仍然一定程度遵循著那些規範或要求。所以有人說，這兩代的先行者，是理智上面向未來（西方），情感上回顧傳統（中國）。

和前兩者不一樣，多半出生於一八九〇年代的第三代青年們，深信他們能夠透過喚醒基層，從下而上，解救國難。他們也表現出比其師長輩梁啟超、胡適等，更為徹底的反禮教行為；熱情狂妄，相信自己以能力改變歷史的形象。反傳統思想至此，走過三個世代，從試圖復興傳統文化，以拯救中國；到廢除舊文化，來為現代化開闢道路；最後嘗試建構一種既屬中國、同時又有現代意味的新文化，正描繪了中國在現代化道路上的發展軌跡。

從新文化運動到「五四」

新文化運動的起迄時間，是一項有點混淆的問題。大致而言，運動最重要的事件，都發生在民國六年（一九一七）初到民國十年（一九二一）底的五年之間。民國六年以《新青年》雜誌和北京大學為中心，吹響了新思想和新文化改革的號角。等到民國十年以後，直接的政治參與和政黨活動變成了主流，思想改革和社會改造已多少遭到了忽略。

這五年當中，又可以民國八年（一九一九）五月四日的「五四」學生運動作為分水嶺，把新文化運動本身劃分為前後兩階段：在第一個階段，新知識份子們集中精力，藉思想鼓吹感召學生；第二個階段，學生們變成主力，積極發動對傳統和保守主義的全面攻擊，活動已超出純粹的思想範疇以外。新文化運動可說是一個包羅萬象的過程，既含括了新思潮引進、文學革命，以及新知識份子所提倡的各種政治或社會改革，也容納了學生運動、工商界的罷市罷工、抵制日貨運動等。

新文化運動的起源，是由下列幾項因素激發出來：

《二十一條》和《山東換文》所燃起的愛國熱情。日本於民國四年（一九一五）提出《二十一條》，企圖把中國納為保護國。這一事件，結束了清末以來，將日本視為改革模範的時代，並催化了國內的民族主義。許多知識份子開始嚴肅思考國運問題，陳獨秀《新青年》雜誌的前身，也在這一年創刊發行。

民族主義和民主政治的情緒，自一次大戰前後，瀰漫全球，也在亞洲各地醱酵。許多國家相繼爆發革命：民國六年（一九一七）的俄國「十月革命」、日本國內在民國七年（一九一八）八月掀起了「米風潮」、朝鮮在民國八年（一九一九）發生了「三一運動」、同年發生於印度的阿姆瑞沙屠殺，以至埃及 Saad Zaghlul 也發生全國性的反英暴動。參與新文化運動的各階層，不但熟知這些事件，也由其中吸收理念和勇氣。

新文化運動階段，整個世界也正處於對舊有專制勢力、和西方優越地位的反省當中。一次大戰暴露了歐洲文明中，原本潛在的野蠻性格，奧匈、俄羅斯、德意志等帝國先後的崩潰，新興國家的增加，女子選舉權的爭取，創制複決罷免等權的提倡，乃至工業民主等新潮流，都增強了中國人翻身的希望。

一次大戰結束後，美國總統威爾遜的「十四點原則」和政治理想主義，如廢除祕密外交、保障小國獨立、民族自決等，也都獲得中國知識界的迴響。

追溯起來，民國四年（一九一五）九月十五日，袁世凱積極帝制的同時，陳獨秀在上海創辦了《青年》雜誌，民國五年（一九一六）九月，更名為《新青年》。這份雜誌後來在學生界發揮了極大的影響力。《青年》創刊之初，陳曾強調「批評時政，非其旨也」，包括婦女與家庭制度的情形、文化與教育的主題，乃至哲學與文學，都占有相當篇幅，卻絕少論及政治。

稍後，蔡元培（一八六八—一九四〇）這位著名的改革家和無政府主義者，於民國五年（一九一六）十二月出任北京大學校長，隨即宣布一套改革計劃，強調學術自由，糾正過去視大學為「官吏養成所」的錯誤觀念。他並聘請了陳獨秀擔任文科學長。陳在巴黎期間，便受法國大革命精神的吸引，進北大後，更為提倡科學與民主，帶頭抨擊儒教及其惡行。

早在清末，梁啟超為中國啟蒙運動所開的處方，就不僅知識份子的解放，還在乎國民性的改造。為了實現這個目標，梁等都主張從中國小說的改造入手。歐洲的「文藝復興」曾用各國在地語文取代拉丁文，所以「文學革命」的首要步驟，就是提倡用白話文來寫作。領導白話文運動的人是胡適，他嘗試以之進行學術論述，推翻了古文的獨尊地位。

傑出作家魯迅在民國七年（一九一八）的《新青年》上，發表諷刺小說〈狂人日記〉。故事主人翁在每頁都寫著「仁義道德」的歷史書中，字裡行間看見處處都是「吃人」兩字。魯迅還抨擊中國文化是服事主子的文化。年輕一代則開始在行為上，無懼地進行挑戰。最常見的是從舊傳統家庭中出走，為著多是反抗「父母之命、媒妁之言」的婚姻自主問題。這類主題，也充斥在當時的新聞和文學中。

運動期間，知識界還熱衷於新思潮的引進。對於美國杜威的實驗主義、英國羅素的自由社會主義、日本「新村制度」的烏托邦社會運動、泰戈爾的東方理想、克魯泡特金的虛無主義、托爾斯泰與羅曼羅蘭的人道主義，都極為重視。

運動走向政治化

然而，民國八年（一九一九）五月初，海外卻傳來巴黎和約（即凡爾賽和約）簽字的消息。一次大戰雖然勝利，中國的要求卻未列入和約。一方面是因列強需要日本在亞洲防堵共產主義，決定滿足其慾壑，把德國在山東的舊特權，完全轉讓給日本。另方面是國人意外發現，段祺瑞政府早就透過《山東換文》，把相關權益「欣然同意」給日本了。

北京學生決定五月四日發動大規模反日遊行，約有數千人參加，並將怒氣發洩在三位經手《山東換文》的親日政客曹汝霖（一八七七－一九六六）、章宗祥和陸宗輿（一八七六－一九四一）身上。群眾先放火燒了曹宅，再將章宗祥打得半死。以後的幾個星期中，示威遊行遍及全國，各大城市相繼成立學生聯合會，並發起全面抵制日貨的運動。

五月四日這一幕，由於它的激盪人心，既讓「五四」運動與新文化運動，經常混為一談，也把新文化運動，帶進了第二階段——政治參與和政黨活動，逐漸取代了思想和社會改造的鼓吹。也有人說，這是中國現代思想史上，救亡（集體主義）壓倒啟蒙（個體自主）的重要轉折。

新文化運動初始，原本標榜著「知識」和「政治」兩分的原則，不過碰到的問題卻異常複雜。既然運動的目的，是國民性的改造、是舊傳統的摧毀，因此而將思想改造、民主啟蒙，視為社會進步的基礎，那麼從一開頭，便注定它擺脫不了政治的要素。也就是說，啟蒙的關懷，仍是為了國家民族、仍沒有脫離中國士大夫「以天下為己任」的固有思維。

所以一旦個體反抗沒有出路、烏托邦理想的建構又告失敗，就難免再回到政治改革的訴求上，要求以革命，徹底改造整個社會。陳獨秀到後期，也一改「批評時政，非其旨也」的初衷，以為「你談政治也罷、不談政治也罷」，政治總會找上你的。這就使得原以啟蒙為目標、以批判舊傳統為特色的新文化運動，與批判反動政權的政治活動，一拍即合。終於「啟蒙性」的新文化運動，在「五四」學生運動不久，就和「救亡性」的反帝、反軍閥運動，合流在一起了。

同時，民國六年（一九一七）以後，蘇俄迅速茁壯的榜樣，也讓國內的民族主義情緒，找到了依託的對象。於是接下來的幾年，社會主義的影響迅速擴大；西化的重點，也漸由「自由主義」（個體啟蒙）轉向「社會主義」，理由是中國需要急速的工業化；政治傳統上又對威權體制不陌生；再加上社會主義特有的理想色彩等等，都讓「五四」後的知識界對其充滿憧憬。

由此就可理解，為何「五四」以後，那些本以宣傳西方民主、自由為己任的運動領導者陳獨秀、李大釗（一八八九—一九二七）會如此迅速地「向左轉」，接受了馬克思、列寧主義。也由此，反帝國主義和反軍閥的革命戰爭，就把其他思想、社會議題，都排擠到次要或從屬的地位；個人自由、個性解放的宣傳和爭取，就更談不上。時代的危亡氣氛、和劇烈的政治鬥爭，促使「國家救亡」的主題，全面壓倒了「個體啟蒙」的關懷。

國共鬥爭的起點

中共降生與「借殼上市」

中國共產黨成立於新文化運動時期，原有其社會環境上的利基：

西方各種思想湧入，傳統規範受到廣泛的攻擊與破壞，社會主義填補了部分新知識份子的思想真空。尤其是民國六年（一九一七）蘇俄革命成功，讓一些激進的知識份子，認為共產主義也適用像中國這樣的工業落後國家。

俄共「打倒帝國主義」的宣傳，滿足中國的社會心理，國人先已為蘇俄所折服。據民國十二年（一九二三）十二月的一次民意測驗顯示：在學、商、工、政、軍警各界的八百四十二份樣本中，認為蘇俄是中國之友者四百九十七份，占百分之五十九；認為美國是中國之友者一百零七份，占百分之十三；認為俄美均非中國之友者二百廿六份，百分之二十七；認為俄美均為中國之友者十二份，占百分之一。似足說明當時國內知識階層，對於十月革命的嚮往程度。而隨著一次大戰期間，民族工業發展，中國的工人階層崛起，總計民國八年（一九一九）全國已有產業工人二百五十五萬人。至於農村，同一時間，佃農所占比率高達百分之四九・七。這種社會經濟的不平等，對中共發展也很重要。

蘇俄政策正在強調東進。早在民國二年（一九一三）三月，列寧就發表了《馬克思學說的歷史命運》，提出「亞洲第一」的路線，強調「到歐洲去的捷徑，是經過北京和加爾各答」。到了民國六年（一九一七）出版《帝國主義是資本主義的最高階段》一書，認為資本家為了提高其國內工人的生活水準，將會不顧一切在海外掠奪原料、剝削廉價勞工。這種行徑，最終只會加速「世界革命」的降臨。

民國六年（一九一七）十一月，列寧在俄國革命成功。八年（一九一九）三月成立了「共產國際」，專司革命輸出。然而最令俄共沮喪的，是先進西歐工業社會，並未如馬克思所預言，爆發社會主義革命；甚至德國、匈牙利、土耳其等國的工人運動，相繼挫敗。相反的，歐亞地區的民族主義風起雲湧，所以在民國九年（一九二〇）二月舉行的共產國際大會上，列寧宣稱對於落後國家，可以建立農民蘇維埃組織，暫時與資產階級民主政黨結盟。

✣

稍早，民國八年（一九一九）七月，蘇俄「外交人民委員會」代理委員長加拉罕發表了對華宣言，聲稱放棄帝俄時代與中國及它國所訂一切侵害中國之條約，包括領事裁判權與庚子賠款、租界與租借地、中東鐵路與外蒙等。為了使中國朝野確信不疑，復於翌年九月發表第二次宣言，希望與中國訂約，將前次宣言中放棄之各項權利，加以確定。

所以當民國九年（一九二〇）春，蘇俄東方部書記吳廷康（又名維經斯基，一八九三—一九五六）來華組織共產黨之時，中國知識界正興起一股親俄和追求社會主義的熱潮。吳走訪北京大學政治系主任李大釗，李以事關重大，介紹其去上海諮詢陳獨秀。陳等即先於五月一日在上海成立了「馬克思主義研究會」；七月經吳提議，將研究會改組為中國共產黨。

民國十年（一九二一）七月二十七日，在草木皆兵的氣氛下，中國共產黨於上海法租界，舉行了第一次全國代表大會。出席代表十三人，全國黨員也僅五十七人。陳獨秀、李大釗因故都未能出席；同時，因為吳廷康已經離開中國，所以大會是由另一位甫抵上海、化名為馬林的共產國際代表主導。

會議前後，爭執最烈者，就是加入國民黨的問題。中共代表反對的，不在少數，終因馬林等施予高壓，提案依莫斯科旨意通過。

另一方面，孫中山面臨的嚴厲挑戰之一，一直是如何為他的追隨者，設計出有效的意識形態、組織形式與革命方略。而另一方面，為著革命的成功，孫中山也始終盡力聯合可能的力量。任何國家的援助，他都想爭取、也都願接受；任何派別的革命黨人，只要目的相容，他都吸收。

先是民國七年（一九一八）五月，孫中山因西南軍閥排擠，憤而離粵，返回上海。一面著意黨務，以厚實力；一面寫作《建國方略》，欲將革命從「革心」做起。翌年十月，他取消了中華革命黨，改稱中國國民黨。適此，「五四」學生運動風起雲湧，民族主義、民主主義和社會主義的思潮不斷高漲，增加了三民主義的號召力量。

迨民國十年（一九二一），孫收復廣州，重建了軍政府。而蘇俄為了提攜甫告成立的中共，尋找可資聯合的朋友，執行共產國際「與資產階級民主政黨結盟」的政策，派馬林到桂林會見孫中山。馬林提議改組國民黨，容納農工、建立軍校、與中共合作。但孫為求北伐，將來需要英、日臂助，兩國都敵視蘇俄；且中共勢力薄弱，不夠資格與國民黨搭擋，故予拒絕。

不料半年後，民國十一年（一九二二）六月，廣州發生了陳炯明叛變的意外。孫被迫重返上海，北伐再度受阻。恰在此時，蘇俄主動表示，將放棄在中國的特權，並遣人表態願意支持國民革命。因革命事業屢遭挫折，陳炯明叛變刺激尤深，國民黨需要結合外力，聯俄足以獲得援助，壯大革命聲勢孫的態度乃生變化。所以民國十二年（一九二三）一月，孫中山就在上海，與蘇俄使華代表越飛共同發表了「孫越宣言」。在這份被視為「聯俄容共」起點的文件中，孫重申「共產組織、甚至蘇維埃制度，事實上均不能引用於中國」；越飛則保證，蘇俄政府將提供援助給中國。

原本外交上，孫自始主張，借用外國力量來開發中國，試圖爭取德、美、英、日等國，卻無所成。民國十二年（一九二三）一月，發表「孫越宣言」的同時，孫的盟軍已經逐走了陳炯明。不久後孫三度返回廣州，重建大本營。但革命政府處處需錢，孫欲截留廣東海關關稅餘款，反對列強解往北京。年底英美軍艦竟來示威，是為「關餘事件」。孫乃公開聲稱：已不依賴西方，我們將聯合蘇俄云。

再者，希望能「以俄為師」。孫中山同意「聯俄容共」，乃在體認革命需要社會基礎，蘇俄提供了成功經驗。故合作之始，孫即建立黃埔軍校、注意學生婦女工農運動。這種作法是西方社會黨人和蘇俄共產黨人的長技，蘇俄既願傾囊相授，孫自無拒絕之理，此舉又能爭取國人同情，呼應當時輿論對蘇俄普遍存在的好感。「五四」學生運動以後，國內出現一批激進的年輕人，他們對蘇俄革命有著狂熱的嚮往，若干人且組織中國共產黨從事活動。孫中山想把這批人網羅進來。

但另一方面，孫也低估了中共潛力。「孫越宣言」之際，中共勢力極小，黨員不過數百人，孫中山並沒把他們看成一股了不起的勢力。所以蘇俄最初提議「國共聯合」，對抗北京政府，孫猶不承認兩黨站在同等地位，只同意中共以個人資格加入國民黨。一方面欲使其黨化為烏有，一方面也可吸收人才，以為己用。

蔣中正乘時崛起

民國十二年（一九二三）初，孫中山三度重建廣州政權；其間為了「關餘事件」，與英美法各國齟齬。到了十月六日，蘇俄代表鮑羅廷抵達廣州，旋被指派為特別顧問，國共合作與國民黨改組等工作，也才有了明顯的進展。民國十三年（一九二四）一月二十日，中國國民黨第一次全國代表大會在廣州召開。出席代表一百九十人，半數由孫中山指定，半數由各地黨員投票選舉，其中共產黨員約占百分之十五。開會次日，列寧逝世，特休會三天，以誌哀悼。會終發表宣言，標舉「反帝國主義」、「反軍閥」號召國人。

國共的合作，從一開始就是權宜之計。在列寧和史達林眼中，這只是共產革命的第一階段，即聯合資產階級的革命勢力（國民黨），打倒外來的資本主義和本土的封建勢力。一旦階段完成，蘇俄和中共將再推動無產階級的革命，打倒資產階級（國民黨），以實行無產階級專政。這種「借殼上市」、「借腹生子」的邏輯，自然難為國民黨人所接受。民國十三年（一九二四）春，甫自蘇俄考察歸來的蔣中正，就屢向孫中山及其左右手廖仲愷（一八七七—一九二五）表明疑慮，認為俄黨唯一方針，乃在造成中共之正統，不相信兩黨能始終合作。孫以「顧慮過甚」應之，謂只有中共接受國民黨的指揮，才能防止其製造階級鬥爭、妨害革命進行云。

共產黨方面，也急於擴張自身勢力。如工人部長廖仲愷雖為國民黨員，然同情共產黨且身兼十三個職銜，部內之事只好委諸共黨籍祕書。故廣州工會悉為共黨操縱，鮑羅廷也可直接指揮。至民國十五年（一九二六）一月，國民黨召開第二次全國代表大會，出席兩百五十六人，共黨份子已占五分之三，足以控制會場，大會祕書長亦為共產黨人，其勢力擴張情形可想而知。

民國十三年（一九二四）第二次「直奉戰爭」，奉系張作霖得馮玉祥兵變之助，占領北京，既邀段祺瑞出任「臨時執政」，又邀孫中山進京，商討和平統一事宜。儘管孫的健康每下愈況，仍扶病北上，不料段祺瑞明顯欠缺誠意，令孫惱怒。民國十四年（一九二五）三月十二日，孫於北京溘然長逝，享年五十九歲。

✢

孫中山在護法運動初期，以軍閥制軍閥，然每每為軍閥作嫁，自己的理想沒有實現的機會，故得到俄援之後，決定建立黃埔軍官學校，做為革命武力。軍校由蔣中正（一八八七—一九七五）任校長、廖仲愷任國民黨代表；可能為了平衡國共兩黨的力量，鮑羅廷指派了甫從法國返華的共產黨員周恩來（一八九八—一九七六），擔任該校政治部主任。

民國十三年（一九二四）六月十六日，軍校舉行開學典禮。十月十五日，在校學生即參加了平定廣州商團的叛變。民國十四年（一九二五）二月，為求消滅陳炯明殘部，向其根據地廣東汕頭，展開「東征」。途中雖得悉孫中山死訊，革命軍仍順利達成目標。三個月後，蔣中正又擊垮盤據廣州的雲南、廣西軍閥部隊，廣東一省至此粗定。孫中山遺留下來的革命政府，乃於民國十四年七月一日，正式改組為「國民政府」，採委員制。主席為汪兆銘（精衛，一八八三—一九四四），外交部長為胡漢民（一八七九—一九三六），財政部長為廖仲愷。

就在革命軍節節勝利的同時，上海日商紗廠發生槍擊罷工工人事件。民國十四年（一九二五）五月三十日，上海學生抗議遊行，卻遭英國巡捕擊斃十一人，演成「五卅慘案」。廣州隨之爆發反英罷工，六月二十三日群眾在沙基地區，再遭英軍開槍，五十二名中國人被射殺，是為「沙基慘案」。各地憤怒情緒高漲，省城廣州和香港的華工，進行了十六個月的「省港罷工」，國民黨和中共的勢力，藉此得到了空前的擴張。

然而正當革命形勢一片大好之際，孫中山死後的廣州政局卻陷入詭譎的氣氛。由於中共氣燄太高，引起部分國民黨人的嫉視；而廖仲愷又是孫中山以下「容共」的主要維護者，結果民國十四年（一九二五）八月二十日，廖遭到了暗殺。鮑羅廷指為反共派的國民黨人所為，開始排除異己，主要對象胡漢民，乃被迫前往蘇俄。

清除反共派之後，中共黨人又圖滲透軍校和黨軍。蔣中正或許急求擺脫，率先提出北伐的主張，但為鮑羅廷等否決。接著廣州市面出現傳單，攻訐蔣為「新軍閥」。蔣不自安，民國十五年（一九二六）二月屢向主席汪兆銘力言「革命實權不可落於俄人之手」、「不可喪失自主地位」。汪態度袒共，不置可否。三月二十日廣州政變，蔣中正藉轄下「中山艦」行跡詭祕，傳有綁架蔣赴俄之陰謀，宣布戒嚴，史稱「中山艦事件」。不久汪出走歐洲，蔣成為廣州的實權者。

由於五卅慘案以來，各地反帝國主義運動風起雲湧，再加上政變後，國共兩黨裂痕亟需彌補，為透過攘外以求安內，民國十五年（一九二六）六月，蔣中正就任國民革命軍總司令，七月一日頒布北伐動員令。劃時代的北伐軍事，正式展開。

國共首次分道揚鑣

廣州局面突變的同時，北京政府也再一次面臨政變。張作霖、馮玉祥兩大強人各有背景，張得日本援助，馮則為蘇俄支持，雙方難以合作。民國十四年（一九二五）十月，浙江孫傳芳（一八八五—

一九三五，號稱「新直系」）首先助馮發難，連占上海、南京，自稱「五省聯軍司令」（浙閩蘇皖贛）。十一月以後，馮謀倒張不成，反遭張和在漢口力圖再起的吳佩孚，南北夾攻。民國十五年（一九二六）四月，馮軍退守察哈爾南口，堅守四閱月。這時馮的盟友，同為蘇俄扶持的蔣中正北伐軍，已攻取湖南，進抵汀泗橋。

民國十五年（一九二六）七月北伐動員後，革命軍直入湖南，迅速占領長沙；八月底歷經慘烈激戰，攻下拱衛武漢的汀泗橋、賀勝橋。吳佩孚雖緊急南返坐鎮，仍無力回天，北伐軍進圍武昌。十月十日，就在辛亥革命十五週年的紀念日，再度光復了這座城市。國民政府隨即由廣州北遷至此。

✣

然而克復武漢以後，民國十五年（一九二六）底，國共陣營卻為下一階段戰略引發辯論。蔣中正此刻駐紮南昌，他決定兵分兩路，先取上海，消滅孫傳芳。而已遭共黨操控的武漢國民政府，則接受鮑羅廷建議，打算沿著平漢鐵路，揮軍北上，與北方友軍馮玉祥、閻錫山（一八八三—一九六〇）會師，協力進占北京，一舉擊潰張作霖。

鮑羅廷之不允蔣中正東進，一方面因為上海是中國金融中心，不欲蔣獲得金融界的支持；另一方

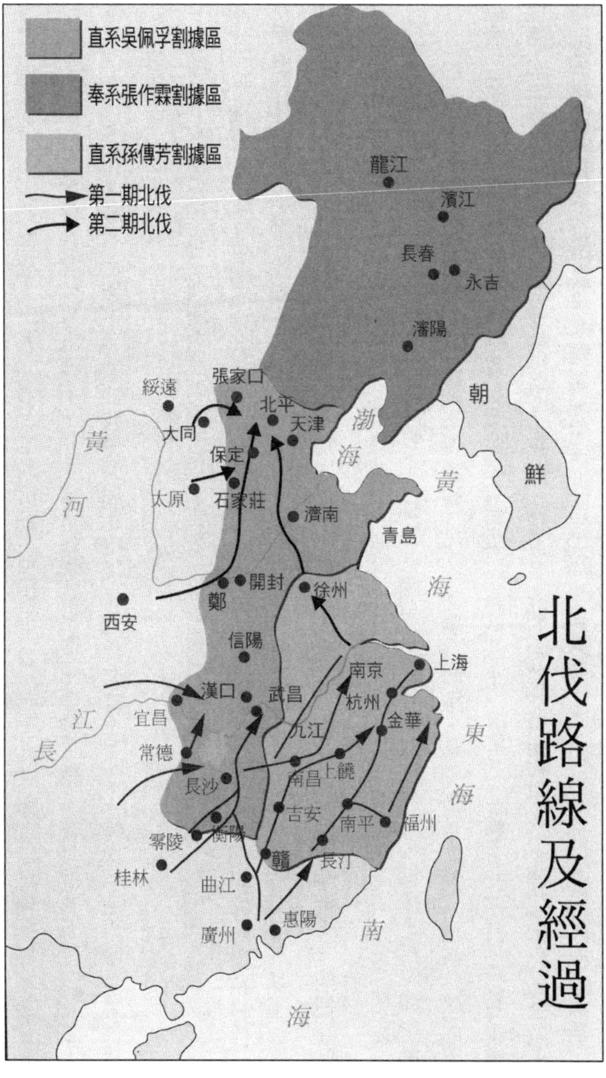
直系吳佩孚割據區
奉系張作霖割據區
直系孫傳芳割據區
第一期北伐
第二期北伐
北伐路線及經過
龍江
濱江
長春
永吉
瀋陽
朝
鮮
綏遠
張家口
北平
天津
大同
保定
太原
石家莊
渤
海
黃
河
濟南
青島
黃
海
開封
鄭
徐州
西安
信陽
南京
上海
漢口
武昌
杭州
宜昌
金華
九江
江
長
常德
東
海
長沙
南昌
上饒
吉安
南平
福州
零陵
衡陽
贛
長汀
桂林
曲江
廣州
惠陽
南
海

圖 5-3　北伐地圖

面，當時共黨正在上海組織群眾運動，希望能夠搶占上海。由於五卅慘案的影響，加上中共領導人周恩來、李立三（一八九七－一九六七）等的策動，民國十六年（一九二七）二月和三月，上海總工會已兩度總罷工，希望在北伐軍入城前，為共黨拿下上海爭取主導權。總工會且握有五千名「工人糾察隊」，其中上百名配有武裝，悉數掠自警察局和軍隊。但三月二十二日，國民革命軍第一師仍然開進了上海市區。

除了共黨積極擴張工農勢力，引起國民黨警覺之外，蔣中正所以在民國十六年（一九二七）四月間下令「清黨」，理由尚有中共外交依附蘇俄、打擊英美，造成了三月二十四日的「南京事件」。北伐軍搶劫外人居住區、殺害各國僑民七人，英駐南京總領事也告受傷，英美軍艦即採報復性砲擊，中國軍民死三十多人傷者數百人。接著四月六日，張作霖派軍警搜查北京蘇俄駐華使館，逮捕在館尋求庇護的李大釗。繳獲的文件證明了莫斯科確有赤化中國的陰謀，李大釗稍後遭到絞刑。

民國十六年（一九二七）四月一日，回國復任國民政府主席的汪兆銘，抵達上海。蔣曾勸其合作，但汪仍與陳獨秀聯合聲明，呼籲不要懷疑孫中山的聯共政策，並即潛赴武漢。這時蔣已向上海總商會、銀行家借得鉅款，並透過青幫頭目杜月笙（一八八八－一九五一）等，於四月十二日凌晨向中共的上海總工會進攻。包括陳獨秀之子在內，數以千計的中共黨員相繼正法，周恩來化名逃脫，僅以身免。這是國民黨「清黨」的開端，中共謂為「四一二事件」。四月十五日國民黨中央決議定都南京，另推胡漢民為主席。南京、武漢形成雙胞案，史稱「寧漢分裂」。

當時由鮑羅廷、汪兆銘所控制的武漢政權，猶握有湖北、湖南、江西三省，但因南京及各省跟進清黨，已使汪等陷入孤立的苦境。而蘇俄國內，史達林正忙於和托洛斯基的權力鬥爭，為了掩飾先前選擇國民黨結盟的決策錯誤，史達林固執於「中共留在國民黨內」的舊路線，並且矛盾地要求中共，加強工農武裝，以便從國民黨手中奪權。汪等感受威脅，終於也在七月十五日提出了「分共」主張。八月一日，中共發起南昌暴動，走向城市暴動、自立地盤的分途，今稱「八一建軍」。接著汪通電認錯，並與南京尋求妥協，鮑羅廷則回俄。國民黨的武漢左傾政權遂近尾聲。

民國十六年（一九二七）七月以後，武漢與南京醞釀合作。這時國民黨內反蔣獨裁的聲浪不斷，加上重要將領李宗仁（一八九〇—一九六九）、白崇禧（一八九三—一九六六）、何應欽（一八九〇—一九八七）都無意於戰，促蔣下野。蔣乃在八月離開南京，赴日本短暫盤桓，並返上海和宋美齡（一八九七—二〇〇三）完婚。但很快地，國民黨各領導人就發現，沒有蔣作後盾，籌不到足夠的軍費。十二月十日黨大會因此通過復職案，民國十七年（一九二八）一月九日蔣宣布回任國民革命軍總司令，展開第二階段北伐。

由於北伐軍膨脹迅速，蔣乃改編長江下游各軍為第一集團軍，自兼總司令，以黃埔軍校畢業生為主幹。馮玉祥在西北察哈爾等地，編為第二集團軍，又稱「西北軍」。閻錫山在山西自成一格，編為第三集團軍，人稱「晉軍」。李宗仁、白崇禧駐軍兩湖，以廣西部隊為根本，編為第四集團軍，是為「桂系」。這些將領後來都成為南京政府的軍事柱石。

以北京為根據地的奉系軍閥張作霖，則是北伐的最後目標。雙方的激戰，始於民國十七年（一九二八）三月底。四月底蔣的部隊進入山東濟南，日本內閣卻決定派遣五千名日軍進駐該地，以待戰事結束。就在五月三日，零星的小衝突蔓延成全面開火，是為「五三慘案」。十一日北伐軍撤離濟南，向西渡過黃河，於北岸集結。

蔣這時準備直取天津，切斷張作霖從北京退出山海關的鐵路要道。張在列強要求下只好讓步，於六月二日乘坐專車離開北京，但卻在四日凌晨於瀋陽附近皇姑屯被炸，傷重不治。這場暗殺行動，是由不滿東京政府持重政策的日本關東軍所為，目的在引爆危機，藉以混水摸魚，擴張在中國東北的勢力。

張作霖退回東北的同時，革命軍接收了北京，北洋政府正式結束，北伐軍事也告一段落。張學良（一九〇一──二〇〇一）繼承其父，主宰東北，南京積極遊說，要求歸順。張雖受日本壓力，要維持東北獨立自主，但仍決定「易幟」，擔任國民政府委員。民國十七年（一九二八）底，從廣州到瀋陽，青天白日滿地紅國旗，算是統一了中國。

106-7

台北市大安區和平東路二段339號4樓

五南圖書出版股份有限公司

縣市 鄉鎮市區 路街 段 巷 弄 號 樓

□□□

姓名：

□新讀者 □老讀者

「五南圖書」讀者回函卡

謝您購買五南圖書的書籍，為了提供您更好的服務，請您費心填寫以下資
，即可成為貴賓讀者，享有書訊服務與優惠禮遇。

名：　□男 □女　生日：　年　月　日

E-Mail：

歷：□國中（含以下） □高中．職 □大學．大專 □研究所以上

業：□學生 □生產．製造 □金融．商業 □傳播．廣告
□軍人．公務 □教育．文化 □旅遊．運輸 □醫藥．保健
□仲介．服務 □自由．家管 □其他

話：______________（手機）______________ 傳真 ______________

購買書名：

您如何購得本書：□網路書店 □郵購 □書店　縣（市）　書店
□業務員推銷 □其他

您從何處知道本書：□書店 □網路及電子報 □五南書訊 □廣告DM
□媒體新聞介紹 □親友介紹 □業務員推銷 □其他

您通常以何種方式購書（可複選）：
□逛書店 □郵購 □信用卡傳真 □網路 □其他

您對本書的評價（請填代號 1.非常滿意 2.滿意 3.尚可 4.待改進）：
□定價 □內容 □版面編排 □印刷 □整體評價

您的閱讀習慣：□百科 □圖鑑 □文學 □藝術 □歷史 □傳記
□地理、地圖 □建築 □戲劇舞蹈 □民俗采風
□社會科學 □自然科學 □宗教哲學 □休閒旅遊
□生活品味 □其他

請推薦親友，共同加入我們的讀書計畫：

姓名______________ 地址______________________________

姓名______________ 地址______________________________

您對本書或本公司的建議：______________________________

____

____

劃撥帳號 01068953　戶名：五南圖書出版股份有限公司

電話：（02）2705-5066　傳真：（02）2709-4875

網址：http://www.wunan.com.tw/　讀者服務信箱：wunan@wunan.com.tw

民粹運動影響外交

民國十四年（一九二五）五卅慘案以後，中國群眾的排外情緒，達到了新的高點。北伐期間，由於共產黨及國民黨都欲利用這股情緒，因而造就了所謂「革命外交」的特殊階段。緣自甲午戰敗起，民族主義即在國內迅速興起。包括光緒三十一年（一九〇五）前後的收回利權、抵制美貨等運動，已使民族權益、外資威脅都形成社會與全國性的問題。然而歷屆政府卻無力捍衛國權，暴露出巨大落差，屢戰屢敗、奴顏事外使得群眾對於政府失去了信心。而既然意識到政府的無能，就必須奮起，自我保衛。這種覺醒，助長了強烈的排外情緒。

所以當民國四年（一九一五）《二十一條》要求洩露後，引起了國內群眾的強烈抗議。知識份子、中產階級發起空前的抵制日貨運動，抗議日本侵略。到了民國八年（一九一九）「五四」學生運動，三名親日政客遭毆傷、並在稍後被免職，更使「人民外交」成為時髦一時的口號。在野的國民黨刊物鼓吹道：「五四後人民有了與聞外交、談談國事的興趣；看一看大的小的政府，所有對外對內底一切措施，簡直混蛋一個」，「我們以前迷信政治，只因不曉得他們幹些什麼勾當；這番看清了，他的威信當然不再有勢力在我們腦中盤旋」。

這類「肉食者鄙」的反政府情緒和「喚醒」群眾的信仰，在「五四」以後很快形成某種民粹外交或「人民外交」。也就是言必稱「人民」，以「運動」的形式，鼓舞群眾起來反對既存的結構。如經濟絕交：包含罷工、罷市、抵貨等，以迫使注重經濟利益的對手國（如英國、日本）屈服。群眾運動：訴諸農工商學群眾，運用「暴力邊緣」的脅迫性或半脅迫性手段，使對手國或本國政府放棄既有決策或既得利益。如排外宣傳：利用媒體，以「打倒」的口號來喚起群眾、教育人民。如主動衝擊：在態度上，積極凸顯問題、或製造議題，尤其針對無條約根據的、不平等的涉外「慣例」，加以拒絕、進行抗爭。

於是自「五四」到北伐期間，每遇外交危機，群眾動輒起來組織大遊行、或組成代表團，對國內外的外交代表們施加壓力。群眾集結所激發出來的感情衝動，雖成功加強了反帝的宣傳，但排外情緒的過熱，也妨礙了國人理智處理外交事務。其結果，各項「慘案」就變成這段時間的特產。這樣的氣氛，革命老手鮑羅廷等自然欲加利用。所以民國十三年（一九二四）一月的中國國民黨第一次全國代表大會宣言，就以「反帝國主義」、「反軍閥」相號召。接著民國十四年（一九二五）的五卅慘案、沙基慘案、省港罷工，更讓國民黨、共產黨都取得了空前的聲勢。

等到北伐前夕，民國十五年（一九二六）五月，廣州政府乃正式提出「革命外交」的口號。宣稱將以革命的手段，來解決中外之間的不平等關係，達到「廢除不平等條約」的目的。希望在不承認過去的條約、協定、慣例與既成事實的前提中，在革命精神與群眾運動的支持中，於必要時運用大膽而強烈的手段，威迫或半威迫地達成中國外交談判的目標，改變外人在華優越地位的狀態。

所以北伐軍克復武漢之後，民國十六年（一九二七）一月三日，一群軍校生在漢口英租界外演講，引發英方衛兵與群眾衝突。市黨部隨即開會，要求收回租界、海關，發動對英經濟絕交。群眾乃開始挪移界內拒馬、沙包，成群結隊湧入租界。英軍兵力薄弱，撤至江上軍艦，就此讓出漢口租界。群眾的勝利，很快引發模仿效應。一月五日，江西九江的碼頭工人罷工，與英水兵衝突，一名工人重傷。當局正交涉間，群眾已爭相衝進面積不大的英租界內，宣布將之收回。

漢口、九江經驗的成功，實際不在於群眾、甚至也不在革命軍的武力，反多賴於英美對北伐發展的克制態度。英美欲以次要利益的放棄，來誘導國民黨內溫和派的合作，以集中全力衛護其頭等利益，特別是長江下游。所以當三月北伐軍進向上海之際，英陸海軍已大量集結於租界，配備重武器，以防有變。廿四日南京光復，即有「南京事件」的爆發，英美軍艦對占領軍施予了報復性砲擊。不久，蔣中正於上海發動「清黨」，並在南京另建黨中央及政府，同時也發表宣言：收回各國租界的預定計畫，仍將繼續進行，但政策上「為不用武力或任何群眾暴動，以改變租界之地位」，而只為和平方法，即協商的方法等。

蔣既表達溫和立場，爭取英美支持，堅持「革命外交」的武漢政府，自然立遭列強的強硬反制。

先是四月三日，漢口日本水兵刺死一名當地車夫，群眾隨即在日租界附近大舉遊行，並擬集體衝入。但日軍此次毫不遲疑，機槍開火，造成了九人死亡、八人受傷的慘劇。接著，五月九日倫敦政府也公開聲明，武漢政權已喪失其支配性的地位，名存實亡，稍後並斷絕了雙方的外交關係。國際上的四面楚歌，其實也是汪兆銘七月十五日終於決定「分共」的原因之一。

民國十六年（一九二七）八月一日，中共發動「南昌暴動」，開始試圖建立自己地盤。十二月，又在共產國際代表的領導下，利用廣東軍閥混戰、廣州城內空虛的機會，在十一日展開暴動，組織蘇維埃政府。但不過兩天，即遭政府軍殘酷鎮壓，蘇俄駐廣州副領事郝史也被捕處決。南京政府旋以該國使節參與「廣州暴動」，宣布與蘇俄絕交。莫斯科則反諷，和南京從未建交，何來絕交。但無論如何，隨著清黨分共、中蘇絕交，由蘇俄指導、以「聯俄容共」為背景的「革命外交」，已經走到了尾聲。

參考文獻

張玉法主譯，《現代中國史》，臺北，經世書局，一九八三。
吳相湘，《孫逸仙先生傳》，臺北，遠東圖書公司，一九八四。
周錫瑞著；楊慎之譯，《改良與革命：辛亥革命在兩湖》，臺北，華世出版社，一九八六。

唐德剛，《袁氏當國》，臺北，遠流出版社，二〇〇二。
陳志讓，《軍紳政權：近代中國的軍閥時期》，臺北，谷風出版社，一九八六。
胡春惠，《民初的地方主義與聯省自治》，臺北，正中書局，一九八三。
周策縱著；楊默夫編譯，《五四運動史》，臺北，龍田出版社，一九八四。
舒衡哲，《中國啟蒙運動——知識份子與五四遺產》，臺北，桂冠圖書公司，二〇〇〇。
李雲漢，《從容共到清黨》，臺北，中國學術著作獎助委員會，一九六六。
李恩涵，《北伐前後的「革命外交」（一九二五—一九三一）》，臺北，中央研究院近代史研究所，一九九三。

第六章　訓政建國與對日抗戰

民國十七年（一九二八）六月，國民革命軍攻克北京，結束長期以來的軍閥統治。同年底，東北張學良歸順南京國民政府，分裂十餘年的中國在形式上復歸統一。此後中國政權為中國國民黨及其所成立的國民政府所統有，並依照孫中山生前規定實施訓政，厲行以黨治國，以黨領政，中國從此步上「黨治」時代。國民黨原有意於結束中國長期分裂後大力建設國家，而輿論及時人最初對國民黨確實也抱持相當期望，但訓政的施行卻讓眾人大失所望。訓政原來是孫中山推動中國實施民主憲政的一個中間階段，藉由較具革命意識及豐富智能的革命黨人對廣大民眾進行政治訓練，以培育人民參政的能力，雖仍有傳統菁英領導的觀念，但最終目的在於還政於民，完成中國民主憲政的大業。不料，當國民黨人開始掌握政權後，卻背離孫中山原始構想，利用訓政作為國民黨壟斷政治權力的手段，並以此為藉口，剝奪人民應有的合法權利。不但引發了當時知識界、輿論界的強烈反感，也成為國民黨內政治派系鬥爭的口實。

北伐完成後，蔣中正挾強大軍力及統一中國之功，接掌國民政府主席，成為國民黨內最具實力與威望的領袖。然而，論黨內資歷，蔣畢竟是後起之秀，其竄起之速及掌權過程的波折，引發眾多爭議，尤其難令汪兆銘（精衛）、胡漢民等黨內大老心悅誠服、甘居其下。蔣中正憑藉手上兵權奪得黨內大位，而國民黨黨治結構下又賦予黨領導人無上的權力，蔣的軍權有時甚至壓倒國民黨的黨權；蔣以中央自居，而黨內對手則經常將「專制」、「獨裁」等罵名加諸其身，當時中國的政治紛擾多半根源於此。不僅如此，國民黨在處理黨內紛爭之餘，尚須面對地方勢力與中共紅軍的挑戰，還有日本強大的外患。內憂外患紛至沓來，對國民黨政權構成嚴重的威脅。

由於北伐時期軍隊擴充太快，軍費支出浩繁，造成財政極大負擔，北伐後國府當務之急就是進行裁軍。為此，蔣中正於民國十八年（一九二九）邀約各軍系領袖齊集南京，召開「國軍編遣會議」，討論各軍裁減問題。但因各軍不滿蔣提出的編遣方案，認為獨厚中央軍系統，編遣會議乃告破裂，並引發一連串的內戰。最後反蔣各派系於民國十九年（一九三〇）春組成反蔣大聯盟，另立黨中央，成立北平國民政府，造成一國兩府的局面。南京則貫徹武力討伐，雙方兵刃相交，爆發慘烈的中原大戰，中國國力為此大量耗損。而且最後中原大戰的落幕，並未能終結地方軍系與南京中央的武力對抗，其後仍陸續爆發多次地方反叛事件，南京方面雖秉持武力解決，但內戰卻越打越多，並使蘇區紅軍勢力乘隙發展。

民國十六年（一九二七）國共合作破裂後，中共為謀報復及奪權，曾發動一連串暴動，並正式組建紅軍，但多為國民黨軍隊所撲滅。此後紅軍殘部分竄各地，利用國民黨內戰時機，積極建立蘇區，鞏固基層組織，實力日漸壯大，其中尤以毛澤東領導的江西蘇區最為重要。中原大戰期間，紅軍攻陷湖南長沙，華中震動。有鑑於此，蔣中正乃於中原大戰結束後，調集兵馬進剿蘇區。剿共戰事一開始並不順利，除因政府軍輕敵冒進、地形不熟及紅軍游擊戰法奏效外，日本於此際發動九一八等侵華戰事，也使國府無法集中心力對付中共。在兩面作戰的隱憂下，蔣決定先尋求與日方妥協，集中全力進剿紅軍，也就是所謂的「攘外必先安內」政策。經國府五次圍剿，紅軍於民國二十三年（一九三四）被迫放棄江西蘇區出走，在政府軍尾隨追剿下，直至一年後才落腳陝北，攘外安內政策確實發揮初步功效。

其實，安內措施除進剿紅軍及統一各地割據勢力外，從事各項建設以建立現代化國家也是其重要內容，而且更具積極意義。自剿共戰事完成後，南京國府有了更充裕的心力建設國家，並取得重要成果，不僅奠定中國現代化基礎，也為後來的對日戰爭預作準備。然而，南京國府「勇於內鬥、怯於外戰」的形象，卻也隨著攘外安內政策深入人心。在當時日軍步步進逼、中國瀕臨存亡絕續的關頭，國府此種對外妥協、對內強硬的作為，自然容易激起各界的反對聲浪。民國二十五年（一九三六）十二月，張學良、楊虎城不滿國府攘外安內政策，以武力挾持蔣中正，西安事變爆發，內戰一觸即發。最後在各方奔走調解下，蔣恢復人身自由，西安事變終告和平落幕。此後，蔣中正開始調整內外政策，停止剿共，改組政府，並將攘外政策提到優先順位，中國一致對日的態勢已然成形。日方無法坐視國府的改變，乃醞釀再度於華北發動事變，但沒料到中國方面已有全然不同的態度。

民國二十六年（一九三七）七月七日，日軍發動盧溝橋事變，中國軍隊被迫應戰。同年八月間，中國政府決定全面抗日方針，不再對日忍讓，八一三淞滬戰役爆發，中日戰爭全面開打。國民政府除遷都四川重慶，依託西南、西北為抗戰大後方外，並利用中國廣土眾民之條件，制定「以空間換取時間」的長期抗戰方針。此後，中國軍隊在廣大的國土上處處設防、節節抵抗，另於敵後發展游擊武力，使日軍深陷中國戰場。此外，中日開戰之初，面對現代化強敵日本，中國頗居劣勢，亟需國際援助，但除了蘇俄對華稍有支援外，西方各國反應冷淡，中國幾乎是孤軍奮戰。但蔣中正認為只要戰爭拖延，無法速戰速決，日本國內資源有限，勢須擴大其對外侵略，屆時不論是「北進」或「南進」，日本必將與美、英、蘇等列強衝突，中國只要苦撐待變，戰局必能發生變化。民國三十年（一九四一）十二月，日本偷襲珍珠港，太平洋戰爭爆發，中國抗日戰爭與世界反侵略戰爭匯為一流，蔣中正的預言成真。其後，隨著盟軍反攻戰事開展，軸心國在各戰場節節敗退，中國抗戰終於贏得最後勝利。

抗日戰爭對中國的影響是巨大的，一方面它代表一個世紀以來中國對現代化追求的成果，中國不僅擊敗強敵，百年國恥至此湔雪，更贏得大國、強國的地位，成為主導戰後東亞局勢舉足輕重的力量；但另一方面，抗戰造成中國軍民大量的傷亡，財產損失無算，國力嚴重耗損，如何從廢墟中重建國家，成為當時中國人民與政府當局艱鉅的考驗。

以黨治國——國民黨「黨國」體制的形成

所謂「黨國」體制，是指中國國民黨以革命政黨姿態獨占全國政權，實行一黨專政，且在革命政黨的原則下，不但不允許其他政黨過問政治，甚至不容許其他政黨合法存在。「黨國」體制的出現有其歷史背景。辛亥革命後，新成立的民國引進西方的共和政體及議會制度，但民初議會制度的試行並不成功，孫中山於是吸納俄共革命政黨的理論及精神，以黨建國、以黨治國，決定以國民黨做為統一中國、建設國家的主要力量。民國十四年（一九二五）國民政府在廣州成立時，制定的〈國民政府組織法〉第一條就規定「國民政府受中國國民黨的指導監督，掌理全國政務」，「黨國」體制的雛形已開始出現，及至國民黨完成北伐、掌握全國政權後，更將「黨國」體制推向高峰。

「訓政」的實施

在國民黨執掌中國政權的期間，最重要的政治措施就是實施訓政。訓政是根據孫中山遺教的規定，有其事實上的需要，但也為國民黨壟斷全國政權取得法理上的依據。訓政使得國民黨黨國體制得到進一步發展，卻不利於中國憲政的施行。

所謂「訓政」，按孫中山原意，是中國結束軍政時期，邁向憲政時期的一個過渡階段。早在清末同盟會時期，孫中山已將革命進程分為軍法之治、約法之治及憲法之治三個時期。民國三年（一九一四）孫制定《中華革命黨總章》時，則將革命程序分為軍政、訓政、憲政三個階段。孫中山認為民國以後，中國的民主、憲政道路之所以坎坷難行，很大原因來自於中國向為專制政體，人民從未有一日真正當家作主過；一旦民國建立後，立即要人民成為國家的主人，擔負政治的責任，實在是窒礙難行。因此，孫主張人民應接受政治的訓練，養成自治能力，是為訓政的由來。孫中山生前雖未及見其政治主張付諸實行，但北伐完成後，國民黨人秉持孫的遺訓，認為軍政階段隨著北伐戰爭的結束而告一段落，中國當開始進入訓政時期，而執政的國民黨則須擔負訓政的責任，正式揭開了「黨治」的序幕。

民國十七年（一九二八）八月，國民黨在南京召開二屆五中全會，商議訓政的準備工作。其後，國民黨中央又通過〈訓政綱領〉，作為訓政工作的具體規範，其要旨有三：國民黨代表人民行使政權；政府由黨產生，在國民黨指導之下，對黨負責；訓政時期施行約法，約法由國民黨制定，國民黨中央執行委員會政治會議負監督指導政府之責，居黨政關係最高樞紐地位。

民國十八年（一九二九）三月，國民黨在南京召開第三次全國代表大會，除追認〈訓政綱領〉外，更規定孫中山所著《三民主義》、《五權憲法》、《建國方略》、《建國大綱》及《地方自治開始實行法》為訓政時期中華民國最高根本法，舉凡一切政治施政及法律規範，「皆須以總理遺教為依歸」，將黨治權威推到至高無上。

✣

國民黨實施訓政之初，「黨天下」的意味相當濃厚，尤其遲遲不肯制頒約法以規範人民與政府權限，僅以所謂「總理遺教」代行，「黨治」變成國民黨壟斷政權、剝奪人民合法權益的手段，不但激起外界的不滿，也成為敵對者攻訐南京國府獨裁的藉口。民國十九年（一九三〇）中原大戰結束後，國民政府主席蔣中正為爭取更多國民的認同，決定遵照孫中山遺囑，早日召開國民會議，以制頒《訓政時期約法》。民國二十年（一九三一）元旦，國民政府公布〈國民會議代表選舉法〉，代表名額共五百二十人，選舉採職業代表制，由各職業團體及國民黨各級黨部選出，離真正的普選仍有很大一段距離。同年五月，國民會議在南京召開，出席代表四百四十七人，主要成就即為通過國府提出的《中華民國訓政時期約法》。這部約法是訓政時期的國家根本大法，對五院組織、中央與地方權限、民生經濟與國民教育原則、人民的權利與義務等，均有明確的規定。

孫中山在《建國大綱》中，將政治權力分為兩種：一為「政權」，理論上是全體國民共享，並由國民大會代表人民行使政權；另一則為「治權」，包含行政、立法、司法、考試、監察五權，係由政府總攬以行使。孫中山的理想是經由政權、治權分立，達到「人民有權，政府有

期入於訓政時期允宜公布約法共
同遵守以期促成憲政授政於民選
之政府茲謹遵創立中華民國之中
國國民黨　總理遺囑召集國民會
議於首都由國民會議制定中華民
國訓政時期約法如左

圖 6-1　中華民國訓政時期約法

資料來源：秦孝儀主編：《史畫史話》（臺北，近代中國出版社，民國 78 年，頁 125）

能」的效用。但在實際上，由於〈訓政綱領〉及《訓政時期約法》都明文規定，訓政期間由國民黨全國代表大會代替國民大會行使政權，國民黨全代會閉會期間則由國民黨中央執行委員會代行，治權則託付國民政府總攬而執行之。因此，就權力位階而言，國民黨在政府之上，國民黨中執會政治會議更負有指導監督國府重大國務施行的責任。

「政治會議」是訓政時期國民黨最重要的決策機構，對於立法原則、施政方針及政務官的任免等事項皆有議決權，並直接交國府執行，因此國民黨在中央層級呈現「以黨領政」的黨政關係。但在中央以下，各級黨部與地方政府並無直接統屬關係。縣黨部若不滿縣政府的措施，只能向省黨部提出意見，由省黨部轉咨省政府處理；同樣的，若縣政府對縣黨部的措施不滿，亦應提交省政府轉咨省黨部處理，雙方均不得直接干預對方行動。不過，由於各級地方政府掌握了實權與資源，且待遇較為豐厚，不但能吸引較優秀的人才，亦較為外界所重視。因此，國民黨的「黨治」在中央最為徹底，省以下則呈現「政強黨弱」的現象。

✣

按孫中山的原意，訓政是由國民黨作民權的保母，最後仍然要還政於民，實施憲政，因此訓政只是過渡階段，是有期限的。其順序為由下而上，先完成縣自治，至一省全部的縣完成自治，則施行省自治，當一半以上的省完成自治後，再進而全國實行憲政，次序井然。至於訓政工作的重點在推行地方自治，具體項目有清查人口、測量土地、修築道路、訓練人民行使四權（選舉、罷免、創制、複決）等。國民黨在民國十八年（一九二九）曾決議訓政期限為六年，並規定一年內完成縣組織，三年內戶口、土地清查完畢，四年內設立籌備自治機關，五年內完成縣自治，預定至民國二十四年（一九三五）完成訓政工作，然後召開國民大會，制定憲法。但是國民黨執政後，其進行訓政工作的程序卻完全倒轉過來，變成由上而下，只重視上層的黨政關係，忽視基層的自治工作，又因為戰亂的關係，遲遲無法結束訓政，更不用說實施憲政。結果訓政多年，連最基本的縣自治都無法完成；加上國民黨壟斷一切政權與治權，長期實施一黨專政，不僅與孫中山原始構想相背離，也造成中國憲政道路的窒礙難行。

黨內的歧見與紛爭

實施訓政本是孫中山建設國家的重要主張，國民黨人對此自然沒有異議。不過，訓政的具體實行細節仍引起黨內不同意見，其中尤以是否要制定《訓政時期約法》更引發黨人的分裂，成為反對者攻擊南京中央獨裁的口實，加劇國內政局的動盪。

自孫中山死後，國民黨的派系鬥爭越演越烈，逐漸形成由胡漢民所領導的右派、蔣中正為首的中間派及汪兆銘的左派三大派系，北伐前後的政治紛擾多與黨內派系恩怨有關。北伐完成後，南京中央由胡漢民、蔣中正共治，汪兆銘的左派遭受排擠，汪派人馬憤而於民國十七年（一九二八）十一月在上海成立「中國國民黨改組同志會」，以恢復國民黨改組時的精神相號召，是為「改組派」。民國十八年（一九二九）三月，胡、蔣控制下的國民黨中央在南京召開國民黨第三次全國代表大會，由於該次全會四分之三的代表是由中央黨部指派圈定，僅四分之一的代表係選舉產生，引起改組派強烈不滿，認為有違黨內民主精神，嚴詞反對三全大會的召開。胡、蔣對此毫不妥協，最後三全大會通過決議，開除改組派重要成員的黨籍；改組派僅汪兆銘一人列名三全大會所產生新的中央執行委員會中，汪且受到警告處分。至此，改組派與南京中央徹底決裂，成為當時國民黨內主要的反對派。

民國十九年（一九三〇）春，中原大戰爆發，反蔣派與政府軍鏖戰於河南、山東一帶。為爭取「黨統」及師出有名，反蔣派乃邀請改組派共同合作，協力倒蔣。同年七月，汪兆銘抵天津，反蔣各派達成協議，成立「中國國民黨中央黨部擴大會議」（簡稱「擴大會議」），網羅反蔣各派中堅人物，並以「整個的黨，還之同志；統一之國，還之國民」相號召。八月七日，擴大會議正式在北平舉行第一次會議，並在〈擴大會議宣言〉中提出召開國民會議及制定訓政時期約法的主張，引發外界很大的迴響。此時反蔣派在戰事上已轉趨不利，為振作人心，乃於九月初在北平另立「國民政府」，並成立約法起草委員會，積極推動約法的創制。不久張學良為蔣策動，派兵入關，北平國府瓦解，反蔣派諸人奔赴太原。汪兆銘等眼見大勢已去，但為與南京爭千秋，仍加速完成約法的制定，是為所謂「太原約法」。太原約法公布後，因蘊含進步的人權觀念及合理的政府體制，頗引起北方知識界、輿論界的好評，反蔣派最終雖在軍事上敗亡，但在法理上卻使南京陷入困境。

中原大戰雖以南京方面獲勝而告結束，但反蔣派所提出召開國民會議、制定約法等主張卻受到北方知識界及輿論界的一致好評，蔣中正必須正視來自民間的聲音。為順應時勢，蔣乃於民國十九年（一九三〇）十月通電中央，請於三個月內召集國民黨第四次全國代表大會，商討召開國民會議案，並主張制頒訓政時期約法，但卻遭到時任立法院長的胡漢民強烈反對。胡漢民黨派成見較濃，一向主張「黨外無黨，黨內無派」，堅持以孫中山《三民主義》等遺教作為訓政時期國家根本大法，認為無另立約法的必要；加上蔣通電前未曾先與胡氏協商，胡認為蔣的約法主張無異拾擴大會議之牙慧，有失中央立場，因此堅決反對。由於胡漢民堅不妥協，蔣中正各種溝通均告無效，憤而於民國二十年（一九三一）二月以非常手段拘捕胡氏，軟禁於南京城外湯山，是為「湯山事件」。湯山事件後反蔣派齊聚廣州，再度倡言反蔣，政局又起波濤，國民黨分裂更甚。此後蔣中正雖因排除胡漢民的干擾，順利制頒《中華民國訓政時期約法》，但蔣以非常手段排擠黨國元老的做法卻也引發部分黨人強烈不滿，認為「黨治」空有一黨專政之名，卻行一人專制之實，對國民黨的專政有深刻的反省。

知識界的不同聲音

自清末立憲運動以來，追求西方式的民主憲政，一直是中國知識份子重要的心願。民初議會政治雖因曹錕賄選而宣告破產，但自由主義派知識份子卻從未放棄對民主憲政的追求。因此，當國民黨厲行黨治之際，知識界對國民黨的一黨專政頗有批評聲浪，引發國民黨與自由主義派知識份子之間關係的緊張。

自晚清革命以來，同盟會及後來的國民黨一直是引領中國民主憲政發展的重要力量；縱使孫中山因受到曹錕賄選的刺激，有鑑於中國民權不彰，故而主張訓政，但其最終目的仍然是要還政於民，實施憲政。然而，國民黨掌握全國政權後厲行黨治，卻曲解孫的原意，以訓政之名，行壟斷政權之實，並限制人民種種合法權利，當然引發知識份子的不滿。中國民主憲政道路雖崎嶇難行，但一批自由主義派知識份子或受西方民主觀念啟迪，或受中國「五四」自由思想影響，卻從未喪失追求民主憲政的熱情。這些自由派知識份子堅持自由民主的信念，對國民黨黨治採批判立場，造成彼此關係的緊張。不過，南京國民政府因遭遇嚴重內憂外患，尤其是民國二十年（一九三一）九一八事變以後，中國在日軍侵略鐵蹄下，已瀕臨亡國邊緣；在救亡圖存的壓力下，不僅國民黨內高唱集權統一，甚至知識界也頗有效法德、意、法西斯政權實施獨裁，以圖民族復興的呼聲，引發了一場「民主與獨裁」的論爭。

在中國近代自由主義派知識份子中，北京大學教授胡適當然是最具代表性的人物。留美期間，胡適頗醉心美式民主，返國後就一直提倡民主憲政。早期胡適與國民黨人頗多交往，北伐及清黨時，對國民黨更持肯定態度，希望其能為中國帶來新生的局面。及至國民黨控有全國政權，厲行訓政與黨治，種種限制民主及戕害人權的作為，使胡漸由失望而轉趨不滿，並在《新月月刊》、《獨立評論》等刊物中提出嚴厲的批評。胡適力言無憲法的訓政只是專制，而改革中國政制的基本前提是放棄黨治，提早頒布憲法，實施憲政，直指問題的核心。此外，時任中央研究院院長的蔡元培也因不滿國民黨的專政，與孫中山遺孀宋慶齡等人組織「中國人權保護大同盟」，反對侵害人民權利。由於胡適、蔡元培等人立論嚴正、影響力廣大，其他知識份子頗多共鳴，紛紛對國民黨集權專制提出批判，造成國民黨極大的壓力，也提供反對者攻擊南京當局專制獨裁的口實。

從安內到攘外

北伐完成後，各種內憂外患紛至沓來。蔣中正鑑於國民政府武力不足以同時應付內憂外患，乃制定「攘外必先安內」政策，暫時以妥協方式擱置日軍入侵，先集中全力剿滅國內反對勢力。此政策雖不失其合理性，但與國內要求抗日的主流民意卻嚴重背離，終至導引西安事變的爆發。西安事變結束後，蔣中正開始改弦更張，停止剿共，調整攘外安內政策，卻也使中日兩國走上戰爭邊緣。

國民政府的再統一

國民政府雖完成北伐，統一全國，但此種統一只是徒具表象，北伐後的中國，在實質上仍處於分裂割據的局面。國民政府面對這種局勢，只有繼續推行國家統一運動，希望達成中國的真正統一。然而，國府的再統一卻因剝奪了地方的半獨立權力，激起各地方軍系的反抗，造成長年的戰亂與動盪。

中國近代以來的動亂，主因之一在於兵多。滿清編練新軍時，定制全國兵額五十萬人。民國以後由於軍閥割據、戰亂連年，擴軍速度極快，北伐前全國軍隊約一百四十萬人，北伐後更高達二百三十萬人，軍餉所需已超過國家的全部收入。而且這些軍隊編制混亂、素質不一，除蔣中正所轄約五十萬人為中央軍系統外，其餘均為地方軍系部隊。不管是基於削弱地方軍力或為了減輕財政負擔，南京中央都必須進行裁軍。因此，國民政府於民國十八年（一九〇二）一月約集各軍領袖召開國軍編遣會議，決定將全國陸軍縮編為八十萬人，軍費則以國家總收入的百分之四十為限。在會議過程中，南京當局提出的編遣方案明顯偏袒中央軍，蔣中正又抵拒各地方軍系所提由中央軍率先裁編的要求，堅持由地方軍隊開始編遣，激起各地方軍系的強烈不滿。在此情況下，編遣會議終告決裂，地方與中央軍隊開始各自動員，內戰威脅風雲密布。

自編遣會議失敗後，各地方軍系以南京中央有意削弱地方勢力，在不想坐以待斃下，乃激起一連串反中央的軍事行動。民國十八年（一九二九）三月，桂系首先與中央爆發衝突；五月，西北軍系馮玉祥繼起聲討南京。國民政府深知此形勢非用武力不能解決，對地方軍系的反抗，決心以武力「討逆」。最初由於各地方軍系相繼起兵、步調不一，總遭中央軍各個擊破。民國十九年（一九三〇）春，各地方軍系遂決定攜手合作、齊一步驟，共推晉系領袖閻錫山為反蔣軍總司令，實行反蔣派大團結。反蔣軍控有九省二市地盤，總兵力高達八十萬之眾，聲勢極為浩大；後來甚至決定在北平召開擴大會議，另立中央，對南京國府造成嚴重危機。為應付此一危機，蔣中正除出動中央軍精銳外，還決定出任「討逆軍」總司令，親自指揮作戰。此役雙方動員一百四十多萬軍隊，戰事長達八個多月，戰況慘烈超過北伐。由於主戰場在河南一帶，因此稱為「中原大戰」。

開戰之初，雙方旗鼓相當，戰爭進行得極為艱鉅，後因蔣戰術兵力運用靈活、餉械彈藥補給充足，加上中央軍以正統自居，「討逆」師出有名，中央軍漸趨上風。同年九月十八日，本持中立態度的奉系領袖張學良，在南京方面給予優渥條件下，通電支持中央，並出兵入關，更加速反蔣軍的全線崩潰。這場戰事中中央軍雖取得最後勝利，但雙方死傷高達三十萬人，人民生命財產的損失無法估計；加以奉軍大舉入關造成東北防備空虛，埋下一年後日軍發動「九一八」事變的伏筆，其影響更是深遠。

中原大戰甫告結束，南京方面旋因約法之爭造成蔣中正與胡漢民反目成仇，胡遭軟禁於湯山，胡、蔣合作破局，國民黨內政潮又起。自蔣中正掌權以來，粵籍軍政人物屢遭排擠，向來在國民黨內占優越地位的廣東人士心中早有不平。胡漢民被蔣軟禁後，與胡氏誼屬同鄉的粵籍人士幾乎是不分派別，一致聲討蔣中正，並先後齊集廣州，結合兩廣地方軍系共同反蔣。當時南京與廣州分別動員雙方軍隊，戰機一觸即發，是為「寧粵分裂」。最後這一危機因日軍於同年九月發動九一八事變而急轉直下，在國人「一致禦外」的呼籲下，寧粵雙方罷兵和談，並商定以蔣中正下野、胡漢民釋放為條件，改組南京國民政府，粵方要人則以加入南京國府以示共赴國難。滿天陰霾，一時散去。

民國二十二年（一九三三）十一月在福建爆發的閩變，是由廣東軍隊第十九路軍將領及一些左傾文人所發動的。自廣東人士入京組閣後，十九路軍就奉調京、滬一帶，以維護入京粵方要人的人身安全。因此當日軍於民國二十一年（一九三二）在上海發動一二八事變時，十九路軍以守土有責奮起抵抗，表現英勇傑出。淞滬停戰後，該軍奉調福建剿共，開始接觸共產黨的宣傳。此後，十九路軍將領對南京國民政府所採對日屈辱求和的「攘外必先安內」政策漸趨不滿，反中央的情緒日益激盪。閩變爆發後，十九路軍將領除號召對日開戰外，更採行激烈措施，決定廢除中華民國國旗、國號，改稱「中華共和國」，成立「人民政府」，並組織「生產民主黨」，左傾色彩極為明顯。福建當局甚至準備與江西紅軍訂立同盟協定，互助合作，停止軍事對抗。當閩變消息傳來，國民政府立即下令討伐，並動員在江西剿共的中央軍入閩進剿。由於閩變諸人廢除中華民國國統及國民黨黨統，自絕於國人、黨人之前，就連國民黨內的反蔣派也不願與閩變有所瓜葛；加上與紅軍的同盟，以及蘇聯當局與中共中央視閩變為國民黨的內爭，而未能真正落實。在孤立無援及中央軍強大壓力下，閩變迅速被戡平。

✣

民國二十年（一九三一）的寧粵分裂雖和平落幕，但兩廣地方軍系對蔣中正的成見卻始終未能化解。民國二十五年（一九三六）四月，粵漢鐵路全線通車；五月，西南反蔣精神領袖胡漢民病逝，二者皆不利於兩廣地方割據，對地方軍系影響甚大。兩廣地方軍系恐國民政府藉機進行西南統一，決定先發制人，以抗日為名出兵湖南，是為「兩廣事變」。南京中央在處理兩廣事變時，一方面迅調大軍入湘警戒，另一方面則力求和平解決，並透過各種管道分化、拉攏兩廣地方軍人，希望不戰而能屈人之兵。此外，國民政府更授意滇、黔地方當局改變鴉片運銷路線，由武漢直趨上海，不入兩廣，意圖從經濟上扼制兩廣的反抗力量。這些手法極為有效，不久之後，先是廣東空軍集體投奔中央，繼而粵軍重要將領通電擁護南京，廣東地方軍系徹底瓦解，中央軍兵不血刃進占廣州。而桂系以孤掌難鳴，只有接受和平調停，兩廣事變終告平息。

✣

自民國十八年至二十五年（一九二九－一九三六）八年之中，國府運用一切手段，先後討平各地方軍系的反抗與動亂，對於擴展中央權力、翦除地方割據勢力，影響甚鉅。而經多年的努力，到抗戰前夕，國府已能有效管轄中國本部十八省中的十一個省分，並控制三分之二的人口，其推動再統一的成就可謂斐然，也為日後中國抗戰奠定重要的基礎。但另一方面，由於南京國府始終貫徹以武力統一中國的策略，未曾就憲政等和平方式尋求問題的解決，不僅造成人命大量的傷亡，耗損中國國力，亦未能完全解決中央與地方的爭端，其得失仍有待商定。

中共的挑戰與剿共戰爭

南京時期國民政府所面對的國內形勢，除各地方軍人的割據與反叛外，還有來自中國共產黨的嚴厲挑戰。自民國十六年（一九二七）國民黨清黨與分共後，已結束了國共之間四年的合作關係。此後中共轉入武裝暴動階段，積極組織工農紅軍，闢建革命根據地（即所謂「蘇維埃區」，簡稱「蘇區」）。最初國民政府視中共的反抗僅為星星之火，不料未及兩年，中共的紅軍發展已勢如燎原，幾乎一發不可收拾。為此，國府集結重兵先後對中共蘇區發動五次圍剿，雖逼迫共軍西走，但仍未能徹底殲滅其力量。

自中共與國民黨決裂後，在莫斯科的指令下，長期負責執行國共統一戰線的中共領袖陳獨秀，以「右傾機會主義」罪名被解職，中共中央進行改組；同時並決定徹底實行土地革命，改採武裝暴動，以建立蘇維埃政權。在此情況下，中共各地黨員先後發動江西南昌、湖南秋收及廣州等暴動，雖造成相當的聲勢，但在國民黨軍隊的鎮壓下，暴動陸續失敗，僅毛澤東所領導的湖南秋收暴動較有後續發展。湖南原為中共農民運動最有成效的地區，當國共決裂後，中共中央對於在湖南發動農民暴動寄望很深，並屬意由毛澤東領導。民國十六年（一九二七）九月，毛所領導的湖南秋收暴動爆發，由於高估農民運動的實力及其革命態度，暴動轉瞬即失。毛見事不可為，當機立斷，率殘部千餘人南下湘、贛邊境的江西井岡山區，另謀出路。

井岡山位於湖南、江西兩省交界，地勢險峻，森林茂密，向來為土匪窩居之處。毛澤東至井岡山後，積極籌建革命根據地，除與當地土匪勢力相結合，還開始建立農民協會，成立黨的組織，實行土地革命。毛的土地革命以「打土豪、分田地」為手段，用武力為後盾沒收地主、豪紳、富農的土地和財富，除藉此取得養兵資源外，並將大部分土地、財物分配給貧苦農民，以發展群眾基礎。民國十七年（一九二八）四月，曾參與南昌暴動的朱德率殘部千餘人抵達井岡山，於是朱、毛二部合組為「工農革命軍第四軍」（不久改稱「紅軍第四軍」），朱德任軍長，毛則為黨代表，井岡山根據地的勢力更為壯大。同年十二月，發動湖南平江暴動的彭德懷也率所部紅軍第五軍來到井岡山，紅五軍併入紅四軍，彭德懷改任紅四軍副軍長，朱毛實力大增，屢次擊敗湘、贛兩省的進剿行動。

民國十八年（一九二九）一月，為了徹底解決井岡山中共勢力，湘、贛兩省組織會剿軍總指揮部，動員兩省六個旅約三萬兵馬，籌畫對井岡山進行五路會剿。由於會剿軍來勢洶洶，加以井岡山區資源有限，供給困難，紅軍的發展已受限制，朱德、毛澤東決定將紅軍一分為二，朱、毛親率紅四軍主力出擊贛南，準備開闢新的根據地，井岡山則由彭德懷率部分軍隊留守。原本湘贛兩省會剿軍進展順利，除攻克井岡山，逼使彭德懷率殘部五百餘人突圍而出外，並分兵追擊朱、毛所部。但不久南京中央與桂系之間爆發衝突，戰雲密布，湘、贛兩省分別將會剿軍抽回，紅軍壓力大減。朱、毛乃趁機率部奔襲於贛、閩之間，連敗當地軍隊，於同年四月占據江西瑞金，會合突圍後轉戰贛南的彭德懷部，建立贛南根據地。不久，彭德懷率部重返井岡山，並以此為中心發展出湘鄂贛根據地。朱、毛則另行闢建閩西根據地，連同贛南根據地，所部已擴充至兩萬餘人。日後，毛澤東將贛南及閩西根據地連成一片，成為中共「中央蘇區」，也是中共規模最大、最重要的根據地。毛澤東吸取先前井岡山土地革命的經驗，在中央蘇區實施較緩和的土地政策，區別對待地主與富農，不打擊富農，提高農村生產力，並要求紅軍及各級幹部注重紀律，積極推動群眾運動。在此情形下，毛得以動員群眾，並從農村尋求人力、物力資源，擴大蘇區的基礎。此外，各地中共黨員還闢建了鄂豫皖、湘鄂西、湘鄂西等幾處較大的根據地，其蘇區組織已初具規模。

民國十九年（一九三〇）春，正當南京中央與閻錫山關係緊張，國民黨內戰迫在眉睫之際，中共中央認為發動全國總暴動的時機來臨了。六月，中共中央政治局會議在上海召開，政治局常委兼宣傳部長李立三要求所有根據地儘量擴軍，然後傾全力向長江中游各中心城市發動進攻，並以武漢為目標，「會師武漢，飲馬長江」，這就是所謂的「立三路線」。李立三認為長江中游的城市經過北伐群眾運動的洗禮，當紅軍進攻時，城市中的工人無產階級一定會立即發動總罷工，與紅軍裡應外合。如此紅軍將可首先在一省或數省取得勝利，並進而建立全國性赤色政權，然後問鼎南京，統一全國。與此同時，李立三也認為，既然列寧主張半殖民地的中國是帝國主義國家經濟的最重要支柱，那麼中國革命的總爆發必定會引起世界革命的總爆發，尤其當時歐美經濟大恐慌更堅定了李立三的想法，使其誤以為世界革命的時機已經成熟，中國革命則將成為世界革命的總樞紐。

在「立三路線」的影響下，中共中央命朱、毛將所部整編為紅軍第一路軍（旋改稱紅軍第一軍團），以朱德任總指揮，毛澤東任政治委員，準備率軍由閩西入贛，奪取南昌；而彭德懷則將所部改編為紅軍第三軍團，彭任總指揮，準備進攻長沙。民國十九年（一九三〇）七月，中原大戰戰火方熾，彭德懷趁湖南軍隊追擊桂系軍隊，省城兵力空虛之際，率領紅三軍團攻克長沙，占領十日，造成國府當局極大的震撼。不久，湘軍回援，紅三軍團被迫退出長沙。八月，紅一軍團以南昌守軍強大，放棄攻擊，入湘與紅三軍團會合，組成紅軍第一方面軍，朱德任總司令，毛澤東任總政治委員，重行反攻長沙。紅一方面軍雖兩度攻城，但遭長沙守軍拒退，於是轉回江西，攻占吉安，擴大贛南革命根據地；然而，奪取中心城市的目標卻始終未達成。「立三路線」失敗後，李立三遭共產國際清算，被召至莫斯科長期軟禁。十九年（一九三〇）九月，中共中央進行改組，先是由自蘇返國的周恩來主持；民國二十年（一九三一）一月，繼由以王明（陳紹禹）為首、留學莫斯科中山大學的「國際派」掌權。

兩年來中共各根據地的大力發展，主要還是因為國民黨的分裂與內戰；而長沙的陷共，不僅震動了中外，亦使國府不得不開始正視紅軍的威脅。民國十九年（一九三〇）十月，中原大戰結束，國府決心根除赤禍，蔣中正宣布今後五項政治方針，第一項就是「肅清匪共」，除打擊各地中共黨人外，尤其將重點放在進剿江西中央蘇區。於是自民國十九年（一九三〇）至二十三年（一九三四）四年間，國府集中大量優勢兵力，對中央蘇區發動五次圍剿。初期政府軍頗輕視紅軍戰力，加以各部之間聯絡協調不足，紅軍利用嫻熟地形之便以逸待勞，秉持毛澤東「敵進我退，敵退我進，敵駐我擾，敵疲我打」十六字箴言，對政府軍實施游擊戰，擊退了國府前四次的圍剿行動。四次進剿雖皆失敗，但政府軍屢敗屢戰，並不氣餒，積極開展第五次圍剿；同時吸取先前失敗教訓，除抽調中央軍精銳配置各式重武器承擔進剿行動外，並廣築碉堡線，穩紮穩打，逐步縮小包圍。此外，在「三分軍事、七分政治」口號下，國府並以政治工作配合軍事行動，清查收復區戶口，建立保甲制度，封鎖蘇區經濟，獲得不錯的效果。與此同時，江西蘇區內部派系鬥爭漸漸浮上檯面，間接削弱紅軍的戰力。

自民國二十年（一九三一）王明等國際派逐漸掌握中共中央以後，有鑑於各蘇區獨立發展已有尾大不掉之勢，遂決心加強對蘇區的控制，並分派專人至各蘇區主持黨務。江西中央蘇區是中共中央加強控制的重點，雖因毛澤東在此根基穩固，一時難以扳倒，但毛已屢遭黨中央代表批評。民國二十二年（一九三三）一月，中共因各地組織機構屢被破獲，包含中共總書記向忠發在內的高級幹部接連被捕，中共中央在上海已無法立足，被迫遷入江西中央蘇區。遷入中央蘇區的中共中央在國際派博古（秦邦憲）的領導下，很快即將毛澤東排擠出權力核心，並在面對政府軍的進剿時，一反毛澤東先前的軍事部署，採用共產國際軍事顧問「禦敵於國門之外」的戰略，以陣地戰、正規戰取代游擊戰，對抗政府軍的進剿。然而紅軍既無法突破國府的碉堡封鎖，幾度正面交鋒又損失慘重，在政府軍步步進逼下，紅軍迫於民國二十三年（一九三四）十月放棄江西蘇區，走上「長征」之路，第五次圍剿終於獲勝。

紅軍在第五次圍剿中失敗的主因，除了缺乏重武器難以攻破政府軍堡壘，中央軍的戰力確實可觀外，放棄毛澤東行之有效的游擊戰，改採陣地戰、正規戰實為關鍵。對此，博古領導的中共中央須負最大責任。江西紅軍出走後，國府除組織追剿軍尾隨追擊外，並命沿途西南相關各省出兵堵截。紅軍行至湖南時，中共中央又否決毛澤東順湘江而下長沙的建議，執意強渡湘江西走，結果在渡江時遇到湘軍強大打擊，損失慘重，紅軍缺員超過一半，部隊士氣低落，軍中對博古中央的領導漸生不滿。於是，毛澤東開始串聯軍隊將領，並爭取到國際派中反對博古領導的張聞天及王稼祥，保障了倒博古中央的成功。

民國二十四年（一九三五）一月，紅軍攻陷貴州北部重鎮遵義，中共中央於是在此召開政治局擴大會議，檢討自國府第五次圍剿以來的軍事形勢。在會議中，與會諸人對博古中央錯誤的軍事領導進行激烈的批評，最後決議改組中共中央，博古為其所犯錯誤下臺，由張聞天接任總書記，毛澤東則為政治局常委兼中央軍事委員會主席，掌握實際兵權，是為所謂「遵義會議」。遵義會議後，毛雖仍屈居張聞天之下，但卻緊握兵權，為其邁向中共最高權力道路開創一條坦途。隨後毛澤東克服黨內對長征最後目的地的爭議，堅持率大部分政治局委員及所部紅軍北上，進向陝北。二十四年（一九三五）十月，在歷經千辛萬苦後，毛澤東率殘部八千人抵達陝北保安，並結合當地中共武裝，擴建陝北蘇區，正式揭開中共「陝北時期」的序幕。

西安事變與抗日民族統一戰線

當國民黨取得政權之初，各方原本對國民黨期待甚高。但後來其黨內紛爭不斷，連年戰亂，加上厲行黨治，限制人民基本權益，國民黨已成為高高在上的統治階級，大失人心所望。且在「攘外必先安內」的政策下，國民黨勇於內鬥，怯於抗日，更使國府政權的合法性、正當性大受質疑。面對日軍步步進逼，中國民族主義情緒昂揚，中共有鑑於此，乃高舉抗日民族統一戰線，非但為其爭取廣大的生存空間，更引發了西安事變，此不僅改變國共兩黨的命運，也扭轉了中日兩國的歷史進程。

民國十六年（一九二七）第一次國共合作失敗後，蘇俄與國民黨的關係已陷入低潮。及至民國十八年（一九二九）中東路事件發生後，雙方關係更形惡化，國共兩黨也展開將近十年的血肉搏殺。但自一九三〇年代德國希特勒上臺後，蘇俄有感於納粹政權的強烈威脅，加以日本軍國主義者也在東方虎視眈眈，為避免陷入兩線作戰的困境，蘇俄強烈希望中國能在東方有效牽制日本，以便能專心在西方對付德國。為此，蘇俄決心調整對華政策，逐漸傾向承認、支持南京國民政府。民國二十四年（一九三五）八月一日，在莫斯科當局主導下，中共中央派駐共產國際代表王明發表聲明，號召中國停止內戰，包括國民黨在內的各界反日團體共同組成抗日民族統一戰線，一致抗日，亦即著名的「八一宣言」。此後，中共也逐步配合調整其內外政策，在抗日民族統一戰線這面大旗之下，迎合國人團結抗日的訴求，掌握了政治的主動權，此舉不僅成為其勢力發展的一大契機，更重要的是爭取到張學良與東北軍的合作與支持。

✣

民國二十年（一九三一）九一八事變爆發後，東北軍被迫入關，張學良丟棄東北故鄉，從此擔負「不抵抗將軍」的罵名，國仇家恨集於一身。更難堪的是，東北軍在後來的長城戰役又不戰而潰，毫無抗敵復仇之心。在國人一片撻伐聲下，張學良被迫辭職出洋，東北軍則內調華中進行剿共。張學良此次出國，頗想有所作為，除了戒除吸食毒品的長年嗜好外，在遊歷歐陸時，亦深受德、意兩國民族復興運動激勵，決定仿效德、意，擁戴蔣中正成為中國的領袖，推動中國民族復興，冀望蔣領導擊敗日人，以收復東北失土。民國二十四年（一九三五）張學良歸國，先是被任命為武漢剿匪副司令（蔣中正為總司令），後因紅軍落腳陝北，於是奉命率東北軍移駐西安，繼續剿共工作。

自從東北淪亡後，許多東北學生流亡關內，反日情緒高昂，並在學生運動中扮演重要的角色。這些東北學生因不滿蔣中正「攘外必先安內」政策，多贊同中共抗日民族統一戰線的主張，甚至參加中共，成為地下黨員。及至他們大學畢業後，因鄉誼故舊關係，乃紛紛打入東北軍中，甚至潛伏於張學良身邊。在這些中共地下黨員的影響下，東北軍逐漸接受中共「停止內戰、一致抗日」的主張，除對國府剿共政策產生極大質疑外，也讓張學良的態度開始有了變化。張學良原本就不願意從事內戰，希望將整個東北軍用於對日戰爭中，以期有朝一日打回東北；但因奉蔣嚴命，不得不遵令行事，進剿陝北紅軍。不料東北軍在西北剿共戰事中屢嘗敗績，所部損兵折將，張深為痛惜；加上南京軍政部對於東北軍的補充及陣亡將領的撫恤都吝而不給，更加深張學良的不滿。此刻東北軍內部思鄉情切，士氣低落，被中共所俘虜又釋回的東北軍官兵經政治洗腦後，更充當起中共義務宣傳員，鼓吹停止內戰、打回東北，部隊軍心浮動不已。

九一八事變後，張學良深知單憑一己之力，實無法收復失土，故寄望於蔣中正，期望強大而統一的中國能擊敗日寇，這是張學良歐遊歸國後，積極支持南京國府主因。但當東北軍兵敗西北之際，張學良痛感為南京做砲灰，所部平白犧牲，距離打回東北的目標越來越遠；尤其是蔣中正向來堅持「攘外必先安內」，一味對日忍讓，對蔣的信心開始動搖。在身邊中共地下黨員及被俘歸來部屬的影響下，張學良逐漸對中共宣稱「停止內戰、一致抗日」的抗日民族統一戰線產生興趣，同時也寄望通過中共聯繫蘇俄，以取得抗日的支持力量，於是決心接觸中共。中共對此當然是如獲至寶，周恩來遂奉命代表中共與張學良進行談判，雙方除達成停戰協定，並擬訂互助同盟；張學良為堅定蘇俄對其之信心，甚至打算加入中共，成為中共黨員，但因蘇俄反對而不果。此外，西安綏靖公署主任楊虎城也透過管道與中共取得聯繫，張、楊、中共三方於是形成西北反蔣抗日大同盟。

自張學良與中共接觸往來，蔣中正屢獲密報，深以東北軍軍心不穩為憂，於是決定親往西安坐鎮。民國二十五年（一九三六）十二月初，蔣中正抵陝，駐節臨潼華清池，隨行有中央軍重要將領多人。蔣於軍事會議中嚴責張學良剿共不力、意志不堅，決心要東北軍內調華中，陝北由中央軍接防，繼續剿共戰事。但年來張學良與楊虎城、中共方面已有「反蔣抗日」的預謀，一旦東北軍內調，所有計畫勢必付諸流水，東北失土亦無重光之希望。勢逼處此，張學良決心以武力挾持蔣中正，實行兵諫。十二月十二日凌晨，東北軍圍攻華清池，蔣中正遭叛軍劫持，震驚中外的西安事變爆發。

西安事變發生後，全國震動，張學良通電各方爭取支持，並提出改組南京政府、停止內戰等八項要求。如何處理善後事宜頓則成中外矚目的焦點。南京方面於知悉事變消息後，立即在事變當晚召集緊急會議，除先褫奪張學良本兼各職外，並明令討伐，各路中央軍開始進逼潼關，內戰危機一觸即發。但另一方面，蔣中正的戚舊則極力主張和平斡旋，以蔣為重，蔣妻宋美齡與其兄宋子文更親赴西安，奔走調解。而宋氏兄妹的到來確實也讓形勢急轉直下。當事變爆發之初，蔣中正決意以身殉國，對張、楊所提八項要求寧死不屈，態度十分強硬；及至宋美齡來陝，方使蔣的態度稍有軟化，隨後宋美齡更代表蔣，與張、楊及中共代表周恩來協商，局勢乃有轉機。

張學良在發動事變時，原本寄望各地方當局能有所響應，不料反應卻不如預期；各地方軍人態度多所保留，輿論界、知識界也不贊同其所為，甚至盟友中共的態度先後也有巨大改變，對張、楊造成很大的壓力。中共事先對事變並無所悉，最初聞訊極為興奮，除派出以周恩來為首的代表團赴西安聯絡外，甚至主張對蔣舉行公審；但隨即接獲蘇俄來電，以張學良此舉勢將破壞中國抗日民族統一戰線，嚴令中共設法和平解決。因此，在蔣、張、中共三方皆有所顧忌下，談判進行就更為順利。最後，蔣中正原則上接受張、楊所提出的八項要求，但不簽署任何文字協定；張、楊及中共方面則仍擁戴蔣為全國抗日的領袖，事變終告和平落幕，張亦隨侍蔣回京謝罪，後遭軍委會判刑監禁。

西安事變最大的受益者當然是中共。蔣中正返回南京後確實履行其諾言，停止剿共，改組政府，調整安內攘外政策，協商國共第二次合作事宜，中共獲得寶貴的休養生息時間。同時，蔣的聲望也在事變中到達頂點，其全國領袖地位自此確定。但另一方面，受事變和平解決刺激，日本有鑑於國共若再度合作將導引中蘇聯盟的出現，加上中國近年在蔣的領導下國勢蒸蒸日上，在在皆不利於日本在華發展，乃決定加速對華北的軍事控制，中日戰爭已勢不可免。

戰火下的國家建設

近代以來，追求中國的富強一直是所有中國人的共識。在孫中山的政治思想中，「革命」與「建國」並重，意味著革命黨人除了破壞舊制度、舊政權之外，更重要的是如何建設一個新國家。對此，孫中山在《建國大綱》、《實業計劃》等著作中已規劃出建設的藍圖，但迄無機會予以實現。北伐後國民黨奪得全國政權，成為中國的執政黨，同時也擔負了建設國家的使命。南京國府在全面抗日之前，雖面臨各種內憂外患，但仍將一部分精力用於國家建設上；民國二十三年（一九三四）江西剿共戰事告一段落後，更全力推動各項建設，並獲致相當成效，外界甚至將南京時期視之為中國的「黃金十年」。這些戰火下的國家建設除為日後抗戰奠定重要礎石外，亦代表中國追求現代化不懈的努力。

整軍備戰的進行

自從晚清推行洋務運動以來，學習西方的船堅炮利，「師夷長技以制夷」，一直是中國重要的改革目標。因此，建立新式軍隊及自主的國防工業，乃成為中國追求軍事現代化的要項。洋務運動期間，各省督撫已開始以西法編練軍隊，並建立各式兵工廠、造船廠，但因資金不足，觀念、技術落後及經營不善等因素，成效不如預期。而南京國府面對內憂外患，開始以國家力量積極整軍備戰、建立國防工業，則得到了不少的成果。

南京時期的整軍備戰是卓有成效的。由於中德關係友好，國府從德國延攬許多軍事顧問，自中央軍事機構、各兵科學校，以迄到各師級單位，都配屬有德國軍事顧問協助中國進行軍事整備。當時中國軍隊編制不齊、訓練不精、裝備紛雜，完全不符現代化軍隊要求；在德國軍事顧問的建議下，軍事委員會自民國二十四年（一九三五）開始整編陸軍計畫，逐年分期將全國軍隊整編為接受德式裝備及訓練的教導師。民國二十一年（一九三二）一二八戰役時，由八十七、八十八兩個德式教導師合組的第五軍在上海與第十九路軍並肩作戰，抗擊強敵，表現傑出，彰顯陸軍整備的成效。此外，建設現代化的空軍也是中國建軍的急務，國府投入眾多人力和物力擴建空軍，並在抗戰初期的空戰中屢建戰功。

在德國軍事顧問的協助下，中國新式國防軍已見雛形，但國府的整軍備戰仍有其隱憂。當時中國各地兵工廠雖能製造輕兵器，然因重要武器裝備皆需外購，距離真正的國防自主仍有遙遠路途。為了奠定國防工業基礎及厚植備戰所需，蔣中正決心先從資源調查與人才培育著手。民國二十一年（一九三二）十一月，蔣在軍事委員會之下成立「國防設計委員會」，網羅全國名流、學者專家三十餘人，負責調查研究全國各種資源狀況及國內外政治局勢，並據此提出相應計畫，以供政府參考。民國二十四年（一九三五），國防設計委員會改組為「資源委員會」，仍隸屬軍委會，並擴大其職掌，由原先僅為設計研究單位轉為主導中國重工業建設機構，積極發展國防工業。同年，資源委員會提出「三年重工業建設計畫」，打算利用湖南、江西一帶豐富的礦產資源及其遠離沿海、不易遭受敵人侵襲的有利位置，建設如蘇俄烏拉山一般的重工業區，發展國防工業，厚植對日抗戰之準備。

交通建設的推展

中國是一個幅員廣闊的國家，近代以前，交通並不發達。清末洋務運動時基於國防考量，曾修築若干鐵路以利軍事運輸，其結果不僅有助中國國防建設，即連工商實業的發展、地方資源的開發，甚至城市、社會風貌的改變皆有賴於此，影響深遠。因此，孫中山在《實業計劃》中曾說：「交通為庶政之母」，故南京國府成立後，投注許多精力從事交通建設的推展，並獲致相當的成果。

自晚清以來，中國交通主管單位費盡千辛萬苦，克服種種困難，修築平漢、隴海、津浦三條主要鐵路幹線，有效溝通了華北、華中地區。南京國府成立後，有鑑於鐵路建設之重要，乃於民國十七年（一九二八）十月成立鐵道部，專門負責鐵路相關事宜。當時中國既有鐵路多集中於東半部國土，廣大的西南、西北地區只有極少數的支線交通，由於地勢阻隔、交通不便，此不僅造成西南、西北地區長期的落後，更不利中國的統一。在此考量下，鐵道部自成立後就積極推動貫穿西南、西北地區的鐵路興修。首先，鐵道部在民國二十一年（一九三三）八月商得比利時款項的支持，展築隴海鐵路，全部工程恰巧於盧溝橋事變爆發時完成，使東起江蘇連雲港、西至陝西寶雞之間的路段全部通車，有利戰時軍民運輸。其次，鐵道部於民國二十二年（一九三三）七月利用英國款項，趕築粵漢鐵路中段，並在民國二十五年（一九三六）五月全線完工通車。從此華北、華中、華南連成一氣，形成貫穿中國南北的交通大動脈。民國二十六年（一九三七）八月，粵漢鐵路與廣九鐵路完成接軌，更有利於自香港進口物資的轉運，對於抗戰初期的軍事運輸貢獻良多。隴海、粵漢兩路於中日全面戰爭前夕完工通車，不僅有助於推動國家統一及便利戰時人員、物資的運送，更為國府建設西南、西北成為抗戰大後方提供重要的憑藉。

✣

公路的運輸量雖不如鐵路，但其施工容易、工程費用簡省，同樣也是鐵路遠遠不及。因此，交通部乃於民國十七年（一九二八）擬定全國公路計畫，以甘肅蘭州為全國公路中心，分公路為國道、省道、縣道三種，預計十年內完成四萬公里公路的修築工作。同年，鐵道部成立，公路業務劃歸鐵道部主管。但公路興修情形不如預期。民國二十二年（一九三三），主掌全國經濟建設事務的「全國經濟委員會」成立公路處，負責督造各省連絡公路，並於兩年內將國民政府所控制的華東、華中七省連絡公路興修完成。次年，江西第五次圍剿勝利，隨著剿共戰事轉移至西南、西北一帶，國府也趁機修築通往西南、西北各省的公路。這些公路建設提供了便捷的交通，對於地方的開發，以及日後西南、西北成為抗戰根據地，貢獻至大。

圖 6-2　戰前的鐵路建設
資料來源：秦孝儀主編：《史畫史話》（臺北：近代中國出版社，民國78年），頁134。

財政金融的改革

建設的基礎在於有健全的財政為後盾，南京時期國府得以大規模進行各項建設事業，其關鍵就在於財政金融改革的成功。民國以後，中國的財政因國家分裂而陷入極度混亂的局面，財政無法統一，也更加劇地方分裂的形勢。為此，南京國民政府自成立後，就積極進行財政金融的改革與統一，對當日政局裨益甚大。

北洋政府統治時期，由於軍閥割據混戰，中央政府沒有穩定的稅收來源，只能依賴舉借大量的內、外債。國民政府統一全國後，開始有系統進行財政改革，尤將重點放在整頓稅收。財政部通過決議，將關稅、統稅（一種貨物稅）等收歸中央，畫為中央稅，地方不得截留；至於田賦、營業稅、執照稅則畫歸地方，以充實地方財源。隨著國府再統一工作的進行，南京中央有效管轄的省分越來越多，所能收到的中央稅源自然日漸豐厚，國府財政大有改善。與此同時，南京國府還宣布「關稅自主」，並成立鹽務總局，積極整理關稅、鹽稅，實施新的稅則，結果稅收大增。關稅、鹽稅與統稅成為財政部最主要的收入，國府財政基礎日益完善。

清中葉以來，中國金融市場除傳統銀兩外，亦盛行西洋銀元，其後清廷又以國家銀行——大清銀行發行銀元，在三類貨幣混用下，金融秩序頗為混亂。及至民初軍閥統治時期，各省軍人割據稱雄，自行濫發地方貨幣，結果不僅造成金融市場更加紊亂，也不利中國的統一。北伐後，南京國府決定在貨幣政策上實施銀本位制，乃成立中央造幣廠，統一鑄幣。民國二十二年（一九三三），國府明令全國「廢兩改元」，所有公私款項的收付及商業交易的進行，均一律改用銀元，中國幣制漸趨統一。不料此時美國突然於國際市場大量收購白銀，中國白銀大批外流，銀價騰貴，嚴重影響了實施銀本位的中國幣制。為應付此一危機，國府於民國二十四年（一九三五）決定實施法幣政策，規定以中央、中國、交通三家國家銀行所發行的鈔票為「法幣」（國家法定貨幣），禁止使用白銀，今後所有稅賦繳納及公私款項收付，均一律使用法幣。此外，法幣得由國家銀行按照現行匯率，無限制買賣外匯，使中國由銀本位制改為外匯本位制，對金融穩定貢獻良多。此後，隨著國府中央權威的擴張，法幣施行的範圍越來越大，流通量激增，至抗戰爆發前夕，中國本部除山西、雲南外，幾乎已全部施行法幣，對南京國府的再統一工作奠定重要基礎。

平等修約的努力

自鴉片戰爭以來，中國在列強侵略下，簽訂許多不平等條約，影響國家利權甚大。因此，民國以後，歷任執政者均努力廢除不平等條約，但皆只獲得零星成就。北伐時，國府以「打倒列強、除軍閥」相號召，並實施激進的「革命外交」，以武力強行接收各地租界，引發與列強的衝突。北伐後，南京國民政府調整方針，開始以談判方式與列強協商廢除不平等條約、簽訂平等新約，但因內憂外患紛至沓來，除爭取關稅自主及廢除領事裁判權稍具成效外，其主張並未完全落實。

關稅本為各國政府保護國內產業的一種重要手段，也是財政收入的主要來源，但自鴉片戰爭以後，中、英協商對所有進口貨物值百抽五，意即只抽取百分之五的關稅，此後非經協商，中國不得自行調整關稅，是為「協定關稅」；再加上列強援用最惠國待遇，要求利益均霑，中國從此失去了關稅自主權。但由於協定關稅將稅率固定在百分之五，形同虛設，影響國內產業發展及財政收入甚鉅，因此民國以後，歷任政府一直積極爭取關稅自主。北伐後，南京國府於民國十七年（一九二八）宣布自明年起，將實行關稅自主，並令外交部、財政部與各國商定新約。因此事成敗與否，繫於大國態度，中國便先從爭取英、美合作開始。美國首先同意締結平等互惠的通商新約，而英國則有鑑於近年中國民族意識高漲，也續表贊同。於是至民國十七年（一九二八）底為止，計有英、美、法等十國與南京國府訂立關稅新約，承認中國關稅自主。至於與日本的交涉則較困難，遲至民國十九年（一九三〇）五月，中日才簽訂關稅新約。同年底，國府公布關新稅則，分稅率為十二級，最低百分之五、最高百分之五十，對於中國財政挹注及扶持國內產業助益甚大，使國府得以在豐沛財源下開展各項建設。

✣

自晚清列強在華取得領事裁判權後，中國司法無法施行於在華外人，影響中國主權甚鉅。民國以後，除德、奧因第一次世界大戰戰敗取消其特權，以及蘇俄在與北京政府談判中宣布放棄在華特權外，雖經中國政府多次交涉，各國仍以中國司法制度不良為藉口，保有領事裁判權。為免落人口實，國府定都南京後，乃積極從事司法改革，除普設各級法院、行三級三審制外，並制定合乎現代精神的

《民法》、《刑法》、《民事訴訟法》、《刑事訴訟法》、《商法》等，中國司法改良顯有進步。在此基礎上，國府先與上海租界當局協商，收回外人控制的上海臨時法院，改組設立高等、地方法院各一所，中國司法機關首度得以進入上海租界執行職權；其次於民國二十年（一九三一）五月，公布管轄在華外人條例，準備於次年實施，徹底廢除各國領事裁判權。不料九一八事變瞬即爆發，國府為應付國難、爭取國際支持，乃宣布暫停實施管轄外人條例；廢除領事裁判權運動暫告停頓，一直到抗戰期間才正式取消列強在華特權。

抗日戰爭

近代以來，中日兩國衝突不斷，甲午戰敗、臺灣割讓，尤被中國人視為國恥；五四運動、山東問題，更使中國民族主義情緒高漲。日本對此卻毫無所覺，仍步步進逼，意圖侵占山東、滿洲，乃至於宰制全中國。中日之間，難免一戰。自民國二十年（一九三一）日本發動九一八事變開始，中日之間已進入戰爭狀態，雙方軍隊數度正面交鋒；及至民國二十六年（一九三七）盧溝橋事變爆發，中日全面戰爭正式開展。中國抗日戰爭是一場艱苦而神聖的戰爭，更是一場全民族積極動員、奮起響應的戰爭，這是前所未見的。民國三十四年（一九四五）八月日本宣布投降，中國抗戰獲得最後勝利，百年國恥儘相湔雪；然而，中國的創傷也是巨大的，軍民生命財產損失無算，國力大量耗損，對中國現代化產生極大的不利影響。

日本的步步進逼

南京國民政府在面對黨內紛爭及中共挑戰的同時，日本也步步進逼，加劇對中國的侵略，尤其將焦點集中於中國東北。東北素以農產豐盛及資源富饒著稱，自中日甲午戰爭及日俄戰爭以來，日本已將滿州視為其帝國的生命線，其野心軍人百般企圖使東北脫離中國，遂有民國二十年（一九三一）的「九一八事變」。事變後日軍不但囊括整個東北，更將其侵略矛頭指向上海及華北，中國軍隊被迫起而應戰，中日之間瀕臨全面戰爭的邊緣。

日本自一九〇五年日俄戰爭獲勝後，接管了俄國在中國遼東半島的租借地、南滿鐵道及經濟權益。次年（一九〇六），日本將包含旅順、大連在內的這塊地區更名為關東租借區，設立總督，留駐軍隊以作為鐵道護路隊，並以駐軍司令兼任總督。民國八年（一九一九），關東租借區總督一職改由文官擔任，駐軍改稱「關東軍」，並於旅順成立關東軍司令部，負責戍守租借區及南滿鐵道沿線路區。民國十七年（一九二八），關東軍司令部從旅順遷到瀋陽，象徵關東軍在東北勢力更進一步的深入。由於駐紮滿洲，關東軍基本上不太受日本國內的控制，享有一種半獨立的地位，而且其少壯派軍官時時想將滿洲從中國脫離出來。

日本明治維新後，在對外發展策略上，陸軍派向來主張所謂「大陸政策」，也就是將日本發展重心放在亞洲大陸上，視俄國為其強勁的對手。若為此日本必須控制中國，尤其是滿洲與蒙古，以作為對抗俄國南進的緩衝地帶。這是日本「滿蒙政策」的核心，也是日本陸軍奉行不渝的信條，關東軍少壯派軍人更是此政策的忠實信徒。民國十八年（一九二九）七月「中東路事件」爆發；十月後俄軍長驅直入，擊敗東北軍，張學良被迫求和，日本軍方深受刺激，掌控東北的念頭更加強烈。日本軍人既將滿洲視為囊中物，必欲奪之而後快。此刻張學良的對日態度更激起日方的不滿。自張學良接掌東北大權後，因痛感國仇家恨（其父張作霖為日軍炸死），決心對抗日本在滿洲的擴張，於是除修築與南滿鐵路平行的鐵路外，並開闢新海港與日本控制的大連港進行經濟競爭。同時，東北易幟後凡與日本有關的交涉，張學良一反日方「現地解決」的主張，以外交為中央職權為由，要日本直接與南京談判。日方認為張學良藉故拖延，嚴重影響日本在滿洲的利益，關東軍少壯派軍人「倒張」情緒高漲。

日本自第一次世界大戰結束後，國內產業因受生產過剩影響，企業倒閉及失業人口日增。而一九三〇年世界經濟大恐慌的衝擊，更使日本對外貿易銳減，國家經濟如同雪上加霜。於是許多擴張主義份子藉機高唱征服滿洲將可使日本擺脫困境，鼓吹「滿洲是帝國生命線」之說，引起日本軍方及財閥很大的迴響。而中國近年來內憂不斷，南京國府除圍剿紅軍戰事持續進行外，與地方當局關係依舊緊張；中原大戰甫告戡平，隨即又因胡漢民被囚引發「寧粵分裂」，內戰危機一觸即發。同時長江中下游水災肆虐，受災省區廣達十省，數十萬人流離失所，加重社會的不安。加以東北軍於中原大戰末期大舉入關，張學良則領軍坐鎮北平，注意力轉向關內，東北防務呈現空虛狀態，更使日方深覺有機可趁。

民國二十年（一九三一）九月十八日晚上十時許，關東軍所屬南滿鐵道守備隊自行將瀋陽郊外南滿鐵道路軌炸毀，誣指中國軍隊首先開火，並以「自衛」為由，迅速攻占瀋陽內外要地，「九一八事變」爆發。同時關東軍也大舉出動，東北各要地紛告失守，東北軍幾乎全面崩潰。日本關東軍進展之所以如此迅速，除事前已有詳密部署外，實與東北軍奉行所謂「不抵抗」政策有關。先前當東北形勢緊張之際，南京方面正忙於圍剿江西紅軍及應付兩廣戰事，為避免兩面作戰，蔣中正乃於民國二十年（一九三一）七月致電張學良，說明現在尚非對日作戰之時，應以平定內亂為優先。受南京中央國策的影響，九一八事變前夕，張學良面對關東軍的步步進逼，尚不了解其嚴重性，以為日方僅意圖製造地方衝突事件，於是命令瀋陽軍政高層「無論日人如何尋事，須萬分容忍，不與抵抗，以免事態擴大」，此即為所謂「不抵抗」政策。因此當九一八事變爆發時，東北軍除在瀋陽北大營及其後在黑龍江曾稍事抵抗外，其餘均秉持張學良「不抵抗」政策不戰而潰，日軍幾乎兵不血刃就控制東北全局。事後國人均將東北淪陷歸諸蔣中正及張學良所謂「不抵抗」政策，然平情而論，蔣中正固曾電告張學良現非對日作戰之時，但從未指示東北軍遇到日軍挑釁時仍「不與抵抗」，因此張學良對瀋陽當局的訓令難免有過度反應之嫌，必須為東北淪陷負最大責任。此後不僅張學良終身背負「不抵抗將軍」的恥辱，日本侵華野心更為之擴大，埋下日後中日全面衝突的重要伏筆。

自明治維新以來，日本對外發展策略除陸軍派的「大陸政策」外，還有海軍派的「南進政策」，雙方分庭抗禮。所謂「南進政策」是以中國東南沿海及南洋為目標，意圖將太平洋變成日本的內海，著重維護日本的海洋利益，而其競爭對手則是英、美。因此當日本關東軍在滿洲占領全東北之際，日本海軍亦不甘示弱，有意在中國製造事件，以與日本陸軍互別苗頭。日本海軍受不平等條約保障，在中國上海除停泊有龐大的艦隊外，還留駐一支萬餘人的海軍陸戰隊，實力堅強。當「九一八事變」爆發後，上海民眾愛國情緒激昂，紛紛組織抗日救國會，學生群赴南京要求抗日，並掀起抵制日貨運動，屢與留滬日人爆發衝突；日本駐上海總領事曾當面質問上海市長有無保護日僑能力，否則將採「自衛」手段，上海情勢日趨緊張。

民國二十一年（一九三二）一月二十八日晚十一時，日本海軍陸戰隊進攻上海北市、吳淞一帶，「一二八戰役」爆發。事前日軍以為上海將如東北一般輕易得手，但沒想到上海守軍第十九路軍竟奮起應戰，表現英勇傑出，大出日軍意料之外。十九路軍在上海的奮戰不僅鼓舞中國人心，也激勵南京國府的抗敵意志。國民政府宣布暫遷洛陽辦公，以示不屈；蔣中正則以軍事委員會委員（旋升委員長）身分留京負責軍事，除訂定全國防衛計畫外，並命採德式訓練和裝備的中央軍精銳——第五軍增援上海。日軍以初戰未能得手，先後自國內徵調陸軍三個師團投入戰場；中國軍隊雖重武器不如日本，但十九路軍及第五軍仍能愈戰愈勇，與日軍力戰月餘。及至三月初，日軍以正面猛攻不遂，於是改由左側進擊，中國軍隊才被迫後撤。此役中國軍隊奮勇抗敵，軍心士氣之旺，一雪先前華軍「不抵抗」之恥，贏得各界的贊佩與同情。尤其上海戰事更直接影響列強在中國利益，英、美乃出面調停。此時日本正全力關注東北，無暇兼顧上海，於是在列強調解下，中日兩國於民國二十一年（一九三二）五月簽訂停戰協定，上海畫為非武裝區。此役戳破了日軍不敗的神話，中國民心士氣為之一振，要求國府抗日聲浪四起，中日關係面臨更為艱鉅的挑戰。

「九一八事變」爆發後，南京國府希望能透過國際力量，尤其是國際聯盟的仲裁及九國公約的規範來約束日本的侵略行動。在中國政府的活動下，國聯理事會於民國二十年（一九三一）九月二十二日通告中、日兩國勿擴大事態，協議撤兵。非國聯會員國的美國也警告日本，事變已涉及九國公約及非戰公約，希望日本避免再有軍事行動，一時國際氣氛似對中國有利。隨後，國聯理事會草擬決議，除邀請美國派代表列席會議外，並要求日軍於一個月內將軍隊退回南滿鐵路區域內，先恢復事變前狀態後，中、日再開始談判，然因日本悍然反對而未果。其後日本為了在外交上爭取主動，乃於十月十九日提出解決事變五項原則，其重點為取締中國反日團體與活動、保障日人在滿洲的和平業務，以及尊重日本在滿洲的條約權益，這些都是當時中國所不能接受的，因此國府不能不顧慮國內強大反對聲浪而與日本輕易妥協。對於日本的高姿態，美國主張國聯必要時可對日本實行經濟制裁，其他國家也有此意；先前中國曾商請國聯派遣代表團調查滿洲事變，此刻日本為緩和情勢，也於十一月下旬正式建議國聯派遣調查團，但不得干涉軍事行動。十二月十日，國聯通過成立調查團，中國對此寄望很深。

國聯調查團於民國二十一年（一九三二）三月抵華，此時日本為造成既成事實，已在東北扶持清廢帝溥儀成立「滿洲國」。溥儀自民國十三年（一九二四）被逐出紫禁城後，就長居天津日租界接受日本保護，同時也尋求再次復辟的機會。九一八事變爆發後，溥儀以為大有可為，關東軍亦有意利用溥儀成立政權，乃於民國二十年（一九三一）十一月迎溥儀至旅順，商議在東北建一新國事宜。民國二十一年（一九三二）三月九日，「滿洲國」成立，建都長春（改名「新京」），溥儀就「滿洲國」執政一職，實權則操縱在日人手上。國聯調查團在東北待了六個星期，對事變進行充分了解，並於民國二十一年（一九三二）九月向國聯提交調查報告。在報告中，調查團譴責日本為侵略者，並駁斥日方所謂「滿洲國」乃東北自發運動的說法，明指「滿洲國」為日方扶持的傀儡國家。調查報告認為恢復事變前的滿洲或是承認「滿洲國」皆不妥當，主張在不抵觸中國主權及行政完整下，讓東三省自治。調查團的報告得到國聯絕大多數國家的贊同，獨日本對此反應激烈，最後更憤而退出國聯；中國一年多來的外交努力固然盡付流水，國聯的威信也因之大損。此後日本侵華更無顧忌，其鐵蹄越過長城直趨關內，華北危機四起，戰雲密布。

⸸

九一八事變後，東北軍雖退出關外，移駐華北，但滿洲仍有部分部隊及民間武裝以義勇軍為名，對日軍堅決抵抗。關內民眾及張學良不時的支援，更激勵東北義勇軍的抗敵意志。日本關東軍為切斷義勇軍與關內的聯絡，除攻陷山海關外，並決定進犯熱河。民國二十二年（一九三三）二月，日軍進逼熱河，事先張學良曾誓言將奮戰到底，不料八萬東北軍大都不戰而潰，熱河省主席更攜帶大批財物棄城而逃，熱河瞬即淪陷，國人為之大嘩，張學良及東北軍成為眾矢之的。熱河失守後，日軍並未停止軍事行動，續向長城逼進。為此，蔣中正急調中央軍北上，並親至河北保定坐鎮，希望遏制日軍攻勢。中國軍隊雖奮勇抵抗，但日軍挾其優勢火力及飛機支援，仍攻占長城沿線，兵鋒直逼北平。中國政府急切希望日軍停止前進，於是在北平成立「行政院駐平政務整理委員會」，希望直接與日軍交涉談判。而日本占領滿洲、熱河後，兵力顯然不足，要想全面奪取華北除力有未逮外，在國際上也有顧慮，於是同意與中方進行談判。二十二年（一九三三）五月底，中日簽訂塘沽停戰協定，中國軍隊撤出冀東一帶，日軍退回長城線，灤河以東地區畫為非武裝區。從此，冀東二十餘縣雖形同淪陷，平津一帶防禦已無屏障，但中日之間也獲得一年多寶貴的和平，國府藉此得以完成對蘇區的圍剿及國防建設的推進。

塘沽協定簽訂後，中日緊張的關係稍有舒緩，雙方並將原先公使館升格為大使館，此為中日嘗試和解的具體表現。但民國二十四年（一九三五）以後，隨著日本在滿洲的統治漸趨穩定，日本少壯派軍人又謀在中國華北生事，意圖逼迫中國方面將中央系統人員全面撤出河北及察哈爾，否則日方將採斷然處置，華北局勢轉趨緊張。而面對日軍在華北步步進逼，中國政府仍不放棄和平解決的努力，願意先擱置東北問題，與日方商談經濟提攜，甚至締結軍事協定，此實為一大讓步。但日本外相廣田在與軍方商議後，卻一定要中國先採取對日親善、承認滿洲國及中日共同防共，即所謂的「廣田三原則」。由於雙方意見差距過大，會談雖牽延年餘，仍無成效。此後，日本軍方繼續推動華北分離運動，並誘煽華北各省當局宣布「自治」，脫離南京國府，華北形勢愈趨嚴重，中日兩國已瀕臨戰爭邊緣。

中國被迫應戰

民國二十五年（一九三六）西安事變爆發之初，南京討逆軍進逼潼關，內戰危機一觸即發；日本評估中國局勢的發展或將有利日方，於是暫時停止在華北的分離運動，靜觀其變。然而，出乎日本意料之外，事變竟圓滿解決，蔣中正獲全國民眾熱烈擁戴，中國抗日民族統一戰線也宣告形成，南京國府的再統一又往前邁進一大步。日方深感中國近年來各方面進步迅速，若不盡早將華北自中國分離出來，恐須付出更多代價，乃加速其對華北的侵略行動。民國二十六年（一九三七）七月，日軍發動盧溝橋事變，中國守軍被迫應戰，中日全面戰爭自此揭開序幕。

民國二十六年（一九三七）年六月間，日本華北駐屯軍（依據一九〇一年辛丑和約留駐中國華北的日軍）在平、津一帶，連續進行多次軍事演習，意圖不明，華北形勢日趨緊張。七月七日深夜，日軍在北平附近宛平縣城外盧溝橋演習夜戰，藉口一名日兵失蹤，要求進入宛平縣搜尋，為中國守軍所拒。翌日凌晨，日軍向宛平縣發動攻擊，中國駐軍以守土有責，奮起抵抗，「盧溝橋事變」（又稱

「七七事變」）爆發。事變爆發後，蔣中正研判日方或有更多要求，為避免事態擴大，即令華北駐軍就地抵抗，並動員中央軍勁旅北上增援。蔣以時局已屆最後關頭，乃於民國二十六年（一九三七）七月十七日在江西廬山談話會上，對盧溝橋事變作嚴正的聲明，表達中國政府「希望和平，但不求苟安，準備應戰，而絕不求戰」的立場；亦即不論戰或和，均由日方自己選擇。而在日本方面，當事變爆發之初，日方原有意循九一八事變前例，以地方事件尋求現地解決，完成其逐步蠶食華北的目的；不料日方錯估形勢，此刻中國的民心士氣，以及國民政府的抵抗意志與戰爭準備，皆非九一八事變時可比。

民國二十六年（一九三七）七月二十日，蔣中正從廬山返抵南京，決定邀集各省軍政長官來京開「國防會議」，以決定抗戰大計。八月七日，國防會議在南京舉行，與會眾人一致擁護抗戰決策，不但議決全面對日抗戰，各省當局更紛紛請纓，願將所部軍隊投入抗日戰場，前所未見。此外，中共也宣布共赴國難，改組共軍，與國民黨軍隊並肩作戰，揭開國共第二次合作的序幕。此時日軍在華北已攻陷平、津，進逼晉北，意圖擴大戰事，並決定分兵上海，兩面夾攻中國。而中國當局為防止日軍沿平漢鐵路南下武漢，將中國一分為二，然後順江而下，襲蒙古亡南宋的故技，也有意憑藉江南交錯水網，使日本機械化部隊無法發揮其戰力，吸引日軍主力於淞滬一帶進行會戰，以引起國際關注。同年八月十三日，上海淞滬戰役爆發，中日各自動員大量軍隊投入戰場，雙方兵馬合計超過一百萬人，中日戰爭已演為全面大戰。

當中日戰爭發生時，日軍頗有虛驕之氣，以為戰事旦夕即可結束，絕未料到竟如此綿延漫長。中國軍隊武器裝備雖不如日軍，士氣卻極為昂揚，僅在上海一地就堅守三月之久，犧牲雖然慘重，但也讓日軍付出相當代價。日軍先後增援上海三十餘萬人，戰死者即超過六萬。最後雖於十一月間占領上海，但中國政府仍未屈服，除宣布遷都四川重慶，並決定進行首都南京的保衛戰，以示抗戰到底的決心。為此，日軍有意藉非常手段，以打擊中國軍民的抵抗意志。民國二十六年（一九三七）十二月十二日，南京陷落，日軍入城後對手無寸鐵的俘虜及平民大肆燒殺姦淫，中國軍民被害者至少超過二十萬人，這是一個號稱文明國家的軍隊所犯下無可饒恕的戰爭罪惡。

中日爆發全面作戰後，改變了東亞的局勢，也波及德國的對蘇戰略。自希特勒上臺後，其國家戰略目標即以蘇俄為假想敵；在共同反共的原則下，德國與日本簽訂反共軍事協定，希望日本能在亞洲牽制蘇軍，以收東西夾攻蘇俄之效。與此同時，德國與中國也維持友善關係，南京國府不僅聘請許多德國軍事顧問來華協助建軍，也以鎢、錳等特殊礦砂換取德國兵工廠所生產的大砲等軍火，與德國進行「以貨易貨」貿易。由於德國在中、日兩國皆有特殊利益，乃於中日全面戰爭爆發後試圖介入調停。但因日本攻陷南京後氣焰高張，提出了更為苛刻的議和條件，中國斷難接受，德國調停失敗。此後，日本有鑑於中日戰事恐一時難了，決定在中國占領區扶持成立傀儡政權，協助對華戰事的進行，以收「以華制華」之效。

自民國二十一年（一九三二）一二八淞滬戰役後，南京中央就由汪兆銘、蔣中正合作共治；蔣掌管軍隊，汪則負責黨、政事宜，雙方並對攘外安內政策有一致看法。然而，自西安事變後開始，汪對於南京國府「停止剿共、一致抗日」政策即頗不贊同，汪、蔣雙方關係轉趨生疏冷淡。中日戰爭爆發後，汪以中國國力不如日本，對抗戰前途頗表悲觀，認為與其「戰必敗，敗必亡」，不如與日本尋求議和的可能。民國二十七年（一九三八）十二月，汪兆銘因對抗戰意志發生動搖，自重慶出走，後來在日本扶持下於南京組建傀儡政府，成為抗戰初期國民黨的一大危機。不過，汪的和平嘗試普遍被視為賣國行動，沒有任何地方當局響應其作為；汪本身也成為通敵者，落下了「漢奸」的千古罵名，議和行動並未成功。此外，日方亦曾數次直接與重慶方面試探議和，但沒有任何一個中國人能輕易放棄對日本戰爭責任的追究，和議終無所成。此後，中日已無和談空間，只有戰，不能和。

抗戰爆發之初，南京國府雖立即動員，並制定全國作戰計畫，但並未放棄國際調停的機會。淞滬戰役中國軍隊在上海堅持抵抗三個月，其目的之一就是為了吸引國際關注，以利國際力量介入調停。然而，國際調停最終毫無所成，中國軍隊在上海、南京的慘重犧牲並未能扼阻日軍攻勢，中日戰爭已有擴大延長之態。為此，國府除已先行遷都重慶，動員民眾、工廠、學校大舉內遷，憑藉西南、西北為抗戰大後方外，並改變戰略，吸取南京陷落的教訓，不再重一城一地的得失，而是利用中國廣土眾民之條件，制定「以空間換取時間」的長期抗戰方針。此後，中國軍隊在廣大的國土上處處設防、節節抵抗，與日軍進行持久戰，同時於敵後發展游擊武力，使日軍深陷中國戰場。

與國際戰爭合流

中日戰爭爆發後，國民政府除奮起抵抗外，也積極爭取國際的同情與援助。但當時西方各國反應冷淡，中國幾乎是完全依賴俄國對華的支持。蘇俄基於其自身利益，樂見中國在亞洲拖住日本，為增強中國抵抗能力，不僅與華簽訂「中蘇通商條約」，援助大批武器裝備、軍需物資，更派遣軍事顧問及空軍志願隊來華協助作戰，對中國抗戰事業貢獻良多。及至民國二十八年（一九三九）歐戰爆發，俄國面對德國威脅，對華援助大幅減少，中國幾乎是孤軍奮戰。雖然如此，但蔣中正認為只要中日戰爭一旦拖延，使日軍無法速戰速決，日本因國內資源有限，勢須擴大其對外侵略；屆時不論是「北進」或「南進」，日本必將與美、英、蘇等列強衝突。中國只要「苦撐待變」，戰局必能發生變化。民國三十年（一九四一）十二月，日本偷襲美國珍珠港，太平洋戰爭爆發，中國抗日戰爭果真與世界反侵略戰爭匯為一流。

太平洋戰爭爆發後，中國不但因日軍大舉南調而壓力大減，也改變了獨力抗戰的局面。在世界反侵略戰爭下，中國與美、英、蘇已成為盟國關係，美國總統羅斯福並在民國三十一年（一九四二）一月，推舉蔣中正為盟軍中國戰區最高統帥，節制中國戰區所有盟軍。在蔣中正的要求下，美國派遣陸軍將領史迪威來華擔任中國戰區參謀長，除協助蔣籌畫各項戰守事宜，也可增強中美間的合作關係。同年六月，中美簽訂「抵抗侵略互助協定」，美國同意在「租借法案」下，提供中國亟需的武器裝備。此外，美國也在華成立第十四航空隊，協同中國軍隊對日作戰，逐漸掌握制空權，對爾後的反攻作戰極有助益。雖然美國因「重歐輕亞」政策，將主要物資援助歐洲戰場，中國所獲得的美援物資頗為有限，但這些軍火物資的確更新了中國軍隊的裝備，加強其戰力，對中國抗戰仍有重要貢獻。

太平洋戰爭爆發後，日軍幾乎橫掃東南亞，菲律賓、香港、新加坡、馬來亞等地相繼陷落，日軍並進占緬甸南部。民國三十一年（一九四二）春，日軍集結十餘萬人自泰國、緬南向緬北進攻，英、美聯軍兵力不足，緬甸形勢危殆，在史迪威的強烈主張下，美國乃要求中國編組遠征軍入緬作戰。為此，蔣中正抽調三個軍勁旅，包含中國最精銳的機械化部隊，編組中國遠征軍，由史迪威指揮入緬作戰，同時屏障美援物資重要運輸線——滇緬公路。中、美、英三國軍隊雖號稱聯軍，但先前英國始終反對華軍入緬，深恐影響其在緬地位；直至戰局惡化，迫於美方壓力，才同意華軍入緬。因此，中國遠征軍入緬後，形勢已相當不利。加上日方以緬甸獨立、脫離英國統治來煽惑緬甸民眾，獲得極大迴響，更使聯軍深陷困境。在戰局失利下，中國遠征軍乃一分為二，一支經滇緬邊境退回國境內，沿途犧牲慘重，後在滇西重整，仍稱「中國遠征軍」；另一支則經印緬邊境進入印度，後留印整訓補充，號稱「中國駐印軍」。這兩支部隊在後來的反攻作戰中，均有傑出的表現。

自太平洋戰爭爆發後，由於日軍大舉南進，在中國戰場除季節性發動一些攻勢外（多於秋季穀熟時，除搶收糧食，亦可打擊中國軍民士氣），多半採取守勢；中國軍隊則無力發動大規模作戰，中日戰爭進入相持階段。其後，由於盟軍在太平洋戰場發動反攻，日軍節節敗退，為及早結束在華戰事，專心應付太平洋戰事，日軍乃於民國三十三年（一九四四）四月，調集五十餘萬兵力，發動侵華戰爭以來最大規模的一次戰役——「一號作戰」。日軍自河南前線發動攻擊，至同年底進占貴州獨山，除在湖南衡陽遭遇較大規模的抵抗外，中國軍隊一路潰敗，日軍可謂勢如破竹。國府緊急自緬甸、陝西空運中央軍精銳馳援，加上日軍因戰線過長、後勤補給不足，方才遏阻日軍攻勢，度過危機。

太平洋戰爭爆發後，美國雖有援華物資，但一方面數量不多，另一方面又以空軍器材為主，陸軍分配到的物資有限。且在數量不多的援華陸軍物資中，美國又優先分配給中國駐印軍及中國遠征軍，剩餘物資才由國府分配給駐紮西南、西北的中央軍，數量極為有限。至於在第一線與日軍對峙的部隊，根本無法分配到美援物資，戰力自然薄弱。一號作戰完全暴露出中國軍隊戰力不足、戰志不堅的隱憂，改善軍隊戰力成為國府當務之急。為此，蔣中正乃決定進行一系列軍事改革。首先是編組中國新軍，蔣於民國三十三年（一九四四）秋號召知識青年從軍，獲得廣大迴響，同年十一月即編成青年軍九個師，共計十二萬餘人，在美援裝備、訓練全力支持下，青年軍很快就成為中央軍勁旅。其次，蔣與美軍顧問決定分期進行三十六個美援裝備師的換裝工作，這三十六個師兵力約五十萬人，分駐雲南昆明附近，由在華美國軍官負責整訓、補給。

為統籌部隊換裝、編訓事宜，統率整訓後的美式裝備部隊，民國三十三年（一九四四）底，中國陸軍總司令部於昆明成立，積極進行部隊整訓事宜。次年春，三十六個美式裝備師完成換裝工作，陸總部將其編組為四個方面軍，準備進行反攻作戰。對日反攻首先是由緬甸開始，為配合太平洋戰場盟軍的攻勢，中國駐印軍於民國三十二年（一九四三）底開始反攻緬甸，中國遠征軍也於次年五月自滇西反攻入緬，兩支中國軍隊攻勢凌厲，終於在民國三十四年（一九四五）初肅清緬北日軍，反攻緬甸戰事結束，中國軍隊勝利返國。入緬軍隊歸國後，中國如虎添翼，乃於同年四月開始發動大規模反攻；當中國軍隊連克柳州、桂林，肅清廣西日軍，正擬向廣州進軍之際，日本突於八月十四日宣布無條件投降，中日戰爭結束，中國贏得最後的勝利。

廢除不平等條約

自國民政府成立後，廢除不平等條約一直是外交努力的重點。戰前南京國府曾盡力與各國折衝，並取得若干成效，但因日本發動侵華戰事而不得不暫告中止。太平洋戰爭爆發後，中國正式對日、德、意宣戰，與英、美等國並肩作戰，中國抗戰與世界反侵略戰爭合流，讓中國的國際地位也產生明顯的變化。為正視中國對日作戰的貢獻及其在戰後亞洲的新地位，民國三十二年（一九四三）一月，中美、中英簽訂平等新約，束縛中國的不平等條約正式廢除，百年國恥盡相湔雪。

近代以來，中國飽受列強侵略，甚至淪為孫中山所說的次殖民地國家，為挽救此一危機，追求中國的富強乃成為仁人志士奮鬥的目標。太平洋戰爭爆發後，中國與美、英等國結為盟友，而當時英、美軍隊在東南亞的慘敗，對照中國獨力抵抗日軍長達四年之久，更彰顯中國的難能可貴。民國三十一年（一九四二）元旦，中、美、英、蘇等二十六國在美國華盛頓簽訂聯合國宣言，並發表「反侵略宣言」，中國首度被列為世界四強之一，此不僅代表中國國際地位的提升，也說明世人對中國獨力抗戰的敬重。此後，不論是蔣中正被推舉為中國戰區盟軍統帥，抑或是美國取消排華法案，尤其是聯合國的籌組，都證明中國身為四強之一的國際地位已普獲世人肯定。

聯合國的籌組代表了世人經二次大戰戰火洗禮後，對於集體安全的一種期望。聯合國宣言簽訂後，中、美、英、蘇四國外長於民國三十二年（一九四三）十月在莫斯科召開會議，同意盡早成立聯合國組織，以維持國際和平與安全。次年十月，中、美、英、蘇四國又在美國華府舉行會議，通過聯合國組織草案。民國三十四年（一九四五）四月，中、美、英、蘇、法（時盟軍已光復法國）五國聯合邀請同盟國家於美國舊金山召開會議，由中、美、英、蘇四國首席代表輪值主席，通過《聯合國憲章》，中、美、英、蘇、法五國依憲章規定擔任聯合國安全理事會常任理事國，中文也被定為聯合國所使用的五種官方語言之一，中國真正成為主導戰後國際秩序的強國之一。

在太平洋戰爭之前，美、英均曾照會中國政府，願於和平恢復後，廢止不平等條約，另立新約。及至太平洋戰爭爆發後，中國雖已成為盟國之一，但美、英兩國並未立即放棄在華治外法權。中國本寄望可獲得來自盟國的軍事援助，但此際日軍攻勢凌厲，美、英自顧尚且不暇，實無法援華。中國既無法得到實質援助，如今美、英竟連給中國平等地位亦吝而不予，國府當局自然大失所望。民國三十一年（一九四二）四月，宋美齡在美國《紐約時報》發表〈如是我觀〉一文，譴責外國在華治外法權，獲得美國作家及其他人士支持，美國國務院認為此無異表示中國官方的立場。另一方面，當日本對美、英開戰後，南京汪兆銘政權也積極向日本表達參戰的意願，藉以廢除美、英在華特權，以作為對內、對外的宣傳。此時中國半壁江山被日軍占領，美、英根本無法享

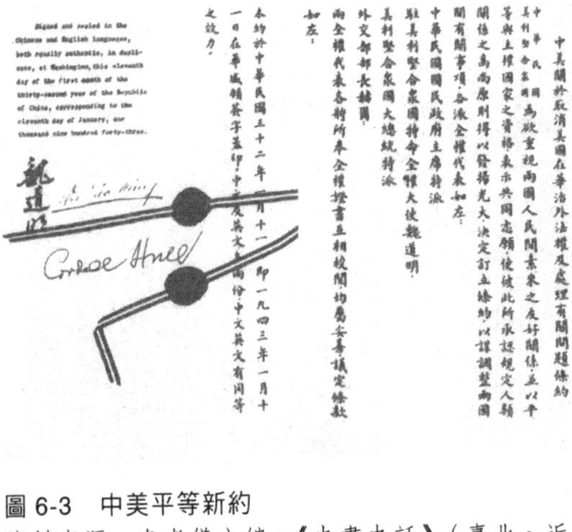
中美關於取消美國在華治外法權及處理有關問題條約

中華民國、美利堅合眾國為欲重視兩國人民間素來之友好關係，並以平等與主權國家之資格表示共同志願，使彼此所承認規定人類關係之高尚原則得以發揚光大，決定訂立條約，以謀調整兩國間有關事項，各派全權代表如左：

中華民國國民政府主席特派駐美利堅合眾國特命全權大使魏道明；

美利堅合眾國大總統特派外交部部長赫爾；

兩全權代表各將所奉全權證書互相校閱，均屬妥善，議定條款如左：

本約於中華民國三十二年一月十一日即一九四三年一月十一日在華盛頓簽字蓋印，中文英文各兩份，中文英文有同等之效力。

Signed and sealed in the Chinese and English languages, both equally authentic, in duplicate, at Washington, this eleventh day of the first month of the thirty-second year of the Republic of China, corresponding to the eleventh day of January, one thousand nine hundred forty-three.

魏道明

Cordell Hull

圖 6-3　中美平等新約

資料來源：秦孝儀主編：《史畫史話》（臺北，近代中國出版社，民國 78 年），頁 155。

有其在華特權，如果由日本扶持下的中國傀儡政府宣布廢除美、英在華特權，豈不是對號稱民主國家的美、英一大諷刺？因此，美、英兩國乃於民國三十一年（一九四二）中國國慶前夕，宣布願意放棄在華治外法權，並與中國政府商談締結平等新約。民國三十二年（一九四三）一月，中美、中英正式簽訂平等新約，中國百年來不平等條約的束縛終告解除。惟中英之間尚有九龍租借地是否提前歸還之爭議，經協商結果，此問題保留至戰後再議。

民國三十二年（一九四三）十一月，蔣中正夫婦應美國總統羅斯福之邀，赴埃及開羅出席中、美、英高峰會議，與會者尚有英國首相邱吉爾。開羅會議是第二次大戰期間中國國家元首唯一一次參加的國際高峰會議，不僅代表中國國際地位的提升，也象徵中國已躋身大國、強國之林。此次會議主要商討對日作戰問題，除確定日本須無條件投降外，與中國關係最密切的是，東北、臺灣、澎湖等失地須歸還中國。關於歸還東北及臺灣問題，早在民國三十一年（一九四二）十月美國總統代表來華訪問時，蔣中正在會談中就申明東北與臺灣失地乃中國領土，戰後必須歸還中國；至於旅順軍港可由中、美共同建設與使用。此項主張當為日後開羅會議決定中國收回東北、臺灣、澎湖失地的張本。

開羅會議可說是戰時中美關係的顛峰，此後中美之間隔閡日深，民國三十三年（一九四四）的「史迪威事件」更使中美關係盪到谷底。史迪威來華後，不久就因個人性格及美援物資分配問題，與蔣中正發生衝突。史迪威掌握分配美援物資的大權，認為應公平分配給中國抗日各軍隊，包括共軍；蔣中正當然大力反對，雙方惡感日深。民國三十三年（一九四四）日軍發動一號作戰，中國軍隊慘敗，日軍進逼貴州獨山，重慶震動。蔣決定急調入緬作戰的中國駐印軍歸國作戰，但此際緬北作戰正值最後關頭，史迪威強烈反對抽調華軍，反而要求華府壓迫蔣中正授予史迪威中國軍隊統率權，深信其必能率國共軍隊應付此一危機。結果蔣大為憤怒，要求美方召回史迪威，否則中國不惜恢復獨力作戰。華府最終雖召回史迪威，但美國軍方對蔣的舉措深表不滿，中美關係出現重大裂痕。

民國三十四年（一九四五）二月，歐戰已接近尾聲，美、英、蘇三國領袖在黑海附近的雅爾達舉行高峰會議，商討對日作戰問題。當時原子彈尚未研發成功，美國估算需十八個月時間，方能擊敗日本，而美軍死傷可能高達百萬。美國原本對中國反攻日本頗寄希望，但一則華軍在一號作戰中已暴露其戰力薄弱，再則史迪威事件後美國軍方對華惡感日深，不再信任中國。為減少美軍損失，美國只有積極爭取蘇俄對日參戰。因此，美、英乃與俄國簽訂雅爾達密約，將日本在滿洲的權益讓給蘇俄，換取俄國參戰，等於是犧牲中國權益以換取美國利益，無異於中國追求國際平等的一道逆流。在形勢比人強之下，中國也不得不接受此一強權的安排，與俄國協商善後事宜。同年八月十四日，中俄兩國在莫斯科簽訂〈中蘇友好同盟條約〉，規定外蒙由公民投票決定獨立，滿洲的中長鐵路及大連、旅順二港由中、俄共管。這一天恰好日本也宣布投降，中國終於贏得艱苦的勝利，但在強權國家介入下，中國未來命運仍充滿變數。

戰爭的影響

在中國近百年的戰爭中，不論就時間之長、規模之大、傷亡之慘重，以及影響之巨大，中國抗日戰爭無疑是最重要的。中日戰爭長達十四年，從各個層面徹底翻轉全中國。對日抗戰的勝利，也使中國百年來所有國恥完全湔雪，影響極為深遠。

中國民族主義的興起與對外戰爭息息相關，中日戰爭期間是中國民族主義最為昂揚的時期，強敵入侵不但激起同仇敵愾之心，國府當局更透過民族精神教育及對固有歷史文化的重新肯定，從精神上武裝中國民眾，此不僅支撐了艱鉅的抗戰，同時也營造了國家認同的共識。在此情形下，國府乃得以有效進行戰爭動員。在「勝利第一、軍事第一」口號下，國府開始徵調地方軍隊投入抗日戰場，大規模動員地方徵兵徵糧，進而將地方資源逐步納入國家體系中，中央權威大為提高，現代動員型國家的雛形開始出現。

而中國對日抗戰最大的成就之一，無疑是廢除不平等條約，湔雪百年國恥。擊敗強敵日本後，東北、臺澎失地重歸版圖，使中國贏得大國、強國的新地位；聯合國安全理事會常任理事國的席位，更使中國成為世界五強之一，中國的國際威望從未像此刻那麼崇高。不僅如此，中國對於處理戰後亞洲局勢的意見，諸如保留日本天皇制度、朝鮮獨立等主張，都獲得國際的重視，並在戰後一一實現。

中國歷史悠久、幅員廣大，各省區人文、自然條件差異甚大，社會整合不易，現代國家觀念難以形成，宛若一盤散沙。但自中日戰爭爆發後，中國東半部國土瞬即淪陷，國民政府內遷重慶，大批逃難人潮湧入西南、西北，政府機關、各級學校及工廠也大量遷移，結果不僅為民風較保守、建設較落後的西半部地區帶來人才、資金、技術及新的觀念，成為戰時開發大西部的重要憑藉；民眾也因為接觸頻繁，逐漸消弭省籍觀念，社會漸趨整合，頗有利於中國向現代國家轉型。

抗日戰爭長達十四年，其對中國國力的損耗極為可觀。中國先後動員一千四百萬軍隊，軍人傷亡三百二十萬人，平民死傷更高達八百四十萬人，公私財產損失初步估計為三百一十三億美元，人民生命財產遭到空前損失。同時再加上戰時軍事開支不斷增加，而中國沿海省分落入日軍之手，導致國府主要的財政來源——關稅銳減，中國財政收支出現巨大落差。面對此一財政危機，國府別無良策，只有增加法幣的發行額，結果造成更嚴重的通貨膨脹及物價急劇上升。不僅打擊軍心士氣，破壞人民生計，並使民眾與政府離心離德，損毀國府政權的正當性與道德性。

自抗戰爆發後，國共再度合作，紅軍也接受改編，與政府軍並肩作戰，對抗日戰事確有助益。但因共軍趁中日鏖戰，政府軍被迫退出華北、華中之際，積極擴張各根據地，蔣中正深感威脅。民國二十七年（一九三八）底，國共蜜月期已告結束；此後蔣以重兵封鎖陝北共區，施以種種限制，防共甚至重於抗日。為了爭奪根據地，雖大敵當前，但國共兩軍仍不時發生軍事衝突。民國三十年（一九四一）一月，政府軍於皖南圍殲中共新四軍，並撤銷其番號，是為「新四軍事件」，國共關係瀕臨決裂；但因中共實力仍有不足，加上不久後德蘇戰爭爆發，中共只好隱忍不發。此後，共軍決定積極發展敵後根據地，實行土地改革，推動減租減息，為其爭取到廣大農村的支持力量。至抗戰結束前夕，據毛澤東宣稱，共軍已擴軍百萬，各根據地人民超過一億人，其實力已不容輕視。民國三十四年（一九四五）八月，日本宣布投降消息傳來，中共中央立即通令各地共軍搶先進占各淪陷區，以接收勝利的果實；中國對外戰爭甫告結束，瞬即又陷入內戰的陰影中。

參考文獻

史景遷著，溫洽溢譯，《追尋現代中國》，臺北，時報文化出版企業股份有限公司，二〇〇一。
李雲漢，《中國國民黨史述》，臺北，中國國民黨中央黨史委員會，一九九四。
徐中約著，計秋楓等譯，《中國近代史》，香港，中文大學出版社，二〇〇二。
郭廷以，《近代中國史綱》，香港，中文大學出版社，一九八〇。
張玉法，《中國現代史》，臺北，東華書局，一九七八。

張玉法，《中華民國史稿》，臺北，聯經出版公司，二〇〇〇。
陳永發，《中國共產革命七十年》，臺北，聯經出版公司，一九九八。
黃仁宇，《從大歷史的角度讀蔣介石日記》，臺北，時報文化出版企業股份有限公司，一九九四。
蔣永敬，《百年老店國民黨滄桑史》，臺北，傳記文學出版社，一九九三。
蔣永敬，《抗戰史論》，臺北，東大圖書公司，一九九五。

第七章　國共內戰與退守臺灣

隨著抗日戰爭的結束，中國國民黨與中國共產黨「共赴國難」的緩衝消失，兩黨間的矛盾，以至內戰，緊接登場。戰後時期（一九四五—一九四九）若以政治層面的操作而言，概可分為前期「談談打打」（一九四五—一九四七）和後期「全面內戰」（一九四七—一九四九）兩階段。前期階段，美國先後以赫爾利和馬歇爾為特使，來華調停；國共之間也連續舉行了「重慶會談」和「政治協商會議」，以顯示自身謀取和平的意願。

但談判的同時，國共兩軍都在摩拳擦掌、以待一戰，卻也是不爭的事實。這場內戰，延續了約五年，從一九四五年接續到一九四九年，政府退守臺灣。

談談打打、打打談談（一九四五—一九四七）

毛澤東到重慶

隨著抗日戰爭結束，國民政府面對的主要難題之一，就是與中國共產黨關係的調整。如前章所述，抗戰為國共所帶來的蜜月期，在民國二十七年（一九三八）底已告結束；民國三十年（一九四一）一月，「新四軍事件」發生，雙方關係瀕臨決裂。這一事件，引起了美、蘇的個別關切，美國總統羅斯福曾派行政助理居里前來，要求國共密切合作，預示了美國介入的傾向。

原本新四軍事件前，國共談判即已斷續進行中。民國二十九年（一九四〇）七月，政府提出《中央提示案》，要點包括：（一）中共「邊區」政府範圍及地位；（二）中共軍隊（八路軍及新四軍）作戰區域，應依規定移防；（三）共軍擴編之額度等。事件爆發後，談判停頓了一年多，直到民國三十一年（一九四二）十月才告恢復。政府大體仍堅持《中央提示案》，雙方周旋了九個月，無所成果。翌年六月，蔣中正（一八八七—一九七五）要求中共，八月之前答覆相關條件，新一波衝突眼看著是山雨欲來。美國就在這樣的背景下，正式採取了行動。

美國的介入對國共談判走向，起了重要的作用，將《中央提示案》階段的「軍事商談」，導引到民主政治、開放黨禁、聯合政府等「政治商談」的新階段。同時，中共也走出「地方政府」的格局，儼然取得和國民黨平起平坐的地位。先是民國三十三年(一九四四)一月,延安提議重開談判,旋有國共「西安會談」的舉行。二月,羅斯福正式要求派遣美方人員赴陝北,再經來華訪問的副總統華萊士(向蔣面請;七月,包瑞德上校的觀察團終抵延安。

不久,蔣和史迪威的矛盾激化,乃向華盛頓要求加派政治代表,以協調中美關係,遂有赫爾利的使華。赫於民國三十三年(一九四四)九月抵重慶,即與國共領袖會晤。他跟羅斯福一樣,相信直接和頭號人物打交道,是解決問題的最好方法,因此有安排毛澤東與蔣中正見面的構想。然而直到翌年八月日本投降,赫爾利的調處並無進展,他判斷是因毛澤東在等待《中蘇友好同盟條約》談判的結果。

對於美國的介入,毛澤東既成功引導於「政治商談」的方向,「聯合政府」遂成為他最主要的訴求。其目的有四:一來可以迎合美國。因為這是美國在東歐等地推銷的理念,即由民主黨派和共產黨合組中央政府,對全國行使主權;美國在華左派官員也時予提倡,中共乃加利用。二來可以離間美蔣。美國既對「聯合政府」情有獨鍾,只要重慶方面拒絕,便有利於中共的統戰工作。三則可鞏固地盤。中共所談的「聯合政府」,實屬某種「邦聯」式的政府,各黨仍將擁有土地、人民、乃至軍隊。四則是借殼上市。加入中央政府,但堅持保留「實質否決」的權利和地位,或可重演民國十二年(一九二三)「聯俄容共」後的奪權故事。

蔣中正對此則予拒絕,並告知赫爾利:連國民黨在內,中國政黨的黨員總數,尚不到全國人口百分之二，故將政權交給任何政黨的組合，都不符國人利益而應該「還政於民」，召開制憲會議。這點成為戰後「國民大會」制定憲法的主要理由。另外，蔣要求軍令政令統一，共軍接受整編，移交給政府軍事委員會統轄；政府將承認中共為合法政黨，並開放黨禁、言論自由等。

民國三十四年（一九四五）八月十四日，日本宣告投降後，蔣中正為便於解決歧見，三次電邀毛澤東，前來重慶共商國是。十天後毛終於首肯。重慶會談，揭開了戰後國共「談談打打」的序幕。民國三十四年（一九四五）八月二十八日，赫爾利陪同生平首次搭機的毛澤東抵達重慶，與周恩來三人一起接受媒體拍照，赫興奮地說：「這兒簡直就是好萊塢！」可謂一語中的。在這期間，儘管中共喊出「和平、民主、團結」口號，毛且在國民參政會茶會上，帶頭高呼「三民主義萬歲」、「蔣主席萬歲」。然而談判桌上，中共採攻勢，政府處守勢，相持不決。

十月十日，《會談紀要》（中共稱之《雙十協定》）簽訂，要點有：1.同意召開「政治協商會議」；2.共軍縮編為二十至二十四師；3.中共十八個根據地中，南方孤立的八個將撤退。不過關鍵的問題仍未能解決，此即中共「邊區」政府的合法性，以及將來受降接收的爭議。兩者關係到地盤與軍力消長，雙方必爭。

馬歇爾徒勞無功

重慶會談落幕後，赫爾利卻出人意表地，於十一月二十七日在美國宣布辭職。先是會談期間，國共折衝步步為艱，赫已不敢樂觀。會後為了受降接收，各地衝突依然不停。十一月十四日，赫曾公開譴責中共違反盟軍規定。而蘇俄阻撓東北接收，使他愈感難為。最後發表聲明，抨擊美國國務院、駐華大使館、東京遠東盟軍總部等處的左派官員，從中作梗，蓄意破壞，憤而求去。

赫爾利辭職後，總統杜魯門改以資望隆重的參謀總長馬歇爾為駐華特使；並於民國三十四年（一九四五）十二月十五日，馬動身之時，發表對華政策聲明，闡述馬的主要任務即改編共軍為政府軍，召開政治協商會議以及東北的歸還。

馬歇爾調處最受爭議之處，是他兩度迫令國共停火，和隨之而來的軍火禁運。十二月二十五日，馬抵重慶，該時國共「受降之戰」已甚激烈，因此力請快刀斬亂麻，除東北外，雙方自民國三十五年（一九四六）一月十日起停火。此為第一次停戰令，同一天「政治協商會議」也在重慶開幕。另為貫徹停戰協定，由政府、中共、美國三方代表組成「軍事三人小組」，設「軍事調處執行部」於北平。

政治協商與軍事調處一度顯露曙光，馬歇爾遂於三月十一日返美述職。不料此時，東北蘇俄占領軍突然開始撤離，國共為了爭奪長春，衝突加劇。儘管四月馬趕回重慶，勸告停戰，雙方卻均不接受。五月，長春以南的四平街空前激戰，兩軍各動員十五萬人，政府軍獲勝，收復長春。旋於六月七日，再因馬的勸告，停戰至月底，並撤回由長春進向哈爾濱的政府軍，是為第二次停戰令。

關於第二次停戰，蔣中正來臺後所著《蘇俄在中國》書中，曾深致遺憾：「可說這第二次停戰令之結果，就是政府在東北最後失敗之惟一關鍵」。他認為距離哈爾濱不足一百公里的追擊部隊，能夠直占中長鐵路的戰略中心，如此則以北的共軍不難肅清，東北將拱手而定。只因停戰作梗，國共談判既毫無成效，政府軍士氣反而日趨低落；所有軍事行動，也陷於被動云云。不過，持平而論，政府軍失利原因多端，並不單純一城一地的得失而已。蔣的說法，不免簡化其事。

兩次停戰不遂，馬歇爾乃決定自民國三十五年（一九四六）七月底起，禁止船隻裝運軍火前來中國。馬聲稱，這是為了改變中國政府的行動路線和政治強硬派的立場。過去說法，也曾大力指責這項決定所引起的軍需短缺，是政府軍戰敗的重要因素。不過實際上，就在禁令之後的八月分，中美還是簽署了《收售太平洋美軍剩餘物資合同》，以一億七千五百萬美元的總價，將九億的美軍物資轉交中國政府。而且十月間，禁運措施即已部分解除，並於翌年五月完全取消。這或許說明了當初美國及馬歇爾的困境：他們既無法放棄對反共政府的支持，另一方面卻又必須在表面上，充當公正的裁判，這自然注定了調停任務的失敗。

馬歇爾在華的最大成績，是一度促成國共的「政治協商會議」。這項會議在重慶會談時，已經得到確認；配合著第一次停戰令，在民國三十五年（一九四六）一月十日開幕。三十八位代表中，包括國民黨八席，中共七席，加上各黨各派，等於是有第三者參與的國共談判。會中分為憲法、政綱、政制、軍事、國大五組，至一月底曾分別達成「五項協定」。其中較關鍵者，在於同意未來的聯合政府中，將設委員四十人主持，一半由國民黨出任，中共及其友黨「民主同盟」則合占十二席。稍後中共反悔，要求合占十四席，以便超過總數四十人的三分之一，在重要議案上擁有否決權。如此給後續的協商設下了障礙。

等到民國三十五年（一九四六）五月四平街大戰，六月第二次停戰令後，原有和平氣氛已蕩然無存。雖然馬歇爾仍滯留中國至翌年一月，但不幸事件卻層出不窮。中共中央先於五月四日下達「五四指示」，傳令解放區在土地政策上，由戰時較溫和的減息減租，轉為徹底的沒收土地，分配予佃農貧農，以鼓勵群眾積極性，開展長期的人民戰爭。

接著七月，蔣移駐廬山避暑，似有意迴避與馬歇爾接觸；同時片面宣布，十一月召開制憲國民大會，以抵制中共所訴求的聯合政府。七月中旬，「民主同盟」領袖李公樸（一九〇一—一九四六）、聞一多（一八九九—一九四六），短短三天內接連在昆明遭到暗殺。馬歇爾仍鍥而不捨，八上廬山，惟毫無成果。

九月，政府軍又向共軍控制的張家口前進，雖經馬歇爾警告，不停戰即終止調處，但未久張家口依然易手。等到十一月十五日，制憲國民大會開幕，中共、民主同盟拒不參加，中共代表周恩來旋即離開南京。自重慶會談起，長達十五個月的國共談判，宣告破裂。

隨著國共關係惡化，中共及民主同盟也發起反美運動。九月以後，各地示威，要求駐華美軍撤離。十二月二十四日，北平發生「沈崇案」，據傳一名美軍姦汙了女大學生。戰後首波學潮大起，以「敦促美國改變對華政策」、「抵制美貨」為號召。就在學生反美聲中，民國三十六年（一九四七）一月七日，馬歇爾離華返國。行前發表聲明，謂中國和平的最大障礙，在於國共兩黨的相互猜疑。而這也標誌著戰後初期的「談談打打」階段，終告一段落。

美蘇冷戰在東北

民國三十四年（一九四五）八月九日，當日本廣島已遭美國原子彈轟炸，史達林惟恐失去參戰機會，乃搶先對日宣戰，出兵中國東北。隨著天皇宣布投降，十天之後，日本關東軍停止了有組織的抵抗。蘇軍在短短二十四天當中，俘虜近六十萬日軍，包括滿洲國的皇帝溥儀（一九〇六—一九六七），席捲了整個東北。

蘇俄戰後對東北的政策，可說就是「門戶關閉」（close door），欲將東北視為勢力範圍，繼承之前日本的壟斷地位。所以《雅爾達密約》中曾宣稱，將恢復日俄戰爭（一九〇四－一九〇五）以前的俄國權益，包括大連開為自由港，租借旅順為海軍基地，中東鐵路和南滿鐵路（後併稱中長鐵路）續由中蘇合辦等。

此時，隨著日、德的敗降，美、蘇在全球的對峙形勢，已日益顯露。美國陸戰隊藉「協助中國接收」之名，自民國三十四年（一九四五）九月起，分頭在青島、天津、秦皇島等華北港口登陸；美國軍艦且將運送中國政府軍，由大連上岸。凡此都給史達林很大刺激，危及其獨占東北的目標。所以該年底，在美英蘇三國外長莫斯科會議上，蘇方曾抗議，指美蘇在中國都有駐軍，故「就其軍隊從中國同時撤離達成一個諒解是適宜的」。

相反的，美國對東北，則持傳統之「門戶開放」政策。眼見蘇俄占領軍提出經濟要求，稍後中俄兩國且就東北工業進行談判，美國國務院曾屢致抗議，指對美國商人形成歧視，使其商業利益陷入不利地位等。有鑑於此，美國軍方大力動員西太平洋的艦艇飛機，把近五十萬中國政府軍，運抵華北、臺灣和東北，搶先接收。美軍陸戰隊進駐華北，一度多達九萬人，與在東北的蘇俄占領軍，隱然對峙。

要不要派兵東北，國民政府內部顯然曾有計議，主要顧慮是怕分散兵力。但美國的積極協助，則無疑鼓勵了蔣中正，盡速進兵。最明顯的，就是民國三十五年（一九四六）一月，馬歇爾的第一次停戰令，即刻意將東北排除。不過日後證明，東北成為內戰失利的第一張骨牌。蔣曾追悔地指出：「軍事失敗的近因，乃是由於我們戰略的錯誤。我們政府誤信馬歇爾的調處，將最精良的國軍開到東北，以致內地空虛，各戰場上都感到兵力單薄。戰略上一經犯了錯誤，那在戰術上是無法補救的」。

在東北的另一變數，當然還是中共軍隊的趁虛而入。過去的看法，多認定蘇、中兩共黨間，存在「父子黨」、「尾巴黨」的關係，故扶植中共，是蘇俄的不二選擇。但中共史家否認這種關係，以為蘇俄態度更屬於現實主義。史達林長期偏重執政的國民黨，輕視中共，所以《中蘇友好同盟條約》後，最初方針全遵守條約義務，只和國民政府往來。連蘇俄出兵東北的消息，都對中共嚴格封鎖。

最終左右史達林立場的，是和國民政府間就東北經濟權益所進行的談判。戰後政府為處理東北接收事宜，設立「軍事委員會委員長東北行營」，任命熊式輝（一八九三—一九七四）為行營主任；下設經濟委員會，張嘉璈（一八八九—一九七九）為主委；另外蔣經國（一九一〇—一九八八）為外交特派員。民國三十四年（一九四五）十月十二日起，與蘇方展開長春會談。

依照八月十四日簽訂的《中蘇友好同盟條約》，蘇軍應在三個月後，即十一月十四日撤離完畢。但當中方提出接收要求，蘇軍卻答覆：大連為自由港，華軍不能使用，應由陸路運入；航空站、運輸工具、接管行政、開設銀行，須請示莫斯科。蘇軍明知鐵路遭中共軍阻斷，猶限政府軍由陸路運入，目的自然是在阻撓接收，迫令承認其經濟勒索。結果十月二十七日，當載運政府軍的兩艘美艦準備於東北葫蘆島登陸時，遭到搶先盤踞的共軍射擊，船隻被迫折返。

接收受阻，經濟談判亦復困難萬端。長春會談上，蘇軍要求將東北所有日偽工礦企業，視同「戰利品」，作為中蘇兩國合作的俄方財產。雙方僵持到民國三十五年（一九四六）一月十六日，發生撫順煤礦接收委員張莘夫（一九〇〇—一九四六）被殺事件，國內反蘇情緒高漲。二月一日，蘇方提出最後方案，主談代表張嘉璈攜返重慶請示，蔣中正乃謂「如蘇方不撤兵，吾方即不前進；亦不談經濟合作問題，任其擱置再說」。

經濟談判既經觸礁，蘇俄於是雙管齊下。一面運用中共牌，把日偽軍繳獲的七十萬人武器裝備，轉交共軍；把控制下的旅順和大連，作為中共基地；蘇軍的撤離與共軍推進相互配合等。一面洗劫東北，大肆拆遷工業設備，以防成為反蘇基地。據統計，東北工業能力的損失，電力少百分之七十一，煤礦少百分之九十，鋼鐵少百分之五十以上，機械少百分之八十。損失高達二十億美元。這還不包括直接從日偽官方掠奪的黃金、白銀、鑽石及各種有價證券。

民國三十五年（一九四六）三月十四日，蘇軍首先自瀋陽撤離，事前並未知會中國政府。中共則趁機到處進襲，長春、四平街相繼為其所得。此時馬歇爾正返美述職，聞訊趕回重慶，第一次停戰令已淪為具文。而後五月，國共四平街大戰，戰火遂至難以遏止的地步。

琵琶遮面的內戰

所謂「受降之戰」，係指民國三十四年（一九四五）八月十四日，日本投降開始，至三十六年一月七日，馬歇爾鎩羽返美為止，國共「談談打打」間的軍事行動。雙方為了受降，為接收日偽所遺留的武器和地盤，在華北和東北處處演成衝突。這是整個國共內戰的序幕，其過程又因馬歇爾的兩次停戰令，可以切割成三個階段。

日本投降的前三天，蔣中正在重慶先已獲知情況，所以八月十一日發布命令：一要各戰區政府軍，依照計畫推進；二要共軍原地待命，勿再擅自行動；三要各地日偽軍維持治安，不得擅自接受任何部隊改編。但同一日，中共也已下令華北各軍，盡量進向察哈爾、熱河、遼寧，以配合蘇俄軍隊作戰，搶先進入東北。

「受降之戰」的第一階段，主要爆發於華北。由於戰時政府軍多已撤退到西南地區，以致在接收黃河以北淪陷區的行動上，相較於控制了華北農村的共軍，顯然處於不利。戰爭結束後不過半月，距離共軍較近、日偽軍較少的威海衛、煙台、張家口等百餘城鎮，即均為共軍席捲。河北全省一百三十二個縣分，縣城淪陷者九十四座，完全控制八十二縣；山東被占城鎮，更達九成以上。華北鐵路也多遭切斷，為阻止政府軍北進，前後破壞的，長達一千四百餘里。

到了民國三十四年（一九四五）九月十九日，中共中央向共軍發出指示：全國性的戰略方針為

「向北發展，向南防禦」。在南方作出讓步，收縮華中華南防線；鞏固華北及華東解放區；控制熱河、察哈爾兩省，集中全力，爭取東北地區。所以一方面，在重慶會談上，中共同意撤退南方孤立的八個根據地；另一方面，卻先後從各解放區，抽調十一萬軍隊和兩萬幹部，兼程東北，成立中共中央東北局。林彪（一九〇八—一九七一）就在此時，取道熱、察，進入東北。

由於蘇軍採取拖延戰術，阻止美國協助政府軍在東北各港口登陸，直到十一月十五日，政府軍精銳，包括戰時由史迪威等在印度和雲南所訓練的新一軍與新六軍，才終於自秦皇島登陸，並向共軍控制的山海關發起進攻，打開通往瀋陽的道路。

「受降之戰」到民國三十五年（一九四六）一月十日，馬歇爾第一次停戰令下達，才稍沉寂。因華北戰場受到了停火約束，於是「受降之戰」第二階段的焦點，遂移至山海關外的東北。俄國人在此只控制大城市和主要幹線，共軍從山東乘帆船，或從華北各省徒步出關，可以從容地控制農村及小城鎮。戰時遭受日軍掃蕩，退入蘇俄的東北抗日游擊隊，也隨蘇軍返回，與中共合作，其中包括張學良（一九〇一—二〇〇一）的弟弟張學思（一九一六—一九七〇）。

三月十四日，蘇軍撤離曾是「滿洲國」首都的長春，中共軍立即加以占領。隔週，哈爾濱亦為所得。政府軍二十八萬人開入東北，五月十六日總攻長春門戶的四平街。激戰三日，林彪棄守長春，向哈爾濱退卻。政府軍因補給困難，戰志不揚，無力追擊；且恐逼近蘇俄所控制的中長鐵路，可能別生枝節。旋即六月七日，馬歇爾第二次停戰令發布，「受降之戰」第二階段告終。

第二次停戰令後，國共都已無謀和意願，儘管談判桌上依舊討價還價，實際是摩拳擦掌，準備全面攤牌，「受降之戰」進入第三階段。政府軍初時自認軍備優良，又具有長期訓練基礎及美軍協助，優勢頗鉅，寄望「速戰速決」，主動逼敵決戰。

共軍此時則採「戰略防禦」對策，不重城池之一時得失，果斷進退，以保實力，使政府軍雖攻下城市，卻消滅不了敵人。然後再選擇適當機會，集中優勢兵力，包圍孤立的政府軍，各個擊破。同時配合地方武力，組織民兵、游擊隊，使農民與共軍站在一邊，採行長期的人民戰爭。

隨著第二次停戰令過去，民國三十五年（一九四六）九月以後，「受降之戰」第三階段的焦點，轉移到關內外交通要道的張家口。這是察哈爾省的省會，擁有十五萬以上人口，自日本投降不到兩週，就為共軍所據。由於它的規模，加上距離北平不遠的戰略地位，成了延安之外中共的第二首府，和城市管理的一個樣板。

對於政府軍的攻勢，周恩來曾經警告馬歇爾，謂如不停止，即認為國民黨公開宣示決裂；馬為此以備忘錄致蔣中正，如停火不能實現，將終止調解工作。但三方正斡旋間，十月十日張家口仍告易手。接著十一月十五日，制憲國民大會甫在南京開幕，周恩來卻旋返延安。民國三十六年（一九四七）一月七日，馬歇爾也束裝回美。軍事上「受降之戰」與政治上「談談打打」階段，同告落幕。

全面內戰（一九四七—一九四九）

內戰陰影下的行憲

召開國民大會，制定憲法，是北伐以來，國民政府對全民的承諾。然而國事蜩螗、憂患相乘，原本預定民國二十四年（一九三五）結束的訓政工作，延至二十五年（一九三六）五月，始有立法院通過的《中華民國憲法草案》（簡稱「五五憲草」）頒布。接著五月十日又制定《國民大會選舉法》，預定代表總額為一千二百名，分為「區域代表」、「職業代表」及「特種代表」，比率約為四比二比一。稍後，因為選舉不及，原定二十五年十一月十二日召開的國民大會，被迫展延一年；同時將代表總額擴充為一千七百名，加入「當然代表」（國民黨中央委員等）、「指定代表」（由政府派任者）共五百名。不料，民國二十六年（一九三七）「七七事變」爆發，國民大會暫告停辦，選務工作也未能完成。

戰爭期間，政府再次確認，勝利後一年內，召開國民大會。因此民國三十四年（一九四五）八月以後，國大代表選舉又陸續展開，加上戰前已當選者，及新光復的臺灣地區代表，總額累進到二〇五〇位。惟其角色，卻已縮小為某種「任務型國大」，即完成憲法草案修訂後，即告解散。此是為「制憲國大」的由來。

戰後，由於國共談判裡中共始終堅持，先改組「聯合政府」，才能談到普選與制憲，因此「制憲國大」的召開，又一度遷延。直到民國三十五年（一九四六），馬歇爾第二次停戰令結束，兩黨瀕臨決裂，七月三日政府終於自行宣布，十一月召開國大，完成憲法；同時收納願意合作的中國青年黨及民主社會黨代表，形成三黨制憲的局面。十一月十五日，會議開幕。十二月二十五日，三讀通過《中華民國憲法》，預定一年後，民國三十六年（一九四七）十二月二十五日，正式施行。

緊接著，行憲重點改落在三十六年十一月的「第一屆國民大會代表」選舉。但這時國民黨面臨了「黨內有派、黨外有黨」的難局：

「黨內有派」，指國民黨內派系林立。黨務方面有CC系，由長期擔任黨中央組織部長和教育部長的陳果夫（一八九二─一九五一）、陳立夫（一九〇〇─二〇〇一）兄弟主導。軍隊方面有黃埔系，由黃埔軍校畢業生組成；其之延伸為「三民主義青年團」（簡稱「三青團」），以陳誠（一八九八─一九六五）、蔣經國為主，負責青年工作。另外，各部會及省政府有政學系，多屬北伐以後，自北洋政府回流的「同盟會」舊成員；彼等長處在嫻熟政務，故戰後接收工作，多有由彼等出任者，如在臺灣的陳儀（一八八三─一九五〇），在東北的熊式輝、張嘉璈。

「黨外有黨」，指的是共同制憲的青年黨、民社黨等。為了避免「黨天下」的批評，三黨選前曾有協議，將總額三〇四五席的首屆國大代表，分配給青、民兩黨各一定比率；國民黨的候選人，也開放為「中央圈選」與「自辦連署」兩類。不料十一月選戰揭曉，當選者絕大多數屬於國民黨的ＣＣ系，享有地方實力的「自辦連署」候選人，尤占鰲頭。於是「中央圈選」而落榜者固然不滿，青、民兩黨也因未能取得原先承諾的席次，集結為絕食抗議，以死相爭的場面。政府為求政黨和諧，強欲已當選的國民黨代表「禮讓」，引起了內部滋鬧。

民國三十七年（一九四八）三月二十九日，第一屆國民大會終於開幕，主要任務在選舉第一屆總統、副總統。總統選舉尚稱順利，四月十九日蔣中正以二千四百三十票，當選中華民國第一屆總統。但副總統選舉，競爭者多達六人。蔣屬意於立法院長孫科（一八九一─一九七三），據傳黨務系統ＣＣ系曾予大力支持；可坐鎮北平，素與蔣不協的李宗仁（一八九〇─一九六九）也志在必得，且背後有反ＣＣ各派的奧援。對手中傷李宗仁「加官」後準備「逼宮」，迫蔣出國，李一度憤而退選，指有人壓迫操縱。經過四輪投票，二十九日李終以一百四十三票之差，險勝孫科；會場傳說，係反ＣＣ的三青團跑票所致。李宗仁當選，蔣極為不懌，影響日後政局甚鉅。

民國三十七年五月二十日，第一屆總統、副總統就職，「國民政府」走入歷史，正式改稱「中華民國政府」。這時財經情況險惡，「拼經濟」成為首要工作，行憲後第一任行政院長，乃由前經濟部長翁文灝（一八八九—一九七一）擔任。翁形象清廉，學者出身，無派系背景，具國際聲望；但也因此，不易得到各方支持，施政難於開展。勉強維繫半年，至十一月即因「金圓券」發行失敗等危機，遭立法院質詢而總辭。兩個月後，蔣中正也由總統職位「引退」，政象益不可為。

經濟危機拖垮一切

戰後的經濟危機，主要表現在法幣的貶值，及通貨膨脹的無可遏抑。民國三十五年（一九四六）十二月一日，當馬歇爾承認任務失敗，束裝返美之際，曾向蔣中正痛陳經濟和軍事危機，強調共產黨絕非軍事行動所能消滅，必須將之納入政府。蔣則堅信「速戰速決」之可行，謂共軍可望於八到十個月內，完全殲滅，且中國經濟以農村為基礎，無崩潰危險。馬的警告，不幸而言中；蔣輕忽經濟條件，注定了接下來兩年的失敗。

通貨膨脹的形成，可以從「客觀環境」和「主觀措施」兩方面來分析：

「客觀環境」指的是內戰綿延，這在政府而言，並非其能全盤掌控。首先是中共「鄉村包圍城市」，阻斷鐵路，攻奪鄉下礦區，以種種手段，讓煤炭及農產品等，無法進城；其次是軍用浩繁，東北為蘇俄占據，華北大半為中共控制，該地區政府軍作戰，給養悉賴後方；其三是難民救濟，逃入政府區者眾，開支增大；其四導因於抗戰期間淪陷區備受日軍荼毒，大後方苦於軍糧兵役；戰後則元氣未復，內戰又起。戰前產米區每畝年徵約一點五斗至二斗米價，至戰後各種徵借，常達六斗至九斗。農民遂相率「拋荒」，民國三十五年（一九四六）河南、湖南荒地，約占可耕地百分之三十至四十。最後則是工業停頓，農村凋敝，無力供給工業原料，也無能作為成品產銷的市場。民國三十六年（一九四七），上海紡織工廠開工者，不到抗戰前的三分之一。

「主觀措施」指的是人謀不臧，可避免而未避，政府應負全責。首如接收混亂。日偽企業或被支解，或遭擅行封閉。只圖接收財產物資，卻未能積極復工，導致原料被盜，生產萎縮。例如湖南某官員，接收了日人三千四百三十八輛汽車，不用於營運，卻將之悉數拆解，變賣圖利；又如打壓偽幣。日軍在華曾發行多種偽幣，戰後經濟官員建議，以大後方重慶及淪陷區上海的物價指數為準，合理兌換，法幣與華中偽幣一比六十。但公告卻是一比二百，限期四個月兌換。民眾爭以偽幣購換實物，致使物價飛漲。

抗戰以來，政府稅收僅當支出的百分之三十七，不足之數，多靠印發鈔票支應，法幣走貶，勢所難免。抗戰結束時，法幣兌美鈔為二〇比一；民國三十五年（一九四六）中，提高至三千比一；至民國三十六年（一九四七）「二二八事件」前夕，漲至一萬八千比一。該年七月「美聯社」通訊，形容法幣一百元可購買的物品如下：民國二十九年（一九四〇）抵一口豬，三十二年（一九四三）抵一隻雞，三十四年（一九四五）抵一條魚，三十五年抵一顆雞蛋，三十六年只剩三分之一盒火柴。

不過最令輿論詬病，傷害政府形象最深的，還是「官僚資本」或「豪門資本」的縱容。南京政府的經濟思想，本來就是以「國家資本主義」為中心，實施統制經濟。民國二十一年（一九三二）所設「國防設計委員會」，及民國二十四年（一九三五）所改組的「資源委員會」，既以發展國防工業為主旨，但也迅速由設計研究單位，轉為重工業發展的主導機構。

另一方面，北洋政府原有「中國銀行」及「交通銀行」兩家國營行庫。民國十三年（一九二四）八月，孫中山（一八六六—一九二五）運用俄援，在廣州另設「中央銀行」，任命美國哈佛大學畢業生宋子文（一八九四—一九七一）擔任該行行長，成績可觀。民國二十四年（一九三五）四月，蔣中正將其剿共期間，由司令部所成立「四省（豫鄂皖贛）農民銀行」，改組為「中國農民銀行」，至是形成中、中、交、農四行體系，與「資委會」一併受控於蔣中正的財經團隊宋子文、孔祥熙（一八八〇—一九六七），成為當時國家資本的核心。

然而，國家資本與統制經濟，本來就容易出現流弊；特別是官商不分、中飽私囊等問題，經常造成官僚資本或豪門資本的變態膨脹。抗戰結束之初，據估政府握有外匯九億美元，黃金四億美元，偽產十億美元。已擔任行政院長的宋子文，主張出口黃金外匯，輸入外國貨物，一可改善國內供需失調，二可以舶來品套取法幣回籠，遏止通膨。

不料其結果，官僚豪門企業可照官價，購買外匯黃金。民間急需的原料零件和外匯申請卻石沉大海。到了民國三十六年（一九四七）二月，國庫九億美元外匯，僅存一億，餘者多入權貴之手。美鈔黃金猛漲，物價波動不已，參政員傅斯年（一八九六—一九五〇）發表〈這個樣子的宋子文，非走開不可〉一文，痛斥豪門資本，轟動一時。

政府為加挽救，民國三十七年（一九四八）八月十九日，頒布《財政經濟緊急處分令》（簡稱「八一九命令」），企圖以政治手段，解決經濟問題。要點有：1.發行「金圓券」，收兌法幣，一圓折合法幣三百萬元，四圓折合美鈔一元。2.金銀繳出，人民不得持有黃金、白銀、銀幣、外幣，均須於年底前兌換金圓券。3.管制物價，一律以「八一九」為準。

為貫徹「八一九命令」，政府分於天津、上海、廣州設置「經濟管制督導員」，其中督導上海者為蔣經國。他曾於民國十四年（一九二五）至二十六年（一九三七）留學蘇俄，對史達林治下的情報及政工作法，知之甚稔。一到上海，即廣設建議箱，鼓勵檢舉，加以重賞。同時喊出「我們只打老虎，不拍蒼蠅」等口號，雷厲風行。不久槍斃了財政部的祕書及當地兩名軍官，以戒貪官汙吏。上海黑社會頭子杜月笙（一八八八—一九五一）的兒子，也因囤積居奇被捕。

但最棘手的，卻是蔣經國自己的尊親舅丈宋子文、孔祥熙等所經營的企業。九月，宋投資的永安紡織廠被抄，是為「永安案」；接著孔的「揚子公司」囤積物資，也遭法辦，是為「揚子案」。孔之長子孔令侃（一九一五—？）遭到逮捕，終於逼得宋美齡（一八九七—二〇〇三）親來上海，強令轉圜。十月以後，杜月笙父子獲釋赴港，孔宋資本撤離上海，孔令侃轉往紐約。這時解放軍已逼臨長江，上海繁華旋告落盡。

「八一九命令」不到一個月，上海工廠因限價而缺原料，因缺原料而減工。糧食則因限價而不運入市場，人心惶恐，搶米搶購風氣愈熾。十月三十一日，政府放棄限價政策，蔣經國承認失敗。十一月十一日，政府復准人民持有金銀外幣，發行不到三個月的金圓券完全瓦解。最吃虧的，是前此以金銀外幣兌換金圓券的守法良民，無不破產，怨聲載道，加速大局崩潰。而實際上，整體財經不改革，只以新幣代替舊幣，斷難有成；但內戰綿延，又何能談到整體改革。

全面軍事鬥爭的展開

國共內戰，若自民國三十四年（一九四五）八月日本投降，至民國三十八年（一九四九）十二月大陸政權全面易手，其間四年又五個月，可分為五大階段：

1. 受降之戰：即自日本投降，至民國三十六年（一九四七）一月馬歇爾離華。國共談談打打，軍事上「猶抱琵琶半遮面」，以免各方責難。
2. 政府進攻：自馬歇爾離華，至民國三十六（一九四七）年六月止。國共全面開戰，政府軍採攻勢，戰場主要集中中共的解放區內。
3. 戰局逆轉：自民國三十六（一九四七）年六月起，為時一年。政府軍二衰三竭，政經情勢惡化，解放軍轉移攻勢。
4. 三大決戰：自民國三十七年（一九四八）六月，至民國三十八年（一九四九）一月。短短八

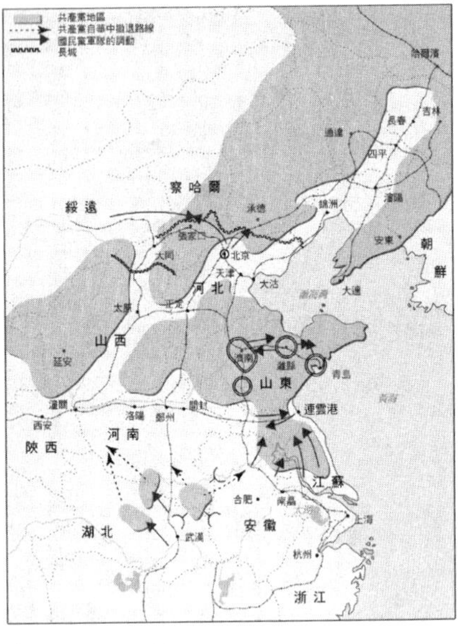

圖 7-1　1946 年政府軍攻勢

個月間，遼瀋、徐蚌（淮海）、平津三大戰役，政府軍精銳盡沒，內戰勝負已定。

5.退守臺灣：三大戰役後，民國三十八年（一九四九）一整年，解放軍積極「全國進軍」，政府軍則次第退守臺灣。

民國三十五年（一九四六）雙十節，政府軍進取張家口，間接造成翌年一月馬歇爾返美，及「談談打打」局面結束。之後攻勢愈加凌厲，是為政府進攻階段。民國三十六年（一九四七）上半年，政府軍循各鐵路線，試圖切割解放區，先收復主要城市，次及於城鎮和鄉間。戰場以山東和陝北為烈，三月十九日收復延安，是一大勝利。毛澤東退回陝北，與政府軍持續游擊戰。

然而不過半年，隨著戰線延長和兵力不足，政府軍疲態立現。五月，山東孟良崮一役，以美式裝備整編的第七十四師被圍全殲，師長張靈甫（一九〇三—一九四七）陣歿，是政府軍一大損失。同

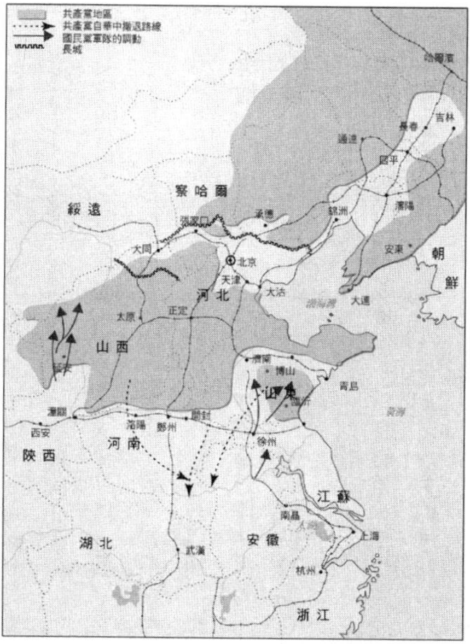

圖 7-2 共軍 1947 年秋季攻勢圖

一時間，東北林彪所率四十萬解放軍，反攻四平街，火力已較守軍為強。雙方巷戰，最後林彪雖傷亡四萬人而退，但消長之勢，明顯不利政府。由於領導無能，又帶有省籍的歧見，戰局因而逆轉。

隨著戰局逆轉，民國三十六年（一九四七）七月四日，政府通過《厲行全國總動員，戡平共匪叛變方案》，即史稱「動員戡亂」時期之始。而稍早，共軍為示與國民政府決裂，先於二月取消「國民革命軍」原有番號（即「八路軍」、「新四軍」等），一律改稱「人民解放軍」。六月以後，更漸由「戰略防禦」轉入「戰略進攻」，趁政府軍主力分散東（山東）、西（陝北）兩端之際，採行中央突破，由山東、山西等地渡過黃河，入侵河南、湖北境內，擴大戰場到黃河以南。經過這波秋季攻勢，政府軍已然喪失主導權。

秋季攻勢後，解放軍在編制上，逐步形成四大集團：西北（後改稱第一）野戰軍，集中陝北，司令彭德懷（一八九八—一九七四）；中原（第二）野戰軍，集中河南、湖北，司令劉伯承（一八九二—一九八六），政委鄧小平（一九〇四—一九九七）；華東（第三）野戰軍，集中山東，司令陳毅（一九〇一—一九七二）；東北（第四）野戰軍，集中東北，司令林彪。另外黨政方面，十一月奪下河北省石家莊後，中共中央遷移至此，結束三月延安易手以來八個月的流動狀態。到了民國三十七年（一九四八）八月，中共在此成立最早的政府組織「華北人民政府」，也是「中央人民政府」的前身。

時序進入民國三十七年（一九四八），國、共兩軍已旗鼓相當。由於解放軍游擊戰、運動戰的成功，據獲大量政府軍人員資材，轉為己用，使兵力形成一比一點三。雖仍稍遜，但重武器（如戰車、大砲等）數量，卻以二萬二千多件，超過了政府軍所擁有的二萬一千多件。解放軍戲稱蔣中正為「運輸大隊長」，意謂右手向美國軍援，左手即轉交給了共產黨。

因此春季以還，政府軍已全面轉入守勢，改採「分區防禦」戰略，畫黃河以南為二十個「綏靖區」。同時「東北撤守」聲浪也告浮現，一月蔣中正電詢前線：「聞前方（東北）官兵無菜、無米、無煤，以鹽湯與雜糧充饑，確否？務希切實注意」，說明了戰況的絕望；蔣並要求「此時只要使官兵能飽能暖，不應顧惜經費與民間輿論」，更可想見戰場百姓所受的痛苦。這時美軍顧問曾力主斷然撤出東北，蔣中正一度猶豫，終因前線反對而作罷，五十萬大軍乃坐待潰滅。

「小米加步槍」的勝利

中共勝利的關鍵，是與農村緊密結合，實施其所標榜的「人民戰爭」。早在民國三十五年（一九四六）五月，中共中央就下達了「五四指示」，將土地政策由抗戰時期較溫和的「減租減息」，改變為沒收地主的土地、房屋和一切動產，進行嚴酷的清算鬥爭。要求在農村中，深入而徹底地解決土地問題，依靠貧農僱農，團結中農，以處置富農、地主、漢奸和土豪劣紳。

接著民國三十六年（一九四七）七月，中共又召開「全國土地會議」，制定《中國土地法大綱》，規定：「廢除封建性及半封建性剝削的土地制度，實行耕者有其田的土地制度」；將村中一切土地，不分男女老幼，按人口平均分配；以「農民大會」及其選出的委員會，為土改的執行機關；組織「人民法庭」來貫徹土改的政策法令；放手發動群眾，起來打倒地主等。

為了執行上項方針，包括中共在東北的最高黨政機關「東北局」，都強調：「跑出城市，丟掉汽車，脫下皮鞋，換上農民衣服；不分文武，不分男女，不分資格，一切可能下鄉的幹部，統統到農村去」。將下鄉創建根據地，列為幹部首要工作；以能否深入農民群眾，作為考察共產黨員品格的標準。所以該局轄下一度精簡達三分之二，共一萬兩千名幹部，掃數下鄉搞土改。

當然，歷史多半屬於勝利者，因為他們掌握著詮釋權。所以我們也必須小心，若干中共致勝的說法，可能仍處於原理、原則，甚至神話的狀況。例如土改過程中出現的「左」（過激）傾向，侵犯了不屬於地主的階層，或殺了不該殺的人；許多帶頭的農會幹部，根本就是村裡的地痞流氓；甚至為求斬草除根，連襁褓中嬰兒也不放過的把地主一家全殺了。又如耕者有其田，以為生產積極性會從而提高，不料反倒減產。因為破壞了大農生產，土地小塊小塊分配，小農們在組織和營收上的經驗不足，種子、牲口、工具都成問題等等。

再如「參軍保田」，以為貧農分得田地，就會樂意從軍，好保衛剛到手的利益，結果也只是「想當然耳」的原則。因為人性難脫「越窮越革命」，一旦擁有土地，農民只會更加安土重遷。於是曾有農會幹部為求動員，把壯丁全叫到炕上，戶外豔陽高照，廚房卻拼命添柴燒火，幹部冗長演說，要志願參軍的，就下炕來，眾人安坐不住，不多時全都「志願」了。

這些例子，說明「心悅誠服」或許不是村裡全然的真相，但中共控制的嚴密與徹底，絕對是政府軍無法望其項背。除了動員參軍外，中共在農村裡還有民兵、地方自衛隊、「婦聯」和農會等各色組織，其中農會就負責徵兵徵糧的任務。據中共統計，光是東北內戰三年，已號召一百四十四萬六千名農民加入解放軍。也無怪政府軍總困擾於「人海戰術」的無休無止。

軍事戰場外，還有中共標榜的「第二條戰線」，也就是學潮和統戰。學潮的發生，總是先有「學生運動」，再有政治勢力來「運動學生」。戰後最早掀起高潮的，是民國三十五年（一九四六）秋天以後的反美運動，並在十二月「沈崇案」達到顛峰。所以該年底，中共中央指示其「地下黨」，發動各大城市群眾響應，要求美軍退出中國；周恩來也兼任城市工作部部長，領導各項集會、罷課和示威遊行。

接著，民國三十六年（一九四七）初，因通貨膨脹嚴重，二月二十八日中共中央又指示，應「力求從為生存而鬥爭的基礎上，建立反賣國、反內戰、反獨裁與反特務恐怖的廣大陣線」。五月米價飛漲，各大學乃有「反飢餓」、「反內戰」、「反迫害」運動，領導的是南京中央大學學生。政府宣布《維持治安臨時辦法》，禁止十人以上請願和一切罷工罷課行為。但五月二十日，南京學生五千多人仍串聯遊行，與警察衝突，數十人受傷，是為「五二〇事件」。風潮蔓延全國，武漢三名學生喪命，重慶、廣州等地數百人被捕，終以蔣中正親自慰問師生，方得落幕。

七月以後，政府宣布「動員戡亂」，學潮稍戢。直到民國三十七年（一九四八）五月，為了反對美國扶植日本，以「反美扶日」、搶救民族危機為題，再掀學運的第三波高潮。各大城親共派與反共派學生互毆，演成搗毀市參議會，滋鬧教育部、行政院的局面。學生、軍警頻傳死傷，北平一度戒嚴。此後戰局急轉直下，中共勝利成為定局，學潮乃告緩和。

學生之外，中共也屢向朝野「反蔣」人士招手，以期組織「統一戰線」。當戰局明顯逆轉之後，民國三十六年（一九四七）十二月，毛澤東發表《目前形勢和我們的任務》，號召聯合各被壓迫階級、各團體黨派，組成民族統一戰線，成立民主聯合政府。民國三十七年（一九四八）以後，政學界「投共潮」開始湧現。先是國民黨內若干一貫「反蔣」的小派系，在一月間集結成「中國國民黨革命委員會」（簡稱「民革」），推舉孫中山遺孀宋慶齡（一八九三—一九八一）為名譽主席。而一批由「自由派」大學教授組成，原已在「動員戡亂」後遭取締的「民主同盟」，也恢復活動，宣告將和中共攜手合作。稍後他們都陸續潛入了共區。

三大戰役勝負底定

國共實力既趨消長，民國三十七年（一九四八）春天，解放軍已有能力奪取省會級的大城市。先是四月間，彭德懷經過一年鏖戰，奪回了延安；劉伯承則馳騁中原，攻洛陽、侵開封。政府軍左支右絀，不得已再由「分區防禦」轉為「重點防禦」，主力困守各大城，遭切割成胡宗南（一八九六－一九六二，駐關中）集團、白崇禧（一八九三－一九六六，武漢）集團、劉峙（一八九二－一九七〇，徐州）集團、傅作義（一八九五－一九七四，平津）集團和衛立煌（一八九七－一九六〇，瀋陽）集團，彼此呼應不靈，已無完整戰線。這時南京政壇，猶忙於召開國民大會，選舉總統副總統的內訌之中。

內戰勝負的底定，繫於民國三十七年（一九四八）六月以後的「三大戰役」。首先是東北戰場的結束，中共稱之「遼瀋戰役」。蓋東北政府軍至該年夏天，僅存長春、瀋陽和錦州等三處孤立陣地。長春被圍五個月，給養只能依賴空投，軍民仰空爭糧；中共復不准難民疏散，以求增加城內負擔。兩軍「甌脫」間，估計餓莩即高達十五萬人。十月二十一日，守軍糧絕出降。

錦州方面，九月林彪主力南下圍攻，十月十六日守軍叛變。錦州易手後，瀋陽入關道路阻絕，蔣中正親蒞指揮，嚴令新一軍、新六軍等，組成「遼西兵團」，由瀋陽回師反攻。兵團被圍於瀋、錦之間的黑山、大虎山一帶，所部多係美式裝備精銳，直到最後一刻，仍能苦戰不屈，終以油盡援絕，全軍潰散。十一月二日，瀋陽不守。

遼瀋戰役失利，政府軍損失約五十萬之眾；箇中有八個師，百分之八十五的人員受過美軍訓練；步槍損失二十三萬枝，其中十萬枝為美國製造。這對解放軍無異如虎添翼，可謂決定了全局的勝利。僅由戰前，解放軍士兵與支援前線民工，比例是「二兵一伕」；戰後，民工累進至一百六十萬人，形成「一兵二伕」的優勢，就可了解東北喪失所造成的影響。

緊接東北之後，是為「徐蚌會戰」，中共稱之「淮海戰役」，戰場以徐州為中心，東起海州（連雲港），西至河南中部，南抵淮河、蚌埠。先是民國三十七年（一九四八）九月，濟南失守，相持三年的山東戰場，以解放軍勝利告終，華東陳毅與中原劉伯承且有合流之勢。政府軍抱持「守江必守淮」之旨，在隴海鐵路沿線集結黃伯韜（一九〇〇—一九四八）、邱清泉（一九〇二—一九四九）等兵團，以期拱衛南京、上海中樞要地。另置黃維（一九〇四—一九八九）兵團於河南，牽制劉伯承。

戰役自十一月六日開始，至翌年一月十日結束。共軍全線動員民工高達五百四十三萬人次，運送彈藥一千四百六十多萬斤，軍需九億六千萬斤。政府軍完全處於被動，黃伯韜、黃維與邱清泉三兵團依序被殲。首先十一月初，由於友軍叛變，黃伯韜兵團遭切割於徐州以東五十公里的碾莊，邱清泉等麕集徐州，未能力救。二十二日碾莊不守，黃伯韜自殺。

接著黃維兵團東調，以求打通津浦鐵路，援助徐州守軍，又被圍於安徽宿縣雙堆集地區。所部乃陳誠嫡系，戰車重砲齊全，解放軍以長壕困之。至十二月十五日，空投不繼，被迫突圍，全軍覆沒。

而徐州守軍邱清泉等部，先於十一月底攜眷屬、學生等，棄城南走淮河；中途得蔣中正嚴令，繞道往救黃維兵團，入解放軍「圍點打援」之計，受阻於徐州西南陳官莊。風雪交加，糧彈俱絕，官兵宰殺軍馬充飢，堅持到民國三十八年（一九四九）一月十日，終告瓦解，邱清泉殉國。

「三大戰役」的尾聲，是為「平津戰役」。華北地區在抗戰時，已是共軍發展的重點，至民國三十五年（一九四六）初，所據已超過三百縣，使平津政府軍陷於孤立，補給受阻。到了民國三十七年（一九四八）十一月，「遼瀋戰役」結束，林彪的東北野戰軍八十萬人，大舉入關，更將政府軍傅作義部壓縮於北平、天津、塘沽、張家口、新保安等少數據點。

由於背景上，傅作義集團有半數屬於非蔣中正嫡系的「雜牌軍」，與中央矛盾重重；東北、徐蚌各戰場又噩耗頻傳，守軍內部失敗主義瀰漫；加上中共滲透頗烈，連傅作義女兒、祕書都是共產黨，地方名流也多有傾向中共者，自然使得軍事堅守，難以期待。十月傅已決定和中共接觸，蔣中正雖一度促其南撤，以助長江防務，卻遭拒絕。

民國三十七年（一九四八）十一月下旬，解放軍在華北逐步收網，一個月間，新保安、張家口接連易手。十二月十四日，傅作義派出代表，正式與共方展開「和平談判」。民國三十八年（一九四九）一月，徐蚌會戰結束，解放軍向天津下達最後通牒，為守軍所拒。十四日巷戰，天津與塘沽同告失守。北平內無存糧，外陷重圍，連作戰計畫都未擬妥，傅遂告屈服，二十一日簽訂《北平和平解放實施辦法》。一月底，解放軍入北平。

三大戰役是內戰的勝敗關鍵，不過半年，政府軍折損超過一百五十萬人，除叛變投共約十七萬之外，被俘官兵高達八十六萬人，且多屬精銳的美援部隊。戰役前政府軍仍有五大集團，衛立煌所部消滅於遼瀋，劉峙集團瓦解於徐蚌，傅作義復降於平津。至民國三十八年（一九四九）初，僅餘在關中、陝北苦戰的胡宗南集團，和在武漢擁兵自守的白崇禧集團。白與副總統李宗仁同出自廣西「桂系」，當蔣中正羽翼盡翦之際，白、李乃趁機攜手，演出「逼宮」一幕。

臺灣命運的轉折

陳儀治下的亂象

民國三十二年（一九四三）十二月，《開羅宣言》發表，翌年（一九四四）四月國民政府成立「臺灣調查委員會」，召集一批返回大陸抗日的臺籍人士，研究如何治理臺灣，主任委員即為陳儀。接著十二月，又在重慶「中央訓練團」中成立「臺灣行政幹部訓練班」，仍由陳儀兼班主任。由此或能看出，早在戰時，陳儀主導未來臺灣接收，已屬內定的計畫。

「臺調會」階段參與的臺籍人士，多主張省政府應由黨政軍合組，使臺灣成為一個特別的行政區、實驗省，甚至擁有省的憲法，容許一定程度的「地方自治」。然而陳儀似乎更傾向黨政軍「統一接收」，管理一段過渡時期。所以民國三十四年（一九四五）八月，日本投降後，陳儀先被任命為「臺灣省行政長官」；九月成立「臺灣省行政長官公署」及「臺灣省警備總司令部」，軍、民兩政集於一身，日後遭批評無異於日本總督，應是陳儀自始構想所致。

有關陳儀的歷史角色，各方貶毀殊多，但其之主臺，從政治資歷上看，實有其道理。陳是浙江紹興人，算得上蔣中正的同鄉親信；他又是日本士官（軍官）學校及陸軍大學畢業，學歷亦稱不凡。尤其符合臺灣環境的，是他第二任妻子乃日本人，陳自身日語能力應不差；抗戰前後擔任福建省主席，長達十年；曾應當年日本總督之邀，來臺訪問。這些都是他能雀屏中選的條件。

儘管陳儀治下，被臺人指控貪汙橫行；但他本人自奉甚儉，則屬事實。後來幾位有貢獻於臺灣者，如嚴家淦（一九〇五—一九九三）、俞大維（一八九七—一九九三）等，都受過他的提拔之恩。陳儀最大弱點，在於剛愎自用；派系政治下，又慣於維護部屬；只信任過去的閩府團隊，長官公署中充斥著浙人、閩人，沒有臺籍人士。加上或許抗日情結影響，陳儀公開場合不說日語，也未學習閩南語，堅持只用國語，寧可借助翻譯；也少與臺灣士紳酬酢周旋，以致顯得既頑固又孤立。

陳儀在民國三十四年（一九四五）十月二十四日抵臺，二十五日於臺北公會堂（今中山堂）光復廳受降，是為「臺灣光復節」由來。不過隨即面臨許多嚴峻的考驗。

一如前節所述，國民政府始終困於「黨內有派、黨外有黨」的難局，陳儀治臺，亦復如此。例如「三青團」就搶在長官公署抵達前，成立了「三民主義青年團臺灣區團」，許多不明究裡的在地士紳、精英，聞風嚮往，包括王添燈（一九〇一—一九四七）擔任了臺北分團主任，楊逵（一九〇五—一九八五）也一度列名團中。儘管他們在受降前後，維持各地治安有功，卻為身屬「政學系」的陳儀所忌，視為派系搶攻地盤的結果。另如臺灣省黨部主委李翼中（一八九六—一九六九），也是由CC系陳立夫介入推薦，目的據說乃在監視陳儀。其後「二二八事件」發生，李等「黃鶴樓上看翻船」，抱持幸災樂禍，甚至唯恐不亂的態度，是事態複雜化的導因之一。

各派之間，日產接收自然成為重要的矛盾根源。陳儀原主黨政軍「統一接收」，故曾打算由既有的臺灣銀行發行臺幣，以對貶值不已的法幣，構成防火牆；且認為日人所遺臺銀、第一、華南、彰化等四家行庫已足，毋需內地銀行再設分行。這些想法，皆難為中央財經團隊宋子文、孔祥熙所接受，仍令資源委員會入臺，插手接收事宜。

民國三十五年（一九四六）一月，長官公署成立「日產處理委員會」，以估計日人留臺的無主產業，如土地、房屋、商店、股票、公債等價值，結論約達九十五億舊臺幣。陳儀對此，主張此係八年抗戰的「戰利品」，可由政府支配；但反對者要求公開拍賣，振振有詞：「所有日人留在臺灣的財產，都是臺灣人的；難道日本人在五十年內，把這些財產從日本搬到臺灣來的嗎？」接收間，上下其手非常普遍，也是實情；某些戰時追隨政府，戰後凱旋還鄉的臺籍人士，被控尤應為貪腐負責；他們因此被戲稱為「半山」，以對應於內地人的「阿山」（唐山人）外號。

除了日產接收外，在權力分配上，「半山」和在地士紳雖同屬臺籍，彼此矛盾卻不亞於不同省籍之間。由於陳儀執政，偏信閩府團隊和資源委員會，並結合「半山」集團，排除省黨部、三青團與在地士紳，促使後三者也逐漸串連為反陳勢力。在地士紳如蔣渭川（一八九六－一九七五），係蔣渭水（一八九一－一九三一）之弟，即自組「臺灣省政治建設協會」，厚結李翼中，形成省黨部的某種外圍組織。

陳儀來臺，曾誓言要「後來居上」、「較其他民主先進的國家更進步，更做得好」，因此趕在政府行憲之前的民國三十五年（一九四六）四月十五日，辦理了各級（省縣市鎮）參議會選舉。參與空前踴躍，各級候選人登記總數，竟達應選名額的四倍。但當五月一日第一屆省參議會開幕，呼聲最高的議長人選，在地士紳林獻堂（一八八一－一九五六）卻突然表明退選之意。原來是受到長官公署的關切，促其讓位給前「臺調會」委員黃朝琴（一八九七－一九七二）。這又引發了各界批評，形成在地士紳與「半山」間的另一不快。

就同搶辦選舉一般，陳儀似乎喜歡表現他「進步」、「開放」的政治傾向。所以「二二八事件」前，長官公署是採言論自由的政策，創刊不須許可，內容不受檢查。公私報館遂如雨後春筍，累進至二十家之夥。發行最廣是公營的《臺灣新生報》，社長李萬居（一九〇一—一九六六），另如宋斐如（一九〇三—一九四七）的《人民導報》、林茂生（一八八七—一九四七）的《民報》，類多激進敢言。而媒體競爭下，譁眾取寵、黨同伐異的報導，自然也是難免。

「二二八事件」的爆發

民怨的累積，首先是經濟困難，其因多端。比如基礎設施癱瘓。戰時盟軍轟炸，使港口鐵路損壞，恢復甚慢；比如臺日貿易停滯。日據時期，臺灣外貿僅能輸日，戰後初期自然苦無市場；比如生產力倒退。由於原料、市場、資金的欠缺，重要工業如紡織等，生產皆嚴重衰退；比如通貨膨脹。物價自民國三十三年（一九四四）日據末期即已浮動，上漲達百分之五百三十，民國三十五年（一九四六）以後，變本加厲，再漲百分之三百五十。而內戰迫切，長官公署只能將大量農礦產，包括糖鹽煤水泥等，運往大陸接濟，助長島內通膨壓力；比如失業嚴重。大環境既不景氣，許多由南洋遣返的前臺籍日兵，自然就業不易。據聯合國在臺估計，人數恐達三十萬之眾，已占全島人口的百分之五。彼輩怨氣，可想而知。

經濟困難自然也造成經費不足的窘境。日據時代，殖民政府公職員額曾達八萬四千多人，警察員額維持近一萬三千名。光復以後，公職僅存四萬四千多人，警察八千三百多人，不僅人員嚴重短缺，行政效率大打折扣，也使得原先在日人底下服務的許多臺人，失去了職位。官方解釋這些人不會說國語，缺乏在中國行政系統工作的訓練云云，也引起憤怒。

再次，長官公署下設「專賣局」，壟斷菸酒、食鹽、樟腦、火柴，甚至鴉片的產銷；另有「貿易局」獨占生產事業，包辦進出口，在在激起「與民爭利」的怨言。專賣局的酒類，清淡如水；紙菸則霉辣難以入口，遭嘲笑為「戒菸藥品」，官民遂相率抽食走私進口的洋菸洋酒。於是菸酒緝私問題，又轉成「二二八事件」的導火線。

菸酒難以入口，暴露出官方貪汙的嚴重程度。當時臺人亦曾用各式各樣的形容，如中山裝口袋既大又多，原來是為了裝錢方便，或者「抱狗仔過戶碇也桌錢」等嘻笑怒罵，來發洩心底的不滿。但更雪上加霜的，則是軍紀不彰。政府軍不是沒有模範部隊，如新一軍收復東北，器械精良，制服光鮮，父老奔走相告：「比小（日本）鬼子還闊氣」，地方還一度興起「軍婚熱」，爭以女兒嫁予北來的軍官。可惜臺灣地處內戰後方，接收的七十軍軍容不整，風評甚惡，連陳儀都斥之為「叫化子軍」，拒其留臺。所以到「二二八」前夕，島內駐軍幾已他調一空，僅餘五千多人，以基隆、高雄兩港要塞為主，這都是事件的重要背景。

不可諱言，「二二八」的衝突，省籍情結仍是最重要的因素之一。來臺的內地人，視日本為敵人，多少也瞧不起滿嘴日語的臺人，以為是「奴化」的象徵。尤其戰前戰時，若干「臺灣浪人」在閩粵沿海配合日軍，助紂為虐，也留給內地人惡劣印象。反之，臺人普遍存有「臺人治臺」的想法，認為新政府不如日本殖民者；當年日本人是「狗」，現在內地人是「豬」，有所謂「狗去豬來」的謔語。

民怨的爆發，肇因自民國三十六年（一九四七）二月二十七日夜間，臺北市太平町（今延平北路）「天馬茶房」前的緝菸事件。專賣局幹員行為過當，以槍托毆擊菸販林江邁，又在眾怒難犯之際，鳴槍誤傷圍觀的陳文溪，翌日致死。文溪為一聾啞青年，其兄陳木榮，光復初期曾參與「三青團」的義勇糾察隊，係大稻埕聞名的「兄弟人」。所以當晚，「兄弟」們就沿街敲鑼打鼓，高喊「臺灣人趕緊出來報仇」、「不出來的不是蕃薯」等口號，揭開事件的序幕。

二十八日上午，群眾聚集龍山寺等處，先衝擊肇事的專賣局臺北分局（今重慶南路），毆斃職員兩人，燒毀所貯菸酒、汽車及公物。下午再占「新公園」內的「臺灣廣播電臺」，向全省播送事變消息，這就是今天「二二八」紀念公園、紀念館和紀念碑的緣由。而在長官公署（今行政院）前廣場（今中山南路、忠孝東路圓環）的槍擊案件，則為關鍵，公署衛兵向包圍群眾開槍二十餘響示警，打死兩人，造成了「廣場事件」。

廣場事件後，群眾怒不可遏，臺北市中心開始出現追打「阿山」的暴行。穿中山裝、旗袍者，首當其衝。凡有「嫌疑」，先考驗其閩南語，再要求說日語，最後還要會唱日本國歌，否則就認定為

「阿山」。輕則毆辱，重則斃命。官方資料指控，若干流氓口罵「支那人」、「清國奴」，連孕婦、學童都在劫難逃；婦女被脫去旗袍，遊街示眾；不堪的侵犯個案，也有記載。

許多象徵，到幾十年後的今天，似乎都還有它的現實意義。當時只要是「中國概念」企業，如「中國銀行」、「中國旅行社」，招牌全被搗毀，還掛上「打倒軍事獨裁」的日文布條。連「虎標永安堂」也遭了殃，貨品被焚燒一空。總計事件期間，內地人死亡三百九十八人，受傷二千一百三十一人。

衝突從二月二十八日到三月四日，五天之間蔓延全省。群眾攻擊警察駐軍，搶奪武器彈藥，占領縣政府及黨部，焚燒警局、倉庫、機關宿舍。由於留臺軍隊僅五千餘人，不敷鎮壓；下級警員又九成都屬臺籍，多係日警改任，心理傾向群眾，聽任槍械被掠，事件遂一發不可收拾。

餘生祇合三緘口

事件擴大，箇中足資介紹者，一為臺中的謝雪紅（一九〇一—一九七〇），一為高雄的彭孟緝（一九〇八—一九九七）。謝雪紅出身孤女，十五歲嫁為人妾，兩年後逃婚。做過糖廠女工、洋服裁縫，自學中文日文。又偽裝新娘離臺，到上海加入共產黨，再赴莫斯科學習。民國十七年（一九二八）

四月，臺灣共產黨建黨，她是元老之一。返臺參加「臺灣文化協會」、「農民組合」活動，曾遭日警逮捕。光復後組織「臺灣解放同盟」，與中共聯絡。「二二八」期間，謝與同志成立「二七部隊」於臺中，募集學生、返鄉軍人數百人，成為群眾間少數與中共有關的團體。事後「二七部隊」退埔里頑抗，謝等離隊潛往大陸。

彭孟緝時為高雄要塞司令，因與基隆要塞同屬島內少數擁有「重兵」的所在，故兩者也是最早發起鎮壓的地區。基隆三月一日即告戒嚴，擊潰來劫倉庫的群眾，不論生死，皆投入港中。高雄則在六日，經群眾派出市長、議長等代表七人，要求要塞解除武裝。彭孟緝當場大怒，除釋回市長，扣留議長外，其餘就地正法。隨後縱兵下山，愛河沿岸伏屍遍布，並以機槍掃射市府內集會的三百多名士紳群眾。群眾將所俘內地人，集中高雄中學，見軍隊掩至，急將人質綑於窗口，使之投鼠忌器。但至三月七日，彭部已控有高雄市區。

全省陷入混亂，官民談判於焉展開。先是三月一日，由臺北市參議會組成「緝煙血案調查委員會」，推派黃朝琴、王添燈等進謁陳儀，提出最初的《五項要求》，包括解嚴、放人、停火及組織處理委員會等，內容不出「事件善後」範圍，陳儀也從善如流。翌日，官民合作的「二二八事件處理委員會」順利產生。

不料自此，局面卻迅速複雜化。群眾內部，見「處委會」享有與官方對口的地位，於是商會、工會、學生、乃至政團都力爭加入。代表人數日增，流派日雜，意見日激。而該會所轄「忠義服務隊」

成員複雜，常藉治安糾察之名，結隊橫行，裹脅商家；一說其已遭官方滲透，製造將來鎮壓口實。再加上臺紳內訌，會內「當權派」原係王添燈等人，但蔣渭川一面結合省黨部李翼中，一面尋求管道直通陳儀，一面又在會內奪權，更為官方製造機會。兼之以群眾誤判形勢，處委會組織膨脹至二局八組，盛傳將接管公署及附屬機構，甚已著手全省性組織，成立各縣市分會，儼然以「民間政府」自居。許多流言不脛而走，如王添燈將接公署祕書長，臺大文學院長林茂生將高升校長；至有以煤業起家的基隆顏家，也親至公署工礦處，要求接管煤礦。故官方情報曾指析，「處委會內部因爭奪權利，競求作官，已發生內鬨」等語。

至於官方態度，陳儀角色始終受到爭議。一說其只是虛與委蛇，坐待援軍來臺。但也有證據顯示，他最初確實希望「息事寧人」，畢竟治下發生民變，已有失職之咎；內戰關頭，向層峰請兵鎮壓，更非官僚中人之智舉。不過，臺局並非他一人可以獨斷專行，除了CC系、三青團「黃鶴樓上看翻船」外，他屬下「臺灣省警備總司令部」參謀長柯遠芬（一九〇九—一九九六）等，也各有冒進邀功的打算。所以鎮壓伊始，林茂生等立遭「先斬後奏」，陳儀還向左右抱怨，柯遠芬「他們事先（處決）不請示，事後還要求補辦手續，真是無法無天」云云。

陳儀最早在三月一日收到王添燈等所提《五項要求》，內容限於事件善後範圍，陳當場首肯。翌日處委會成立，五日又提出《八項政治根本改革草案》，要求公署承擔事件責任；各處長委員，臺籍應過半數；公營事業悉由臺人負責；保障言論集會、生命財產等。條件已由「事件善後」轉向「政治革新」，自然引起官方警惕。而好事者作為「臺灣獨立」謠言，謂三月十日將大起事，建「新華民國」，年號「臺灣自治邦紀元元年」，國旗黃星紅日白底，總統王添燈等。

另一主角，國民政府主席蔣中正，於獲悉《八項草案》後，三月五日日記認定「臺灣事件，已演變至叛國及奪取政權階段」。所以上海附近的第二十一師，先於三日奉命動員，五日即接令赴臺維持治安。蔣事後曾告臺籍代表，所顧慮者兩點：1.傳聞中央山脈藏有十萬日軍，臺人頗受煽動；2.日軍遺留四百多座倉庫，恐為暴民所獲。關於後者，陳儀確有匯報：存臺武器「軍用倉庫四五六個，步槍萬餘枝，火炮三百餘門，步機彈八百餘萬，手榴彈卅餘萬發」；蔣則要求陳「與其為暴徒奪取，不如從速燒燬，此時應先作控制」云。

悲劇的造成，始自三月七日，先是王添燈起草了《三十二條處理大綱》，不料會場上，群眾及官方滲透的特務，競相加碼，又另成《十條要求》。箇中包括處委會有權改組長官公署、撤銷警備司令部、解除在臺政府軍武裝、本省陸海空軍盡用本省人、臺兵除守臺外，拒絕參與內戰等等，全招當局大忌。陳儀閱之大怒，隨手將條件擲出三尺外，離座猶遙聞厲聲。柯遠芬等好事者，卻談笑風生，飯量大增，認為處委會「陰謀大暴露了，現在是我們理直氣壯了」、「我們苦守了八天，今天我們才爭得了主動」，引蛇出洞，為什麼不高興呢？

柯的手記，反映了悲劇的特殊面向：官民兩邊，其實都混雜著省籍、族群、認同、乃至意識形態的情緒，處在某種異樣亢奮的狀態。群眾方面，如「二七部隊」領導之一的鍾逸人（一九二〇－），曾返家翻出自己的日本學生服，顧影自憐；夜間緊急集合學生軍，操著標準「江戶腔調」（東京片子）講演，下軍令；學生也用日語，激動地喊口號，行軍禮。鍾很欣慰，「這實在應該歸功於戰時（日本）軍訓！」

同樣的，自三月八日深夜，第二十一師由基隆上岸起，報復的想法就被灌輸在官兵心中。柯遠芬顯然自認有功，以至在來臺宣慰的上級面前，大放厥詞：「寧可枉殺九十九個，只要殺死一個真的就可以」。街頭濫射的士兵，被記者問及，也答道：「臺灣人不承認是中國人，他們打死中國人太多了；上頭准許我們來殺他們，這幾天殺得真痛快！」

鎮壓最嚴重的地區，除了基隆、高雄兩要塞，就屬臺北和嘉義。處委會九日遭到解散，關係人王添燈、林茂生、宋斐如等，都一去不返；蔣渭川兔脫，但掩護的女兒則遭射殺。嘉義學生軍自三月二日即圍攻水上機場，迨十二日援軍南下，強力反擊，並將學生屍體堆置市中心噴水池，恐嚇市民。接著憲兵逮捕了陳澄波等十一名市參議員，遊街示眾後，在火車站前槍決。死者手上，還串連捆縛著鐵絲。

援軍入臺後，恐怖高潮大約四天；到三月十七日，秩序已能掌握。南京所派宣慰團，以國防部長白崇禧為首，包含蔣經國，也在這一天抵臺。白等視察各地，會見耆宿，四月二日返抵南京，隨即簽呈獎懲。其中指責柯遠芬「處事操切，濫用職權」、「舉措尤多失當，且賦性剛愎，不知悛改」，主予撤職，以平民忿；但對彭孟緝，卻表揚為「獨斷應變，制敵機先」，應加獎勵。

值得注意的是，彭的獎勵案上呈蔣中正後，蔣的幕僚加簽：「臺變乃為國家不幸事件，彭孟緝等處置適當，固屬有功；惟功勳之獎賞，必須公布，但如公布，則恐激動臺人及國內反對派之反感。在給與勳賞之方式上，似應考慮行之」。這段話說明了兩點：其一，蔣中正贊成鐵腕鎮壓，所以包括陳儀在內，事後無人獲罪受懲；柯遠芬一度離臺，至民國四十七年（一九五八）「八二三」砲戰期間，已升任金門防衛司令部副司令，並曾擔任越南軍事顧問團團長。其二，蔣中正自知，事件傷害了臺人感情，所以三月七日，已令陳立夫等，依據陳儀在臺廣播內容，擬具「改設省政府」、「民選縣市長」等處理辦法，以回應處委會的《八項草案》。

事平之後，民國三十六年（一九四七）五月十五日，長官公署取消，陳儀調浙江省主席。改置臺灣省政府，以外交官魏道明（一八九九－一九七八）為第一任省主席。彭孟緝提拔為臺灣省警備司令。省府委員十五人，七人為臺籍；包括多位廳處長，也都由臺人擔任。專賣局改制為「公賣局」，縮小營業範圍。貿易局改置「物資供應局」，僅負責省營事業部分，在在都算是安撫臺民的措施。只是整個「二二八」的寒蟬效應，依然持續，時人所謂「餘生祇合三緘口，去死猶懷一寸心」，可說成了往後幾十年，臺籍精英的沉默心聲。

祖國走進臺灣懷抱

「二二八」事件後，到了民國三十八年（一九四九）一月，國共三大戰役落幕，南京雖仍控有長江以南和整個西北的三分之二國土，卻已無良將精兵可資捍禦。同時總統蔣中正的威信動搖，「去蔣求和」的呼聲，已在政府內部檯面化。白崇禧率先發難，要求敦請美國和國內民意機關，出面斡旋，以便和談；接著李宗仁向蔣方代表堅持，由他「代理」總統職務，拒絕「暫代」，「逼宮」意圖明朗化。三十八年元旦，蔣遂發表文告，同意與中共和談，個人進退不是問題。

然而另一方面，隨著解放軍逼臨長江，蔣已決意撤守臺灣。撤守一事，初非易事，原因極多，概分為下：

臺人不附。一月五日，被蔣派為臺灣省主席，肩負重任的陳誠，向蔣坦言：「臺灣光復三年，一切基礎尚未樹立」、「人民視政府，無非剝削；自二二八事變迄今，隔閡始終未除」、「而臺人獨立運動，尤堪注意」；「目前共匪雖無海空

圖 7-3 對蔣「逼宮」的桂系兩領袖，白崇禧（圖右）與李宗仁合影。

軍，不能飛越來臺；但共匪思想無遠弗屆，更宜防患未然」，「故中央來臺人士，務使勿在此，製造複雜局面」等。

海空運輸並不順暢。基隆、高雄兩港戰後未曾疏濬，萬噸以上船隻無法進出。全臺唯一一艘挖泥船，戰時已遭美軍炸沉高雄港內，猶須向廣東省政府借調挖泥船應急。起重機、鐵路均不敷用。以致基隆港有貨物候卸超過一個月者，也有無法久候，原船開返上海者。

航空系統也極混亂。政府原有兩大航空公司「中國航空」和「中央航空」，皆在民國三十八年（一九四九）十一月宣布投共，搖身變為今日「中國民航」的前身，史稱「兩航事件」。所幸前美國第十四航空隊司令官陳納德成立的「民用航空運輸隊」（CAT，簡稱「民航空運隊」）遷臺，才維持住臺港、臺菲航運。爾後且配合美國中央情報局，執行反共任務。

美國對臺政策不定。三大戰役以後，民國三十八年（一九四九）二月二十四日，美國國務卿艾奇遜發表了著名的「等待塵埃落定」談話，暗示了「中國狄托主義」，也就是拉攏毛澤東的曖昧態度。然而美國軍方及在野的共和黨等，著眼於臺灣的戰略地位，希望「保臺不保蔣」，將中、臺切割，在「中國狄托主義」實現之前，防止臺灣落入中共之手。為世熟知的選項，至少四種：1.支持國民黨，在臺抵抗中共的進攻；2.將臺灣置於東京「盟軍最高統帥部」（Supreme Commander of the Allied Powers, SCAP）控制之下；3.將臺灣交由聯合國託管；4.臺灣獨立等。

面對如此亂局，蔣中正在陳誠就任省主席之初，即電示治臺方針六項：其一，多方引用臺籍人士，參加政府；其二，特別培植臺灣有為青年；其三，收攬人心，安定地方；其四，實心實地做事，不多發議論；其五，注重制度建立、治事方法與檢點用人；其六，勤求己過，以救往昔躁急驕矜之大過。而隨戰局演變，至民國三十八年（一九四九）七月，行政院成立「東南軍政長官公署」，進一步擢升陳誠為軍政長官，統一指揮浙、閩、粵、臺沿海各島戰事。

陳誠在臺重要措施包括了：

宣布戒嚴。民國三十八年（一九四九）五月二十日起，以臺灣省政府名義，實施戒嚴令。與之配合的，有同年二月《臺灣省准許入境軍公人員及旅客暫行辦法》，規定只有攜帶證件的軍人、官員及「合法」商人眷屬等，方得入臺，以過濾大陸來臺人士。另外，五月一日開始，施行全臺戶口總檢查。居民如未申報戶口，無國民身分證或「臨時戶口登記證」，一律拘留訊辦；甚且聲言「突擊檢查時，反抗者格殺毋論」。雷厲風行，為「肅奸防諜」以至「白色恐怖」，開創先聲。

搶救資材。由於大陸局勢惡化迅速，自民國三十七年（一九四八）十一月起，蔣中正已密令中央銀行等單位，將庫存金條、金幣、首飾、銀元及外幣等，向臺灣轉移。至民國三十八年（一九四九）二月，僅黃金運量就達二百六十萬兩以上，為六月十五日開始發行的「新臺幣」奠定基礎。

另外，故宮博物院的國寶，也陸續抵臺。這批國寶，當初是為預防日軍劫奪，於民國二十二年（一九三三）運出北平故宮。爾後流徙上海、南京、貴州、四川等地十五年，最終又為躲避赤焰來臺。雖因數量龐大，僅及搶運北平南遷箱件的百分之二十二渡海；但箇中「翠玉白菜」、「谿山行旅圖」與宋代汝瓷等，已足使臺灣成為中國文化保存之重鎮而無愧。

比較複雜的，是學術人才的搶救。民國三十七年（一九四八）十二月，平津戰役告急，傅斯年受命為國立臺灣大學校長，與教育部長朱家驊（一八九三—一九六三）、次長杭立武（一八〇三—一九九一）等，分頭勸說華北學人南下；政府且派專機，兩度降落北平圍城，以資接應。可惜成效不彰，只有胡適（一八九一—一九六二）、梅貽琦（一八八九—一九六二）等少數人逃出。中央研究院轄下各研究所，得以遷臺者僅一所半，歷史語言研究所完璧歸趙，數學研究所僅存圖書設備。院士八十一人，有六十幾位選擇留在大陸。畢竟遭逢變世，知識份子多數活在徬徨之間，既對國民黨失望，又對共產黨不安，只能被動地接受命運安排。史家陳寅恪（一八九〇—一九六九）隨胡適等專機離平，卻滯留廣州不願渡臺，就是一則寫照。

軍隊整頓。空軍可以飛渡，著手最早。民國三十七年（一九四八）秋天，所屬各訓練機關、學校和航發單位，已陸續來臺；稍後全軍八個大隊，約三百架飛機，也都相當完整撤抵。海軍總司令部則於民國三十八年（一九四九）五月遷臺，隨著大陸沿海失守，各艦逐次以高雄左營為中心，集中臺海。遺憾的是，由英軍無償援贈，戰後中國噸位最大的巡洋艦「重慶號」，竟發生叛逃事件，終由政府空軍擊沉於河北葫蘆島。

最困難者，仍屬陸軍的整頓。陸軍自民國十七年（一九二八）北伐完成以來，派系林立、蕪蔓龐雜；蔣中正雖力行「削藩」及「純化」政策，期建立以黃埔系為核心的國家正規軍，終不可得。如今中原板蕩，各軍競渡，乃乘機對大陸撤臺部隊，一律於船上解除武裝，取消番號，規定地點登陸宿營，進駐基地重新整編。親歷者指為如臨大敵，百般刁難，一兵一卒都不放過，極人間難堪之境地。但民國以來的「藩鎮」之禍，能隔臺海戛然而止，終究賴此鐵腕所賜。

大陸政權的易手

民國三十八年（一九四九）一月二十一日，蔣中正發表《引退謀和書告》，兌現他在元旦文告裡的諾言。副總統李宗仁隨即宣布代行總統職權，翌日更聲明政府願就中共所提條件，商談和平。李的想法，概在利用敗戰之餘，一面迫蔣出局，甚至流放海外；一面爭取與中共「隔江而治」或聯合政府的機會，形成政局主導力量。

但中共此時，已非吳下阿蒙，姿態出奇之高。民國三十七年（一九四八）十二月，先逕自點名蔣中正以下四十三名政府要員為「戰犯」。接著民國三十八年（一九四九）一月，提出八項和平條件，包括懲辦戰犯、廢除憲法與法統、改編所有政府軍等；且拒絕先行停戰，誓言要「將革命進行到底」云云。三月，中共中央由石家莊遷至北平。四月一日，政府代表團抵達，旋即展開正式會談。共方堅持「無論和戰，均須過江」，接收南京政權及所有軍隊，並限四月二十日簽字。至此談判無以為繼，宣告破裂。且政府代表團拒絕南返，全員留平，投共而去。

四月二十日期限一過，解放軍立刻搶渡長江，二十三日南京失守，行政院已先於二月播遷廣州辦公。蔣中正總統「引退」後，仍守中國國民黨總裁頭銜，退居奉化故里，幕後緊握實權。南京陷後，蔣復出巡視東南沿海，部署軍事。六月進駐臺北草山（今陽明山），設「總裁辦公室」，包括陳誠「東南軍政長官公署」所有命令，都須向之報備。八月，另於高雄設置「中國國民黨政治行動委員會」，統籌在臺情治活動，是為今日「國家安全局」的前身。

解放軍渡江以後，政府已成兵敗如山倒之勢。東南方面，五月二十七日上海失守，浙、贛各地望風而降。八月解放軍入福建，湖南地方當局也告投共。十月十五日廣州易手，中央政府再遷重慶；十七日廈門被擄，廿五日古寧頭一戰，政府軍總算在金門穩住陣腳。

西南、西北方面，僅餘白崇禧、胡宗南集團，稍能一戰。白主張和談未成，率軍南退廣西故里，希圖守境自保，十一月終為解放軍所破。李宗仁代行總統，全靠桂系實力，和談既告失敗，蔣中正又拒絕釋權，李即不肯隨政府遷廣州，卻遄返廣西。迨白崇禧兵敗，事無可為，十一月二十日逕飛香港，稍後轉抵紐約，棄殘局予蔣收拾。

西北各地，同樣望風而降。五月二十日，西安失守，胡宗南退保陝南、秦嶺一帶。十月中央政府由廣州遷重慶，蔣中正穿梭臺北、廣州、重慶三地，猶望保住四川，與臺灣互為犄角。但至十一月，貴陽已失，解放軍長驅入川；蔣飛重慶坐鎮，急調胡宗南所部南下。無奈人心渙散，月底重慶即告易手。蔣率各軍退往成都，西南各省當局已與共軍接觸，自謀生路。

民國三十八年（一九四九）十二月七日，總統府及行政院，離川遷臺，象徵「中華民國在臺灣」的時代，正式開始。十日，解放軍圍成都，蔣中正偕子經國飛臺北，終生無能重返大陸。胡宗南殘部再退西康西昌，試圖建立游擊基地，惜至民國三十九年（一九五〇）三月仍告覆沒。

在美國的態度方面，自國共三大戰役以後，華盛頓對南京政府已趨於絕望。除國務卿艾奇遜發表「等待塵埃落定」談話外，民國三十八年（一九四九）四月南京撤守，美國駐華大使司徒雷登即未隨行，且曾頻頻與中共代表接觸，一度還打算訪問北京。五月十三日，艾奇遜更具體告以承認中共的三項條件：在事實上控制中國領土和行政機關；有能力、又有意願承擔其國際義務；得到中國人民的普遍認同。

八月五日，美國國務院片面公布《美國對華白皮書》，正式名稱為《美國與中國之關係：尤重一九四四至一九四九年間之論述》。內容最重要者，是書前艾奇遜致杜魯門的一封傳達函，強調南京政府之失敗，乃因內部嚴重的貪腐問題，而非美援不足，意在撇清美方的責任。華府至此，顯已抱持徹底的放手（Hands-off）態度。所以民國三十九年（一九五〇）一月五日，杜魯門又發表不準備防衛臺灣的談話，表示《開羅宣言》和《波茨坦宣言》已將臺灣歸還給中國，過去四年間，美國及其盟國承認中國對該島的權力，故不會採取任何捲入中國內戰的行動云。

風雨飄搖如是，退居臺灣的中華民國政府，能夠再度穩住陣腳，主要還是拜中共僵硬的國際表現之賜。先是民國三十八年（一九四九）六月底，毛澤東發表〈論人民民主專政〉，表態效忠，向蘇俄一面倒。繼而徵收北京美國領事館財產，拘禁外交人員，終於逼得美方承認，爭取中共「溫和派」合作的「中國狄托主義」已告失敗，在民國三十九年（一九五〇）一月，撤回所有駐華人員。接著六月二十五日，韓戰爆發，杜魯門始令第七艦隊巡弋臺海，不僅臺灣安全獲得保障，兩岸格局也就此逐步確立，以迄於今。

參考文獻

林桶法，《戰後中國的變局：以國民黨為中心的探討（一九四五—一九四九）》，臺北，臺灣商務印書館，二〇〇三。

易勞逸著；王建朗、王賢知譯，《蔣介石與蔣經國：一九三七—一九四九》，北京，中國青年出版社，一九八九。

王永祥，《雅爾達密約與中蘇日蘇關係》，臺北，東大圖書公司，二〇〇三。

中共中央黨史研究室，《中國共產黨的七十年》，北京，中共黨史出版社，一九九一。
賴澤涵總主筆，《二二八事件研究報告》，臺北，時報文化出版企業股份有限公司，一九九四。
戴國煇、葉芸芸，《愛憎二．二八：神話與史實》，臺北，遠流出版社，一九九二。
潘志奇，《光復初期臺灣通貨膨脹的分析：民國卅四年至四十一年》，臺北，聯經出版公司，一九八〇。
陳錦昌，《蔣中正遷臺記》，臺北，向陽文化，二〇〇五。
牛軍，《內戰前夕：美國調處國共矛盾始末》，臺北，巴比倫出版社，一九九三。
梁敬錞，《中美關係論文集》，臺北，聯經圖書公司，一九八二。

第八章　臺海兩岸的對峙與交流

✢ ✢

一九四九年（民國三十八年）九月，隨著中國人民解放軍即將征服整個中國，中國共產黨中央委員會主席毛澤東準備建立新的政府，於是在北平召開「中國人民政治協商會議」，通過〈中華人民共和國中央人民政府組織法〉等決議，選舉毛澤東為中央人民政府主席，改北平為北京，定為國都，制定國旗為五星紅旗，並採用西元紀年。同年十月一日，毛澤東在北京天安門城樓宣布「中國人民站起來了」，中華人民共和國自即日起成立，「新中國」正式誕生。但中日戰爭甫告結束，國共內戰瞬即爆發，中國竟無一天寧日。在戰火的破壞下，中國城市經濟一片殘破，大部分工廠停工，交通斷絕，通貨膨脹極度嚴重，中共及其成立的新政權面對的是前所未有的種種困難。

為此，新成立的中華人民共和國當務之急就是恢復經濟，抑制嚴重的通貨膨脹，以贏得民眾對中共的支持。

由於中華人民共和國順利完成經濟的恢復，毛澤東決定於一九五三年（民國四十二年）開始實施「社會主義過渡時期總路線」，大力推動第一個五年期國民經濟計畫。「一五計畫」體現了近代以來中國人「富國強兵」的目標，毛引進蘇俄的計畫經濟經驗，一方面消滅私有制經濟，實施生產全面集體化；另一方面則在俄國資金及技術專家的協助下，建立重工業與國防工業體系，奠定了中國工業化的基礎。一九五八年（民國四十七年），毛澤東掀起「三面紅旗」運動。但這個運動建立在中共高層對國內經濟條件的錯誤樂觀上，實施結果造成國家總體經濟的混亂與崩潰，並釀成嚴重饑荒。為此，毛澤東被迫辭去國家主席一職以示負責，善後問題則由新任國家主席劉少奇及中共中央書記處總書記鄧小平處理。劉少奇等人上臺後，改採溫和的改革措施，放寬集體化控制，允許有限度的市場經濟，社會生產力才逐漸復甦。

然而，退居第二線的毛澤東不甘心失敗，於是在一九六六年（民國五十五年）發動「文化大革命」，扶植江青等「四人幫」奪權，並號召青年學生組織「紅衛兵」，批鬥黨內幹部及知識份子；文革風暴橫掃一切，全國陷入混亂之中。及至一九七六年（民國六十五年），周恩來、毛澤東相繼過世，華國鋒接任中共中央主席，在軍方元老派的合作下，逮捕江青等「四人幫」，文革十年浩劫才終於結束。其後，在軍方元老派力保下，鄧小平再度復出，並在一九七八年（民國六十七年）十二月召開的中共十一屆三中全會上贏得勝利，開啟「改革開放」的新路線。鄧小平體制在國民經濟上獲致相當的成功，自中共改革開放以來，雖歷經一九八九年（民國七十八年）六四天安門事件及一九九七年（民國八十六年）香港回歸的衝擊，中華人民共和國每年仍以平均近百分之十的經濟成長率，成為全球生機最蓬勃的經濟體之一。展望未來，中華人民共和國如何在全力發展經濟之餘，兼顧人民參與政治及追求社會平等的呼聲，將是其面對新世紀的重大挑戰。

中華人民共和國的締造與發展

中華人民共和國的成立

一九四九年（民國三十八年）十月一日，毛澤東在北京天安門城樓舉行盛大的慶祝典禮，宣布「中國人民站起來了」，中華人民共和國自即日起成立，「新中國」正式誕生。中華人民共和國的成立不僅標誌自一九二一年（民國十年）中共建黨以來，其黨員前仆後繼奮鬥的目標終於完成，也給予中共黨人依照共產理念建設新國家的試行機會。

中華人民共和國成立之初，在行政組織上，中央為人民政府，設有「政務院」（後改稱「國務院」），地方設大行政區（後取消）、省、縣，省縣之間有時會設「地區」級政府。為表示尊重少數民族，邊疆省分及地區設「自治區」，如廣西為壯族自治區、新疆為維吾爾自治區，不稱省。在黨派關係方面，由於標榜毛澤東所謂的「人民民主專政」，主張應由工人、農民、小資產階級及民族資產階級組成聯合政府，因此也容納非共黨人士參加政府，如民主同盟主席張瀾、國民黨人李濟深及擔任人民政府副主席的孫中山遺孀宋慶齡。但實際上，中共全面操控政權，除周恩來出任政務院總理兼外交部長，綜理一切政務外，各重要部會首長均由中共黨員擔任，僅少數較不重要者由非共黨人士充任，形成中共「一黨專政」的局面。表面上，中華人民共和國有從中央到地方的各級「人民代表大會」，以及標榜各民主黨派及社會團體共同參與的「政治協商會議」，代表人民行使參政權；但實際上，其各類「人大」及「政協」代表的選舉均由共黨操控，毫無民主及自由選舉可言。

在以黨治國的統治方式下，中國共產黨是領導工農無產階級專政的先鋒隊，是不可替代的政權掌握者。中共黨的組織遍布社會各階層及各團體，由上而下，層層節制；黨員人數迄今已超過四千萬人，成為世界第一大黨。如此一來，根據共黨一元化領導原則，中共幹部得以透過黨的組織，領導政府、軍隊、學校、企業、工廠等，實行中央集權，控制力遍及社會各角落。而毛澤東身兼中共中央主席、中央人民政府主席及人民革命軍事委員會主席於一

圖 8-1　毛澤東宣告中華人民共和國成立

身，擁有國家政策的最後決定權，徹底掌控、指揮著黨政軍的發展。

中華人民共和國建立之初，中共當局所面對的是經歷多年戰亂後殘破不堪的國家。因此，如何重整經濟秩序、恢復農業生產，實為施政當務之急。土地是農業生產的憑藉，也是解決農村貧富不均問題的關鍵。自共產革命以來，社會主義強調的「階級平等」、「財富共享」等觀念，一直是共產黨人追求的理想。且早在革命及內戰時期，中共已運用「減租減息」、「打土豪，分田地」等手法進行農村土地改革，爭取農民認同，並得到很大迴響。有鑑於此，中共當局乃決定於建國後，全面實施土地改革。一九五〇年（民國三十九年）六月，中共頒布《中華人民共和國土地改革法》等法規，並派出土改工作團深入農村，加速進行全國土地重新分配。經「清匪反霸」、「減租退押」、「畫階級分田」、「複查發證」等階段，運用「清算鬥爭」、「掃地出門」等方式，沒收了地主及富農多達七億畝的土地，並將其分給貧中下農，使中農、貧農及僱農占有全國耕地百分之九十以上。至此，所有農民均成自耕農，存在於中國歷史千百年的地主階層正式消滅。由於廣大的農民獲得自己的土地，生產意願大幅提高，生產力迅速恢復，並超越抗戰前水準。更重要的是，藉由土地重新分配，贏得農民的向心，鞏固中共政權的統治基礎。

在城市經濟方面，由於中共對城市統治經驗不足，加以為遏止自抗戰以來日趨嚴重的通貨膨脹問題，於是在建國之初，對城市採取較緩和的政策。中國通貨膨脹除因長年戰亂及人民預期心理外，生產不足是很重要的原因。因生產不足自然會刺激物價的上漲，物價上漲則政府需印更多的通貨以購買物資，如此惡性循環下，經濟形勢愈發嚴重。有鑑於此，中共除全力沒收外國資本及國民政府的國營企業，實施產業國營化外，暫時仍容許民間私營企業的發展。如此雙管齊下，至一九五三年（民國四十二年）時，中國城市經濟秩序大致已恢復到抗戰前的水平。

當一九四九年（民國三十八年）中華人民共和國建立時，中共解放軍尚在西南各省追擊潰逃的國民黨政府軍，在戰火的波及下，整體社會秩序仍充滿騷動不安。一九五〇年（民國三十九年）三月，解放軍攻克西康西昌，中華民國政府在大陸的最後一個據點失守，也宣告結束了其對中國大陸二十餘年的統治。由於透過軍事管制、政治控制及土地改革等手段，中共已能有效掌控全中國，原本混亂的社會秩序也逐漸恢復穩定。建國之初，中共開始運用公安部門及居民委員會等組織，控制基層社會。

及至韓戰爆發後，為加強內部統治，毛澤東於一九五一年（民國四十年）初發布《關於懲治反革命份子條例》，掀起了為時兩年多的「鎮壓反革命」運動，更進一步鞏固其政權。所謂的「反革命份子」是由中共主觀認定，並無客觀標準，加以審判不經司法程序，被牽連人數眾多，據估計超過兩百萬人以上。

在推動「鎮反」運動的同時，中共發現已逐漸城市化的幹部們開始出現腐化的現象。為整頓幹部的腐化問題及工商界的不良風氣，中共自一九五一年（民國四十年）十一月起，同時在黨內進行「反貪汙、反浪費、反官僚主義」的「三反」運動，以及針對工商業界的「反行賄、反偷漏稅、反盜騙國家財產、反偷工減料、反盜竊經濟情報」的「五反」運動。「鎮反」運動及「三反五反」運動不僅鞏固中華人民共和國的統治基礎，也使社會秩序很快就恢復了穩定。

以俄為師：社會主義建設總路線的試行與挫敗

當中華人民共和國成立時，其所面對的是美蘇冷戰對立的兩極世界，中國既然無法維持中立，則勢必要在美蘇之間有所選擇。期間美國雖然對新成立的中共政權有所爭取，但最終毛澤東仍選擇蘇俄，並宣布中國將向蘇俄「一邊倒」。在蘇俄的援助下，毛澤東以俄為師，仿效蘇俄的國家計畫經濟，試行社會主義建設總路線，希望能在最短時間內達成中國富國強兵的目標。

中華人民共和國成立後，蘇俄及其東歐附庸國立即予以承認，使其成為共產國際集團中的一員。一九四九年（民國三十八年）十二月，毛澤東率周恩來等人赴莫斯科訪問，這是毛生平第一次出國，也是中國領導人首度訪蘇，頗引起外界矚目。毛澤東此行最主要的任務是與蘇俄協商簽訂同盟條約，除確定中蘇關係、規範蘇俄在華利益外，並磋商經濟合作事宜。一九五〇年（民國三十九年）二月，中蘇共同宣布簽訂《中蘇友好同盟互助條約》，規定雙方不參加任何反對對方的集團及行動，並彼此給予一切的經濟援助與合作。此外，蘇俄允諾貸款三億美元給中國，並將中長鐵路移交中國，撤退留駐旅順的俄軍，大連行政亦歸中國管轄。在蘇俄的援助下，中華人民共和國得到各項建設所需的人力、物力及資金，對政權穩定及現代化事業的推動幫助甚大。

自一九四五年（民國三十四年）日本投降，結束對韓國的殖民統治後，美、蘇兩國都派軍隊進駐朝鮮半島，並以北緯三十八度為臨時分界線。隨後，美、蘇各自扶持成立一個政權，南、北韓正式分裂。一九五〇年（民國三十九年）六月，北韓領袖金日成受到中國共產革命成功、世界共產運動聲勢高漲的激勵，決心完成韓國統一，於是在六月二十五日揮兵南下，韓戰遂告爆發。由於南韓軍力不堪一擊，北韓軍隊節節進逼，朝鮮半島局勢緊張。美國認定蘇俄在後唆使，為遏阻共產勢力擴張，決心協助南韓抵抗入侵。六月二十七日，美國總統杜魯門下令駐日美軍準備出動增援南韓，同時命海軍第七艦隊開始巡弋臺灣海峽。七月七日，聯合國安全理事會在蘇俄代表缺席情況下，除譴責北韓的侵略行動，並通過以聯合國名義派遣美、英等國軍隊參戰。此時北韓軍隊幾乎席捲整個南韓，美韓聯軍退至釜山、大邱據守待援。聯合國軍在美國名將麥克阿瑟（Douglas MacArthur）指揮下，於九月十五日發動仁川登陸戰，收復南韓首都漢城（今名「首爾」），實行反攻。北韓軍隊因為交通、補給線被截斷，迅速敗退，聯軍於十月初越過三十八度線繼續向北進兵，希望一舉掃除北韓勢力，完成韓國統一。就在此時，中共決定出兵「抗美援朝」，改變了韓戰的進程。

自一九五〇年（民國三十九年）以來，中共方面為完成中國統一，一直在進行「解放臺灣」的準備，毛澤東並訓令解放軍須於當年夏天完成所有準備工作。然而，當同年六月二十五日韓戰爆發後，毛強力排除包含國防部長彭德懷在內的黨內反對意見，堅持出兵援助北韓，甚至不惜暫停對臺軍事行動，其考量有下列三點：

禦敵於境外。毛澤東認為聯軍在朝鮮的軍事行動嚴重威脅中國國家安全，聯軍統帥麥克阿瑟於一九五〇年（民國三十九年）七月出訪臺灣，更使毛疑慮美國有意藉韓戰幫助國民黨反攻大陸。為禦敵於境外，毛決定出兵援助北韓。

爭取俄援。如果聯軍反攻完成全韓統一，韓國將置於美國勢力之下，這對蘇俄國家安全及冷戰形勢是相當不利的。但蘇俄又擔心直接出兵援助北韓，將爆發與美國的第三次世界大戰。因此，毛澤東出兵「抗美援朝」正切合蘇俄所需，俄方並提供中共大量軍事及經濟援助，中共藉此組建空軍、砲兵等技術兵種，推進解放軍的軍事現代化歷程。

安定內部。在國共內戰時期，中共所俘虜及投誠的國民黨政府軍約有兩百萬人之眾，及至內戰結束，如何處置這些軍人，成為中共燙手山芋。韓戰爆發後，毛澤東將這些原國民黨政府軍重新整編為「志願軍」，首先派入朝鮮「抗美援朝」，與聯軍爆發激烈戰鬥，甚至不惜「以人海填火海」，造成部隊極大的傷亡。毛此一借刀殺人之策，不僅肅清內部潛在反動力量，又可激發群眾反美情緒，達到動員群眾的目的。此外，毛澤東也藉機削平蘇俄在東北的特殊勢力，加強對地方的控制。

中共於一九五〇年（民國三十九年）十月參加韓戰後，以部隊重大的犧牲遏阻了聯軍的攻勢，韓戰戰火退回至北緯三十八度線左右。一九五三年（民國四十二年）七月，韓戰正式結束，南北韓仍回到戰前的原點，以北緯三十八度線分裂為兩個國家。中共參加韓戰有得有失，就正面影響而言，經此一役，中華人民共和國成為全世界弱小民族抗擊美國等西方強權的楷模，為中共爭取到第三世界國家廣大的友誼；而中共在韓戰的表現，也獲得蘇俄激賞，為中共爭取到龐大的軍經援助，藉以推動國家的現代化發展。但就負面影響而言，中共在韓戰中與美國正面為敵，不僅推遲與美國關係正常化的進程，更錯失「解放臺灣」的良好時機，此後美方積極援臺，臺灣問題已成為國際問題；此外，由於中共被聯合國譴責為「侵略者」，使其長期被排斥於國際社會之外，對中國國家發展毋寧是相當不利。

✣

一九五二年（民國四十一年）底，中華人民共和國完成了「三年整理」時期，毛澤東認為新成立的共和國基本上已完成改造階段，於是準備實施「社會主義過渡時期總路線」，開始推動國家經濟建設。按照古典馬克思主義學說，社會主義要以高度工業化為先決條件，中國雖為經濟落後國家，但在實施高度工業化後，就能繞過資本主義，直接進入社會主義階段。因此，為使中國過渡到社會主義階段，毛澤東決定仿效蘇俄的計畫經濟經驗，大力推動第一個五年期國民經濟計畫（簡稱「一五計畫」）。為此，中華人民共和國中央人民政府乃成立「國家計畫委員會」，而地方各大行政區、省、縣人民政府也設置獨立的計畫委員會，負責制定各項經濟指標，並依指標調配各部門的經濟活動，為「一五計畫」的推動奠下重要基礎。

一九五三年（民國四十二年）六月，中共中央正式宣布開始實行全面向社會主義過渡的政策，準備在十餘年間完成中國工業化及對農業、手工業與資本主義工商業的社會主義改造，揭開「一五計畫」的序幕。「一五計畫」基本上是一個發展重工業建設的計畫，中華人民共和國把將近九成（百分之八十八點八）的工業投資額投入重工業發展，體現了自近代以來中國人「富國強兵」的目標。毛引進蘇俄的計畫經濟經驗，一方面消滅私有制經濟，實施生產全面集體化；另一方面則在俄國資金及技術專家的協助下，建立重工業與國防工業體系，並繼續擴大國營事業的規模。「一五計畫」的成效頗為顯著，總計從一九五三年（民國四十二年）至一九五六年（民國四十五年），全國基本建設投資總額達四百四十五億人民幣，工業增長率為百分之十九點六，其中重工業更高達百分之二十七點一，奠定中國工業化的基礎。同時，中共也致力於壓低農產品的收購價格，利用農產品與工業產品之間的價格落差，犧牲農村，成就城市，轉移農村的資金，以確保工業發展及城市糧食的供應。

「一五計畫」的成功給了毛澤東很大的信心，決心要在「一五計畫」的基礎上，將中國推向社會主義天堂。一九五八年（民國四十七年），毛澤東掀起「三面紅旗」運動。所謂「三面紅旗」，是指「農工生產大躍進」、「社會主義建設總路線」及「人民公社」三項運動。但三面紅旗運動建立在中共高層對國內經濟條件的錯誤樂觀上，實施後竟造成國家總體經濟的混亂與崩潰，並釀成嚴重饑荒，總計大躍進三年期間（一九五八－一九六〇），約有二千萬人餓死，三面紅旗徹底失敗。為此，毛澤東被迫辭去國家主席一職以示負責，善後問題則由新任國家主席劉少奇及中共中央書記處總書記鄧小平處理。劉少奇等人上臺後，改採溫和的改革措施，放寬集體化控制，允許有限度的市場經濟，社會生產力才逐漸復甦。

文化大革命的狂飆

從一九六六年（民國五十五年）至一九七六年（民國六十五年）的十年間，中國大陸爆發了所謂「無產階級文化大革命」，造成了十年浩劫。文革不僅使中華人民共和國幾乎陷入無政府狀態，更極度扭曲人性，影響深遠。

文化大革命的背景，顯然與毛澤東的思想息息相關。毛成長於五四運動前後，他對中國傳統文化的觀感，明顯受到五四時期以來反傳統風氣的影響。當中共建國以後，雖翻新了中國的政體及經濟型態，但社會主義新思想、新文化、新風俗及新習慣並未隨之建立，各級官員反因掌握大權而有日趨腐敗之勢，使毛澤東憂心不已，認為有「不斷革命」的必要。而他與劉少奇之間的權力爭奪，更使形勢為之惡化。自延安時期以來，毛澤東已是中國共產黨獨一無二的領袖，其思想並於一九四五年（民國三十四年）中共召開第七次全國代表大會時載入黨章，成為指導黨務發展的重要方針。一九四九年（民國三十八年）革命建國的成功，更使毛膨脹自己的地位，開始以革命的聖人、先知自居。然而，大躍進的失敗迫使毛辭去國家主席，其領袖地位發生動搖。尤其在劉少奇、鄧小平主政下，劉鄧體制與毛堅持的社會主義路線背道而馳，退居第二線的毛澤東不甘心失敗，決心以打倒「當權派」為目標，於是在一九六六年（民國五十五年）以中共中央主席名義，號召人民群眾發動「無產階級文化大革命」，掀起一場狂飆。

文化大革命初期，毛澤東利用人民群眾對他的盲目崇拜，以及以國防部長林彪為首的軍方支持，積極扶植其妻子江青等「四人幫」奪權，並號召青年學生組織「紅衛兵」，批鬥黨內幹部及知識份子。這些年輕的紅衛兵將自己視為革命的接班人及造反派，在「造反有理，革命無罪」的口號下，標舉破四舊（舊思想、舊文化、舊風俗、舊習慣）、立四新（新思想、新文化、新風俗、新習慣），積極投身文化大革命，在各地掀起批鬥奪權之風。當時，劉少奇遭批鬥而死，鄧小平被解除所有職務、下放勞改，中共黨政高層除周恩來外，幾乎全數遭到波及。除軍方及核子彈研發等少數特殊單位外，文革風暴幾乎橫掃一切，全國陷入混亂之中。隨後，被毛澤東指定為接班人的林彪因與毛權力衝突，在策劃軍事政變失敗後，於一九七一年（民國六十年）九月搭機出亡途中，墜機而死。毛澤東開始對軍隊大加整肅，林彪嫡系人馬（第四野戰軍系統）遭到大清洗，文革風暴也衝擊軍方。及至一九七六年（民國六十五年），周恩來、毛澤東相繼過世，毛生前欽點的華國鋒接任中共中央主席兼中央軍委主席、國務院總理，在軍方元老派的合作下，逮捕江青等「四人幫」，文革十年浩劫才終於結束。

為時十年（一九六六—一九七六）的文化大革命帶給中國極大的創傷，影響深遠。文革期間，各地紅衛兵高喊「革命無罪，造反有理」，在革命的口號下「破四舊、立四新」，大舉毀壞傳統文物及書籍，並對黨政幹部及知識份子大肆批鬥，造成政治、文化、經濟、社會全面倒退，全國普遍陷入混亂。尤其嚴重的是，由於文革衝擊各級學校，學生批鬥教師，學校教育全面停擺，結果整整一代人未能接受完整教育，使後來中國人口素質及推動國家的現代化，都面臨無可挽回的嚴重問題。此外，文革期間大量的批鬥、武鬥、鎮壓，以及後來毛澤東為了收拾文革殘局，各地紅衛兵被迫「上山下鄉」，離開城市，下放農村，種種極度扭曲人性的作為，給許多人留下極深的傷痕，以及永難抹滅的歷史記憶。

鄧小平改革開放與六四事件

華國鋒雖於一九七六年逮捕四人幫，結束文革十年浩劫，但其在黨內政治聲望不足，加以堅持毛澤東路線，以致文革以來中國社會、經濟停滯局面始終未能改善。其後，在軍方元老派力保下，鄧小平再度復出，擔任國務院副總理，負實際的政治責任。鄧氏復出後，採行溫和改革措施，除恢復高等教育、禮遇知識份子外，並為歷年政治運動受害者進行平反，聲望逐漸升高，而華國鋒的權力則日漸旁落。一九七八年（民國六十七年）十二月，中共召開第十一屆三中全會，鄧小平擊敗華國鋒贏得勝利，並接任中共中央軍委主席一職，成為實際上中國最高領導人。此後，鄧小平以中共中央軍委主席身分，指導中共總書記胡耀邦及國務院總理趙紫陽施政，成為繼毛澤東之後最有實權的人物。

一九七八年（民國六十七年）召開的中共十一屆三中全會，不僅標誌鄧小平時代的到來，也是中國實施改革開放的起點，深具時代意義。此次會上，鄧小平以務實的立場將毛澤東的功過「七三開」，七分有功，三分有過，重新詮釋毛澤東思想，並號召全體黨員從事社會主義現代化建設。一九七九年（民國六十八年）一月一日，中華人民共和國突破長年的孤立，與美國正式建交；其後鄧小平更親訪美國，成為第一位踏上美國國土的中共領導人，幫助打開中國與西方世界的交往。同年，在鄧小平的積極推動下，中國開始引進市場機制的概念，並將經濟決策權及管理權適度下放，開啟「改革開放」的新路線。為了推動所謂的「四個現代化」：農業、工業、國防、科技現代化，鄧小平決定仿效臺灣設立加工出口區的作法，先在廣東、福建設立四個經濟特區，一方面吸引外資，另一方面則作為試點。一九八四年（民國七十三年），鄧小平親自南下廣東，視察深圳經濟特區；見其確有成效後，再進一步開放了沿海十四個城市及海南島作為經濟特區，給予當地政府更多自主權。一九八五年（民國七十四年），長江三角洲、珠江三角洲及廈門、泉州、漳州三角地帶等三個沿海區域也宣布開放，希望建設為「黃金海岸」，以吸引外資。一九八七年（民國七十六年），中共召開第十三次全國代表大會，標舉建設有中國特色的社會主義，確立經濟建設及改革開放等基本方針。鄧小平體制在國民經濟上獲致相當的成功，自中共改革開放以來，中華人民共和國每年以平均近百分之十的經濟成長率，成為全球生機最蓬勃的經濟體之一。

鄧小平復出後，雖在經濟上採行改革開放措施，不過在政治上仍堅持中共一黨專政。一九七九年（民國六十八年）春，鄧小平強力壓制北京知識份子掀起的「北京之春」民主運動，並提出著名的「四個堅持」：堅持社會主義道路、堅持無產階級專政、堅持共產黨領導、堅持馬列毛思想。一九八〇年代中國全力發展經濟，但也產生嚴重的官員貪汙及通貨膨脹等問題，逐漸引發民間的不滿情緒。

一九八七年（民國七十六年），思想較開明的中共總書記胡耀邦因反「自由化」不力，被迫下臺，改由趙紫陽接任。一九八九年（民國七十八年）春，蘇俄總書記戈巴契夫實施改革開放，東歐出現民主化運動，中國知識份子大受鼓舞。同年四月，胡耀邦病逝，北京大學生以悼念胡耀邦為名，齊聚天安門廣場，要求反獨裁、反貪汙。此時，適逢戈巴契夫訪問中國大陸，國際媒體齊聚北京，天安門學生運動很快就吸引國際媒體的注意，並得到北京社會各階層的響應，廣場群眾增加至二十餘萬人。南京、上海、天津等各大都市也紛紛出現群眾遊行，大有星火燎原之勢。中共國務院總理李鵬為弭平學運，乃於同年五月宣布北京部分地區戒嚴，並得到鄧小平的支持，調派解放軍入京。六月四日凌晨，解放軍以坦克開路，對天安門廣場的學生、群眾展開驅離行動，一時槍炮聲大作，造成數百人死亡，是為「六四天安門事件」。

六四事件後，中共在政治上更趨保守，鄧小平罷黜同情學運的趙紫陽，改以曾鎮壓上海學運的上海市委書記江澤民接任中共總書記。中共在全國各地逮捕民運份子、整頓媒體，並對大學生實施思想及軍事訓練，大陸民主化呼聲暫告中挫。然而，此事件充分暴露出中共政權的暴力本質，不僅喪失其政權存在的合法性、道德性，招致國際社會普遍的責難，也使世人對於所謂「中國崛起」心存恐懼，實不利其國際觀瞻及政權發展。

一九九七年（民國八十六年）二月，鄧小平去世，中華人民共和國正式告別「強人政治」，進入了一個後強人時代。就在同一年，英國結束對香港一百五十年的殖民統治，香港正式回歸中國，自清末以來的百年國恥徹底湔雪，中國應以新的國際觀平等對待世界各國。鄧小平雖死，但他生前所制定包括實施市場經濟、堅持共黨專政等基本路線，仍為江澤民等政治繼承人奉為圭臬。二〇〇二年（民國九十一年）十一月，長期在西北基層工作的胡錦濤繼江澤民之後，出任中共總書記，後來並兼任中華人民共和國國家主席及中共中央軍委主席，中國完成新世紀的權力世代交替，並奠下權力和平交接的慣例。而同樣曾在西北歷經基層工作的溫家寶則出任國務院總理，在胡溫體制下，全力推動中國經濟建設，向大國之路邁進。二〇〇七年（民國九十六年）十月，中共召開第十七次全國代表大會，胡錦濤順利蟬聯總書記，權力基礎更為穩固。同時，為培養下一代接班人，拔擢具有法政、財經博士學位的習近平、李克強二人出任中共政治局常委，體現中共年輕化、專業化的世代接班規劃。展望未來，在胡錦濤主政下，中華人民共和國如何在全力發展經濟之餘，兼顧人民參與政治及追求社會平等的呼聲，將是其面對新世紀的重大挑戰。

中華民國在臺灣

民國三十八年（一九四九）一月，中華民國政府軍接連在遼瀋、徐蚌及平津三大戰役慘遭敗北，超過一百五十萬的軍隊被中共解放軍殲滅，國共內戰大勢底定。同年一月二十一日，蔣中正總統在各方壓力下宣布下野，由副總統李宗仁代行職權。然而，蔣有鑑於共軍即將席捲全國，為預留退路，在下野前夕發布一連串命令，其中最重要的就是任命陳誠接掌臺灣省政府主席及將黃金、物資等先行運臺。臺灣向無共黨勢力，誠如蔣中正所言，「是革命的一塊乾淨土」，今由親信陳誠掌權，是為日後中華民國政府遷臺奠定重要基礎。中華民國政府遷臺後，實行一連串改革與建設，並在韓戰後得到美國的援助，終於在臺灣站穩腳步，開創「中華民國在臺灣」的新局。

蔣中正復職總統與軍事保臺

民國三十八年（一九四九）四月，中共解放軍攻陷南京，中華民國政府遷都廣州。十月，廣州失守，政府再遷重慶。及至同年十二月，解放軍攻入四川，中華民國政府在播遷成都後，宣布即日起政府遷往臺灣臺北辦公。民國三十九年（一九五〇）三月，在各界籲求下，蔣中正宣布在臺復職，不僅穩定當日徨惑不安的人心，也開啟「中華民國在臺灣」的新局。

蔣中正自民國三十八年（一九四九）初引退後，雖是下野之身，卻仍以國民黨總裁身分奔走各地，指導軍政事務的進行。其間，雖因黃金、物資運臺及軍隊指揮等權力分配問題，與代總統李宗仁產生矛盾摩擦，但蔣仍不改其志，繼續指揮、督導各地戰事。同年六月，蔣中正在上海保衛戰結束後，經舟山群島來臺，開始規畫軍事重建及黨務改造事宜。七月，蔣在臺北草山（後改名「陽明山」）成立「總裁辦公室」，作為其推動政務進行的重要樞紐。此後，蔣中正即以臺灣為根據地，奔走往來於川、滇、粵之間，指揮戰事的進行。及至同年底，中華民國政府遷臺，李宗仁代總統不願隨政府來臺，滯留香港，後來並以醫病為由遠赴美國。值此內戰形勢風雨飄搖之際，中華民國政府群龍無首，擁蔣復職的呼聲四起。

圖 8-4　蔣中正在臺北復任中華民國總統

關於蔣中正復職問題，首先須解決法律規定，在法界人士建議下，以蔣當初下野是為了讓政府與共方進行和談，今和談決裂，蔣下野的前提條件消失，自得以恢復原先總統職位。法律問題解決後，國民黨中央常務委員會、國民大會、立法院及各機關團體紛紛籲請蔣中正復職，監察院並以李宗仁長期滯留美國不歸，怠忽職守，對其加以彈劾。於是，蔣中正接受各界擁戴，宣布於民國三十九年（一九五〇）三月一日復任總統，對於當日徨惑不安的人心，確實起了穩定的作用。

蔣中正總統復職後，首先於民國三十九年（一九五〇）三月六日進行內閣改組，提名陳誠擔任行政院長，並獲立法院同意。隨後，發布各項人事命令，其中最受矚目的，是由吳國楨繼陳誠之後，擔任臺灣省政府主席，以及在軍事上任命周至柔為參謀總長兼空軍總司令、孫立人為陸軍總司令、蔣經國為總政治部主任。吳國楨、孫立人皆有留美背景，向來被視為親美派，其兩人的任命，普遍被外界認為是為了爭取美援，拉攏與美國的關係。而周至柔出掌軍令系統，除被視為陳誠勢力的擴張（周氏出身陳誠軍事集團）外，也代表黃埔系（周為黃埔一期）正式取代何應欽、顧祝同等老將，成為臺灣整軍建軍的主幹。至於蔣經國出掌總政治部，以及後來厲行軍隊政工制度的改革，不僅穩定軍心士氣，更為蔣經國日後掌控大權開啟了序幕。

當蔣中正於民國三十八年（一九四九）下野前後策畫臺灣為反共根據地時，為了充實臺灣的防衛力量，開始將中央銀行國庫所存約值五億美元的金銀運往臺灣，這些金鈔對後來新臺幣的發行及臺灣金融穩定貢獻良多。此外，蔣並將美援軍械及海空軍分批轉移來臺，厚實臺灣的防衛武力。其後，隨著大陸軍事逆轉，為數近二百萬的大陸軍民開始渡海來臺，展開了波瀾壯闊的「大遷徙」。這些殘破的軍隊經整編後，對保衛「大臺灣」助益甚大。及至中共占領全大陸，國民黨除退守臺灣，並分兵控制海南、舟山、大陳、金門、馬祖等島嶼，作為反攻的跳板。此時，中共在東南沿海陳列重兵，意圖以武力「解放」臺灣，形勢頗為危急。蔣中正為應付當前危局，除督導臺灣的戰備整備外，也決定放棄外島若干據點，收縮防線，集中兵力保衛臺灣。於是在民國三十九年（一九五〇）五月間，海南島及舟山群島約十餘萬駐軍撤退來臺，加強了臺灣的防衛力量。同年六月韓戰爆發，美國總統杜魯門宣布派遣海軍第七艦隊巡弋臺灣海峽，阻隔中國大陸對臺灣的軍事攻擊，臺灣局勢乃告轉危為安。

國民黨的改造與新生

國民黨在國共內戰中敗北，失去大陸政權，不僅是蔣中正一生中最慘痛的失敗，也暴露出國民黨嚴重的問題。因此，中華民國政府遷臺後，不論是為了立足臺灣，或是反攻復國，皆須先從改革國民黨做起。

民國三十八年（一九四九）國民黨在大陸的失敗可說是全面崩潰，蔣中正長年經營的統治基礎完全瓦解，蔣對此曾有深刻的反省，認為此次失敗最大原因在於新制度未能成熟、確立，而舊制度已先放棄、崩潰。國民黨當政二十年，對於社會改造與民眾福利，毫未著手；黨政、軍事、教育人員只重做官，卻未注意三民主義之實行。有鑑於此，蔣於下野後暫居故鄉奉化溪口時，著手研擬黨務改革方案，決心重整革命組織。同年六月蔣氏來臺，七月於臺北設立總裁辦公室，繼續研議黨務改革案。其後因大陸政軍情勢逆轉，國民黨中央黨部輾轉遷徙，黨務改造工作無法開展。及至同年底，大陸國共戰事將近尾聲，國民黨敗局已定，大局已不可為。蔣中正認為過去黨務、政治、經濟、軍事皆已徹底失敗，決心從今日做起，貫徹推動新事業、新歷史。而推動新事業的起點，就當從厲行國民黨的改造做起。

民國三十八年（一九四九）十二月三十日，蔣中正連續兩天在臺灣中部的日月潭涵碧樓召見黨政重要幹部，舉行會議，討論黨的改造問題。蔣中正認為此次改造要旨，在湔雪國民黨過去之錯誤，徹底改正作風與領導方式，以改造革命風氣；凡不能在行動生活與思想精神方面，徹底與共黨鬥爭者，皆應自動退黨。隨後，朱家驊、陳立夫等人於民國三十九年（一九五〇）一月奉命組成「九人委員會」，以擬定黨的改造計畫，改造運動進入緊鑼密鼓階段。及至同年三月蔣中正復職總統，再加上六月韓戰爆發，中共「解放臺灣」的危機暫告解除，為因應世局變化，立足臺灣，蔣乃積極推動國民黨的改造運動，以重起革命。

民國三十九年（一九五〇）七月二十二日，國民黨中央常務委員會通過蔣中正以國民黨總裁身分所提的「中國國民黨改造案」，揭開國民黨改造的序幕。同年八月，蔣中正成立國民黨中央改造委員會，取代國民黨中央黨部的地位，並任命陳誠、蔣經國等十六人為中央改造委員會委員。迄民國四十一年（一九五二）十月國民黨召開第七次全國代表大會，宣告改造完成為止，改造運動先後歷時兩年兩個月，對國民黨於風雨飄搖之際，能夠在臺灣立穩腳步、重新出發，助益甚多。

此次國民黨改造運動的重點有二，一為排除黨內游移份子，純化黨的體質；二是確定黨的屬性，擴大黨務基礎。在純化黨的體質方面，透過黨員重新登記，不但一向為人所詬病的黨內權貴孔祥熙、宋子文等人遭到排除，即連在大陸時期長期主持黨務的ＣＣ系陳果夫、陳立夫兄弟也中箭落馬。值得注意的是，蔣經國名列中央改造委員，並擔任幹部訓練委員會主任委員，負責重新組訓幹部的重要任務。由此可見，蔣中正不僅建立對黨機器的直接領導權，也顯然有意提拔蔣經國，為日後蔣經國接班開始鋪路。在確定黨的屬性方面，改造運動明定中國國民黨是一「革命民主政黨」，雖未放棄「革命」兩字，但披上了「民主」的外衣，仍可視為一項進步。同時，改造運動標舉國民黨應以青年知識份子及農、工生產者等廣大勞動民眾為社會基礎，對於擴大黨務基礎幫助甚多。

國民黨來臺後的改造運動，實可與民國十三年（一九二四）的改組運動相媲美。當年國民黨的改組健全了黨的基層組織，並強化黨與社會新興力量的結合，對於國民黨奪取全國政權助益甚大。而此次的改造運動，也有異曲同工之處。其中尤以中央改造委員會第二組接管原先國民黨中央黨部青年部、農工部、婦女運動委員會及軍隊黨務改造指導委員會的職權，掌理產業、職業等團體知識青年及其特種黨部的組織，並擔負有關民眾運動指導之責，與社會團體關係最為密切。及至民國四十一年（一九五二）十月國民黨改造完成後，這部分的工作則轉由國民黨中央黨部社會工作委員會（社工會）負責，對於國民黨紮根臺灣影響甚深。同時，為擴大黨務基礎，蔣中正號召籌組「中國青年反共救國團」。救國團於民國四十一年十月三十一日正式成立，由蔣經國擔任主任。一方面扮演國民黨青年團的角色，吸納優秀青年充實黨的新血輪；另一方面也隨著蔣經國權勢的日漸擴大，形成所謂的「團派」，成為日後臺灣政壇舉足輕重的力量。此外，國民黨也開始建全各地基層組織，吸收臺籍黨員，將黨的基礎向下紮根。

韓戰與中美關係的改善

「解放臺灣」一直是中共要完成中國統一的既定政策。解放軍雖然在民國三十八年（一九四九）金門古寧頭戰役遇挫，但卻不改其武力攻臺的決心。面對解放軍虎視眈眈，臺灣雖因蔣中正總統於民國三十九年（一九五〇）三月復職而人心稍安，但軍事危機仍籠罩全臺，局勢極為險迫。及至同年六月韓戰爆發，形勢急轉直下，美國強力介入戰局，不僅使臺灣形勢轉危為安，也大幅改善了中美關係的進展。

自民國三十八年（一九四九）國共內戰形勢逆轉，美國認為國民黨政權大勢已去，開始著手與中共展開接觸，並做了承認新政權的心理準備。但後來因毛澤東宣布將向蘇俄「一面倒」，切斷與美國的交涉，美國於是關閉了談判大門。面對當日混沌的中國局勢，美國除了於同年八月發表《對華關係白皮書》，以撇清其對國民黨政權失敗的責任外，並由國務卿艾奇遜宣布美國對華政策將「等待塵埃落定」（wait until the dust settles）。次年六月二十五日韓戰爆發之後，美國總統杜魯門對朝鮮局勢改採積極態度，決定派遣軍隊遏阻北韓的入侵。此外，美國為專心應付韓戰，不願在朝鮮之外又生事端，杜魯門乃下令駐防菲律賓的美國海軍第七艦隊北上巡弋臺灣海峽，阻止中共解放軍渡海攻臺，同時也避免臺灣方面對中國大陸發動軍事行動，這就是所謂的「臺海中立化」政策。在美國介入臺海局勢之下，臺灣安全獲得確保。也由於韓戰救了國民黨一命，外界於是有韓戰乃國民黨的「西安事變」之說。

當蔣中正敗退來臺以迄韓戰爆發前，美國對中華民國政府的態度是非常消極的，不僅駐華大使館未隨中華民國政府遷臺，甚至為避免捲入中國內戰的漩渦，美國自始就決定放棄蔣中正，中美關係一時陷入谷底。及至韓戰爆發，臺灣戰略地位轉趨重要，美國基於國家利益及戰略考量，不得不改變其對華態度。首先是韓戰爆發後，美國總統杜魯門決定給予中華民國大規模的軍事援助，同時訓令駐東京聯軍總部調查臺灣軍隊之所需。此外，並任命藍欽為駐華公使銜代辦，常駐臺北，恢復與中華民國政府的官方關係（藍欽後來升格為美國駐臺第一任大使）。復次，東京聯軍統帥麥克阿瑟於民國三十九年（一九五〇）七月底出訪臺灣，並與蔣中正夫婦商談，蔣允諾出兵協助麥帥進行韓戰；其後，出兵一事雖因華府顧忌引發中共強力反彈而不果，但麥帥此行卻打破臺灣的孤立狀態。民國四十年（一九五一）二月，《中美聯防互助協定》換文生效；同年五月，美國援華軍事顧問團成立，開始協助臺灣整兵練軍，中美關係獲得很大的改善。

就在中美關係改善之際，美國開始提供臺灣大量的軍援與經援。總計韓戰期間（一九五〇—一九五三），美國軍援臺灣款項約六億美元以上，經援款項則近三億美元，合計共九億美元。這些援助對於當日臺灣政經情勢的穩定與發展，顯然有很大的幫助。

韓戰期間，美國有感於國際共產勢力對亞洲的威脅，開始醞釀以雙邊或多邊安全協定建立與亞洲盟邦的防衛體系，圍堵共黨擴張，於是陸續與日本、菲律賓、紐西蘭、澳洲等國簽訂安全條約。及至一九五三年（民國四十二年）韓戰停戰協定簽字後，戰爭已近尾聲，美國為因應戰後朝鮮及亞洲形勢，乃於同年十月與南韓簽訂協防條約，並積極籌備「東南亞公約組織」，以收集體安全的效果。此際，美國透過雙邊或多邊協定，幾乎把亞洲主要民主國家都編入美國的亞洲集體安全體系中，唯一闕漏的，就是在臺灣的中華民國政府。為此，已升格為美國駐華大使的藍欽私下建議中華民國外交部長葉公超，可尋機向美國提出締結雙邊協防條約，以保障臺灣安全。恰好美國副總統尼克森於民國四十二年（一九五三）十一月來臺訪問，葉公超趁便提出簽訂中美防禦條約的建議，並由駐美大使顧維鈞代表中華民國政府向華府提出相同要求，中美雙方關於防禦條約的談判正式開始。對於簽訂中美共同防禦條約，美方的態度並不積極，尤其牽涉外島防衛問題時，美國更感猶豫。因為關於條約所涵蓋的防務範圍，美國希望局限於臺灣及澎湖，避免捲入中國內戰的漩渦；而臺灣方面則顧及戰略防衛縱深及中國法統代表性，希望將金門、馬祖及大陳等外島也能包括在內，雙方僵持不下。及至民國四十三年（一九五四）九月，共軍突然以猛烈炮火轟擊金門，臺灣方面則連續出動一千多架次的戰機實施報復性轟炸，第一次臺海危機爆發。為此，中美均感締約的急迫性，於是雙方各退一步，決定對金馬外島不公開承諾，也不公開放棄，要讓中共猜猜看。而這種「猜猜看」的曖昧模糊空間，此後即成為美國處理兩岸問題的重要原則。

民國四十三年（一九五四）十二月，中華民國外交部長葉公超與美國國務卿杜勒斯在華府簽署《中美共同防禦條約》。次年（一九五五）二月，中美雙方國會通過《中美共同防禦條約》；三月，美國總統艾森豪簽署條約，《中美共同防禦條約》正式生效。《中美共同防禦條約》的簽訂是中華民國政府外交上的一大成就，不僅取得美國對在臺灣的中華民國政府「政治實體」的承認，有效化解所謂的「臺灣地位未定論」，並因此與美方形成軍事同盟，提供臺灣安全的長期保障。此外，臺灣也正式納入了美國的世界防衛體系，成為美國圍堵共產勢力發展的重要一環。不過，條約也規定在未獲美方同意之前，中華民國政府不得對大陸採行軍事行動，從而限制了臺灣方面的軍事主動權。

土地改革與經濟建設

國民黨在大陸政權的敗亡，除了軍事、政治等因素外，一般論者多認為與國民黨未能妥善處理農民問題，尤其是土地問題有關。對此，遷臺後蔣中正、陳誠等國民黨要人均有覺醒，深知此問題若不解決，必將重蹈大陸失敗的覆轍。由於政府高層對此已有共識，因此自民國三十八年（一九四九）四月至民國四十二年（一九五三）一月，臺灣省政府陸續推動「三七五減租」、「公地放領」、「耕者有其田」等措施，積極進行臺灣的土地改革。

民國三十八年（一九四九）四月，臺灣省政府頒布《臺灣省私有耕地租用辦法》，規定佃農繳租按每年正產物的百分之三十七點五繳納，這是「三七五減租」的濫觴。歷來臺灣佃農租地耕種，其所繳納給地主的佃租都在農作物收成的一半以上，據當日調查，臺北、臺中、臺南等七縣市的平均佃租為百分之五十六點八，新竹一帶更高達百分之七十以上，佃農負擔非常沉重。因此，為減輕佃農負擔，臺灣省主席陳誠仿效抗戰時期他在擔任湖北省主席任內推動的「二五減租」（先扣除百分之二十五的收成給佃農，剩下的再由佃農與地主均分，如此地主佃租所得也是百分之三十七點五），決心在臺灣農村推動「三七五減租」。次年（一九五〇），立法院在臺開議，通過《耕地三七五減租條例》，正式確立佃農繳納佃租，一律以不超過主要作物正產品全年收穫總量百分之三十七點五為準。

在減租漸具成效、完成土地改革的第一步後，行政院為扶植自耕農，於是在民國四十年

（一九五一）六月，頒布《臺灣省放領公有耕地扶植自耕農實施辦法》，將政府及公營企業所擁有的公有耕地放領給現耕農。公有耕地放領的地價，規定按該土地每年主要作物正產品收成的二點五倍計算，地價的償付分十年攤還，可折合實物計算，不需另付利息。「公地放領」擴大了農村自耕農的比例，對臺灣推向以自耕農為主的土地改革計畫，是一個重要的進程。

在完成「三七五減租」及「公地放領」後，行政院於民國四十一年（一九五二）十一月向立法院提出《實施耕者有其田條例草案》，準備進行臺灣土地改革的最後階段。次年（一九五三）一月，立法院通過實施條例；四月，臺灣省政府公布《實施耕者有其田條例施行細則》，正式公告施行。「耕者有其田」政策的精神是希望徹底解決農村土地分配問題，規定地主除保留一定土地（水田三甲或旱田六甲）外，超出的土地將由政府徵收，再放領給現耕農。如此一來，臺灣將翻轉長期的歷史發展，出現一個以自耕農為主體的農村結構。耕者有其田政策雖犧牲部分地主的權益，但卻解決了長期以來農村土地占有的矛盾，避免中共「土地革命」風潮蔓延至臺灣，且確實增加了臺灣農業的產值。而遷移來臺的中華民國政府也因實施土地改革政策，逐漸得到農民的向心，取得治理臺灣的道德性與正當性，對其政權基礎的穩定，幫助甚大。

自韓戰爆發以後，美國開始提供各式援助，穩定了臺灣的經濟形勢；而土地改革的成功，也使農業生產很快就超越日治時期水平，績效卓著。因此，從民國四十二年（一九五三）起，行政院開始推動一系列的四年經濟計畫，初期發展方針是促進米、糖等農產品增產，並以出口農產品所賺的外匯，進口工業原料在國內生產，雖生產產品以內銷為主，但此所謂的「進口替代」政策卻逐步奠定臺灣工業化基礎。其後，政府大力發展出口導向產業，獎勵出口，並於民國五十四年（一九六五）成立「加工出口區」，對區內廠商進口原料給予免繳進口稅捐的優惠，簡化進出口手續，大幅改善出口外銷產業的投資環境。因此，不但外資、僑資大量來臺投資，產業蓬勃發展，出口激增，也帶動了國民生產總值以每年超過百分之十的增加率成長。民國六十年（一九七一）蔣經國出任行政院長後，因遭逢兩次石油危機，決定以擴大內需化解臺灣經濟危機，開始推動十大基礎建設，帶動包括石化、鋼鐵、造船、機械、電子等產業發展，此即所謂「第二次進口替代」。民國七十年代後，因兩岸交流及產業升級等因素，臺灣製造業大量外移至中國大陸及東南亞，國內產業則轉型為以服務業及金融業為主，並邁向自由化及國際化。未來隨著知識產業的興起，以及兩岸經濟的合作與分工，臺灣經濟將面臨新一波的挑戰，帶動另一次產業的升級。

民主政治的發展

民國三十八年（一九四九）五月，隨著國共戰事的逆轉，臺灣省主席兼臺灣省警備總司令陳誠基於安全考量，宣布自該年五月二十日起，實施全省戒嚴。隨後，立法院通過《懲治叛亂罪犯條例》，對擾亂治安、金融及煽動罷工、罷課、罷市者，均處以重刑。臺灣省警備司令部據以訂定多項辦法，限制人民言論、集會、結社、請願等基本權利。中華民國政府遷臺後，雖開始推動地方自治，辦理縣市首長及民意代表選舉，民主政治稍具雛形，但輿論及知識份子仍抨擊戒嚴，爭取人民言論、集會、結社的自由。雷震等人所創辦的《自由中國》雜誌是民國四十年代爭取言論自由最重要的刊物，經過長期討論反對黨問題，民國四十九年（一九六〇），雷震等人決定結合本省政治精英組黨，但旋遭情治機關逮捕，《自由中國》停刊，形成喧騰一時的「雷震案」。《自由中國》停刊後，鼓吹言論自由的聲音漸弱，及至民國六十年代後，形勢才有變化。

民國六十年（一九七一）十月，中華民國被迫退出聯合國，為外交上一大挫敗。同時，也引發連鎖效應，許多友邦紛紛與中華民國政府斷交，一場外交風暴鋪天蓋地而來。蔣中正總統為因應變局的到來，決心起用蔣經國組閣，以新人新政面對時代的考驗。蔣經國早年留學蘇俄，曾在莫斯科及西伯利亞生活十餘年，久歷患難，對於共產主義及蘇俄體制認識甚深。來臺後，經蔣中正長期栽培，逐漸掌握黨、政、軍、特各大權。蔣經國擔任行政院長後，除推動十大建設、奠定臺灣經濟發展的基礎外，並致力舉拔人才，扶植臺籍精英，實施政治改革，以重建國民黨政權的正當性。因此，政治空氣稍有鬆動。此時，透過中央民意代表增補選，一批新興的反對勢力興起，臺灣的民主化開始進入新的階段。民國六十七年（一九七八）蔣經國當選總統，經歷中美斷交及美麗島事件等內外衝擊後，深刻體會到時代在變，潮流在變，施政做法也要改變；隨著臺灣民主運動的興起，開始逐步放鬆對政治的管制。民國七十五年（一九八六）十月，民主進步黨突破政治禁忌宣布成立，蔣經國為避免衝突，未依戒嚴法予以取締。民國七十六年（一九八七）七月，蔣經國更宣布解除戒嚴，開放黨禁、報禁等，臺灣民主運動取得重要進展。

臺灣地區在戒嚴時期，除執政的國民黨外，僅有民國三十七年（一九四八）行憲前就已存在的中國青年黨及民主社會黨得以公開活動，但因國民黨幾乎獨攬大權，談不上所謂的「政黨政治」。民國七十五年（一九八六）民進黨成立，翌年解除戒嚴、開放黨禁，各式政黨如雨後春筍般紛紛出現，揭開臺灣政黨政治的新頁。隨著民國八十年（一九九一）、八十一年（一九九二）國民大會、立法院全面改選，新成立的民進黨大有斬獲，對國民黨開始構成威脅。此後，從地方到中央歷次選舉，國民黨與民進黨幾乎成為最主要的競爭對手，臺灣政黨政治正式形成。民國七十七年（一九八八）蔣經國總統病逝，副總統李登輝依法繼任，隨後更兼任國民黨主席。李登輝是首位臺灣人總統，也是第一位臺籍國民黨主席，並於民國七十九年（一九九〇）、八十五年（一九九六）兩度連任總統，其中八十五年大選還是臺灣首次總統直選，甚具象徵意義。在其任內，開啟了國民黨的本土化及民主化；但也因為過度強調本土意識，埋下日後國民黨分裂的伏筆。

民國八十九年（二〇〇〇）三月總統大選，國民黨因為分裂為連戰及宋楚瑜兩組人馬，使得民進黨總統候選人陳水扁以相對多數贏得勝利，結束國民黨的長期統治，完成了首次政黨輪替，意義非凡。陳水扁總統就職之初，標舉「合作共治」，舉拔國民黨籍將領唐飛擔任行政院長，民間反應甚佳。但其後因朝野信任不足，新政府多項施政遭國民黨占多數的立法院杯葛，為反制在野黨，陳水扁動輒訴諸民粹，政黨惡鬥更為劇烈。民國九十三年（二〇〇四）總統大選前，國民黨與自上次大選後成立的親民黨合作，共推連戰、宋楚瑜一組人馬，對此次選舉勢在必得。不料就在投票前夕，突然發生槍擊陳水扁總統事件，而有所謂「兩顆子彈」疑雲，結果陳水扁以極小差距贏得勝選。國親陣營對此完全無法接受，除質疑選舉結果外，並發動支持群眾到總統府前抗爭。此後，朝野互信蕩然無存，藍綠對峙日趨嚴重，不僅造成政府空轉，也撕裂社會的團結和諧。

陳水扁總統第二任任期開始，多項弊案相繼爆發，重創陳水扁及民進黨政府的形象。民進黨建黨以來所標舉的「清廉、勤政、愛鄉土」，曾是感動人心的利器，也是贏得政權的重要憑藉，但如今已成昨日黃花。而種種社會亂象及經濟蕭條，也加重民進黨施政的不利。反觀國民黨在歷經兩次大選失敗的教訓後，痛定思痛，決心實施黨內改革，推動世代交替，為重新奪回政權積極努力。民國九十七年（二〇〇八）三月，國民黨提名的總統候選人馬英九以超過半數的七百多萬票擊敗對手，贏得大選勝利，國民黨重新奪回執政權，臺灣再度完成政黨輪替。馬英九的勝選具有三項重要歷史意義：首先，臺灣經歷兩次政黨輪替，換黨執政已成常態，完成政治民主化的重要歷程。其次，馬英九以外省人背景當選中華民國總統，代表臺灣社會已經超越省籍情結。最後，經過民進黨政府八年的鎖國及衝撞外交，民眾期望新政府能開拓新局，營造兩岸和諧氣氛，再創臺灣經濟的新榮景。展望未來，馬英九在民眾殷切期盼下，如何率領其執政團隊振衰起敝，不僅對他是一大考驗，也深深影響臺灣的未來。

兩岸的交流與發展

自中華人民共和國於民國三十八年（一九四九年）十月一日成立，而中華民國政府也在同年十二月遷往臺灣臺北後，國共雙方開始進入兩岸相持的局面，以迄至今日。

從戰爭到和平：五十年代到七十年代的兩岸關係

在兩岸分治的初期，整體環境及氛圍仍然延續著國共內戰的形勢。在臺灣的中華民國政府不斷宣示將「反攻大陸」，而中華人民共和國政府則揚言以武力「解放臺灣」，雙方競相激勵民心士氣，進行軍事動員，兩岸仍壟罩在戰爭的陰影下。此時中華民國政府除據守臺灣、澎湖外，還控制了東南沿海的一些島嶼，如舟山、大陳、馬祖、金門、海南島等，對中共造成相當威脅。為此，共軍乃於民國三十九年（一九五〇）春，集結重兵進逼舟山及海南島，蔣中正被迫縮小防衛圈，將兩地十餘萬守軍撤退來臺，以厚實臺灣防衛武力。此時共軍於東南沿海陳兵百萬，待機將於夏季渡海攻臺，臺海戰雲密布，戰事一觸即發。所幸韓戰於同年六月爆發，美國執行「臺海中立化」政策，並訓令第七艦隊巡弋臺灣海峽，形成兩岸之間的一道防火牆；而共軍也北調準備增援北韓，臺灣軍事壓力大減，才從風雨飄搖中轉危為安。

韓戰結束後，美國為了遏阻共產勢力的盲動與擴張，和日本、韓國、菲律賓及紐、澳等國簽訂雙邊軍事協定，構築一條反共的防線。中華民國政府有鑑於此，乃與美國多次協商，最後雙方達成協議，於民國四十三年（一九五四）簽訂《中美共同防禦條約》，將臺灣正式納入美國的西太平洋反共安全體系中。此條約最重要的是規定萬一臺海發生戰爭，美方有義務協防臺灣；但臺灣方面在未經美方同意前，則不得對中國大陸發動攻擊。《中美共同防禦條約》的簽訂保障了臺灣的防衛安全，對於日後臺灣的建設與發展貢獻頗多。

然而，中共對此條約極為反感，認為美國干涉了中國內政，決心要給中華民國政府及美國一個下馬威，遂選定大陳等外島作為攻擊的重點，臺海風雲再起。民國四十四年（一九五五）初，共軍首次以三棲作戰方式，強攻大陳島的前哨一江山，第一次臺海危機爆發。因雙方軍力懸殊，經數日激烈戰鬥，島上七百餘名守軍幾乎全體陣亡，指揮官王生明舉槍自盡，一江山陷落。由於大陳島孤懸浙東海上，臺灣的補給支援有很大的困難，在美國軍事顧問的建議下，為避免再步一江山後塵，蔣中正決心將大陳島上的軍民三萬二千餘人撤退來臺，並派其長子蔣經國赴大陳執行撤離任務。在美國海軍的護航下，大陳軍民順利撤退來臺，中華民國政府並在各地修築「大陳新村」，以安置來臺的大陳居民。此後，中華民國政府所據守的外島，只剩下金門、馬祖等島嶼。

其實在《中美共同防禦條約》談判過程中，中華民國政府與美方之間的爭執之一，就在外島防衛問題。美方堅持條約的適用範圍只限於臺灣、澎湖，中華民國政府則希望金門、馬祖等外島也能納入，後來雙方協議模糊處理外島問題。中共有鑑於此，決心試探《中美共同防禦條約》的底限，於是在民國四十七年（一九五八）八月發動金門八二三炮戰，臺海第二次危機爆發。此役共軍對金門發動猛烈轟擊，四十餘日內金門落彈四十餘萬發，所幸金門防務均已地下化，守軍沉著固守還擊，使共軍強攻企圖落空。隨後，海戰、空戰也陸續登場，臺灣方面皆占上風，共軍無法取得海上及空中優勢，只好持續以砲戰封鎖金門。

民國四十七年（一九五八）八二三炮戰發生後，美方的反應頗為積極。八月二十七日艾森豪總統在記者會中表示，中華民國已將其武力的三分之一部署在外島，使外島與臺灣之間較過去任何時期關係更為密切；此意味著美國終將不得不協防金馬外島。九月四日，杜勒斯國務卿經艾森豪總統授權，在羅德島新港（New Port）發表「新港聲明」，表明美國已認識到保衛金馬已經與保衛臺灣日益相關，也已做好軍事部署，以便一旦總統做出決定時，就採取即時有效的行動。隨後，美國國會通過「金馬決議案」，授權美國總統在金馬外島遭遇攻擊，危及臺灣安全時，可動員一切方式援助中華民國政府。於是美國開始提供各項援助，包括美國海軍護航金門運補及提供八吋巨砲等新式武器，使臺灣方面終能突破共軍對金門的封鎖。中共由於軍事行動未能獲利，並對美方介入頗有忌憚，於是先是宣布暫時停火，後又有所謂「單打雙不打」，臺海危機漸趨緩和。同年十月下旬，美國國務卿杜勒斯為解決臺海危機，專程來臺面見蔣中正，並與臺灣發表聯合公報，宣稱中華民國政府實現重返大陸的手段主要是實行三民主義，而非憑藉武力。中共方面也深知美國介入臺海局勢後，臺灣問題已成為國際問題，對臺政策勢必將改弦更張。此後，國

圖 8-3　八二三砲戰

共雙方軍事衝突日漸減少，兩岸關係由戰爭逐漸轉向和平解決的階段。

美中（共）建交對兩岸的衝擊

韓戰結束後，美國與中共自一九五四年（民國四十三年）六月開始在瑞士日內瓦進行領事級談判，主要是商談交換被囚或被扣留的平民。經十一次談判，中共為表達善意，釋放了十八名美國平民。一九五五年（民國四十四年）四月，由獨立的亞洲、非洲國家所組成的亞非會議在印尼的萬隆召開，美國國務卿杜勒斯和中華人民共和國國務院總理兼外交部長周恩來都代表自己國家出席這次盛會。周恩來除了在萬隆會議中發表著名的「和平共處五原則」（以互相尊重主權和領土完整、互不侵犯、互不干涉內政、平等互利的原則和平共處）外，也對美國釋放重要訊息，表明願與美國政府坐下來談判，討論緩和臺灣地區的緊張局勢問題。美國對此頗感意外，但最後仍決定與中共進行會談。同年七月二十五日，美中（共）雙方經由英國居間聯繫後發表聯合公報，同意將日內瓦領事級談判提升為大使級，並且於同年八月一日在日內瓦舉行首次大使級代表會議。隨後，美國駐捷克大使江森與中華人民共和國駐波蘭大使王炳南如期在日內瓦舉行會談，但因美國希望中共保證放棄對臺灣使用武力，而中共則要求美國自臺灣撤兵，雙方立場南轅北轍，根本無法調和，談判的進展相當緩慢。最後雙方只達成交換公民協議，各自承認居留在對方國內的公民有權返國，當局並將採一切妥善措施協助其歸國。及至一九五七年（民國四十六年）十二月十二日第七十三次會談之後，江森調任駐泰大使，日內瓦大使級談判暫告中輟。

一九五八年（民國四十七年）金門八二三炮戰爆發，給陷入僵局的美中（共）談判帶來了重要轉機。九月四日，美國國務卿杜勒斯在「新港聲明」中，雖表明美國已做好軍事部署，以因應臺海戰局發展，但同時也表示除了武力外，中國問題可以用和平的方法解決，並向中共試探重新談判的可能性。九月六日，周恩來發表聲明，雖強硬譴責美國公然提出軍事威脅，進行戰爭挑釁，但也表明同意與美國恢復大使級會談。九月十五日，中斷多日的美中大使級會談移至波蘭首都華沙重新舉行。此後，美中雙方針對相關議題不定期舉行華沙會談，雖然在關鍵性的臺灣問題及臺海和平問題上始終未能取得任何進展，但對溝通彼此意見、解釋彼此立場仍有相當助益。譬如美國在越戰時就曾透過此一管道，向中共表明美方無意擴大戰爭範圍。從一九五五年（民國四十四年）到一九七二年（民國六十一年），美國與中華人民共和國先後在日內瓦、華沙舉行一百三十六次的大使級談判，多次接觸所累積的經驗與默契，對美中關係的改善有一定的影響。

一九六〇年代後期，美國政府在國內外形勢的影響下，開始考慮調整其中國政策，因為美國已不能忽視中華人民共和國的影響力及其大國的地位。此時美國深陷越戰泥淖，如何結束越戰，及早抽身，勢必需要得到中共的合作。另一方面，自蘇俄前領導人史達林死後，中共與蘇俄之間為了所謂的社會主義路線問題開始出現分裂。一九六八年蘇俄出兵撲滅捷克「布拉格之春」民主運動，更讓中共深感蘇俄威脅。加以自一九六〇年代後期以來，中蘇共的邊界摩擦日增，最後竟在一九六九年（民國五十八年）三月，爆發珍寶島邊界衝突事件，中蘇共之間的決裂似成定局。於是美國政界、學界開始有聯中制蘇、「打中國牌」的呼聲。一九六八年（民國五十八年）美國舉行總統大選，大選重要外交議題之一就是與中共展開接觸，共和、民主兩黨候選人均持此主張。結果共和黨參選人尼克森擊敗對手贏得勝利，並於次年一月就職。

中華民國政府對於尼克森當選美國總統甚表歡迎，因尼克森素來反共，早年曾力主協防金門、馬祖，以對抗共黨擴張，甚至有「反共先生」之稱。尼克森曾六度訪問臺北，與蔣中正總統及宋美齡夫人熟識，常被視為中華民國的友人。然而，自一九六〇年代中期以後，尼克森逐漸改變自己的想法，主張美國必須正視中華人民共和國的存在，且應改善彼此關係，並著文聲稱如不正視此一現實，中國將成為世界和平的重大威脅。尼克森向來主張美蘇之間的關係將是決定世界可否和平相處的唯一最重要因素，而過去美國在與蘇俄對峙的局勢中往往屈居下風，因此只有中、蘇共決裂，才對美國最為有利。所以在一九六九年（民國五十八年）尼克森就職總統後，舉拔與他見解相近的哈佛大學教授季辛吉擔任國家安全事務顧問（一九七三年八月後兼任國務卿），圖謀改善與中華人民共和國的關係。此時蘇俄因珍寶島事件積極向中蘇邊界增兵，陸續與共軍在東北及西北邊境發生武裝衝突，甚至準備對中共發動核子戰爭。毛澤東認為蘇俄的威脅比美國大，決定採取務實外交，加強對外關係，尤其要改善與美國關係，以聯合次要敵人打擊主要敵人。

一九七一年（民國六十年）春，周恩來先後透過羅馬尼亞及巴基斯坦管道，向美方釋放重要訊息，如美國有解決臺灣問題的願望與方案，中共願接待美國特使。為對美國表示善意，毛澤東決定邀請在日本參加世界錦標賽的美國乒乓球代表隊於同年四月前往中國大陸，開展所謂的「乒乓外交」；而美國也宣布取消對中共實施二十年的貿易禁令及赴大陸旅遊的限制，以對中華人民共和國示好。同時，美國回覆有意派季辛吉為特使訪中，中共乃於同年五月正式致函邀請季辛吉訪問北京。七月初，季辛吉以調停南亞局勢為名出訪巴基斯坦，隨即在巴國政府安排下，以身體不適入院醫療為掩護，於七月九日密訪北京。季辛吉在北京除了會見周恩來及毛澤東外，並敲定尼克森將於次年五月前訪問中國。七月十五日，尼克森在電視上正式對外宣布季辛吉已密訪北京歸國，而其本人也接受中共邀請，將於一九七二年（民國六十一年）以前訪問中國大陸。這個突如其來的消息深深撼動世界，造成所謂的「尼克森震撼」。此情形當然不利於在臺灣的中華民國政府，而首先引發的效應就是聯合國中國代表權問題。

中華民國是一九四五年（民國三十四年）聯合國成立時的創始會員國，也是聯合國安全理事會的常任理事國。但當一九四九年（民國三十八年）中華民國政府敗退來臺前後，聯合國中國代表權問題開始浮上檯面。是年十一月，新成立的中華人民共和國致電聯合國大會秘書長及輪值主席，認為中華民國駐聯合國代表團不能代表中國，應予驅逐；十二月，蘇俄在聯合國安全理事會也提出同樣的訴求，但皆遭美國為首的西方國家以中國內戰尚未結束為由（中共解放軍於一九五〇年三月攻克西昌，始完成對中國大陸的全面控制），予以擱置。一九五〇年（民國三十九年）一月，蘇俄再次提案排除中華民國，遭到安理會再度否決後，其代表憤而退席抗議，直至韓戰爆發後始重返聯合國。而美國在韓戰爆發，尤其是中共參戰後，國內政治空氣急速右傾，反共意識抬頭，更不容中共進入聯合國。因此，每年在進行聯合國中國代表權保衛戰時，美國皆堅定支持中華民國。不過，隨著中共積極拉攏與新興國家的關係，聯合國內承認中華人民共和國的國家日逐漸增加，支持中共入聯的力量日益壯大，美國對此甚為擔憂，而有一九六一年（民國五十年）外蒙入會案的爭議。

外蒙問題的由來，緣起於中華民國政府敗退來臺後，認為蘇俄於國共內戰期間大力扶持中共，違反一九四五年（民國三十四年）中蘇簽訂《友好同盟條約》的精神（詳見第六章第五節），乃於一九四九年（民國三十八年）秋向聯合國大會提出控蘇案，並於一九五二年（民國四十一年）二月表決通過。中華民國政府隨即撤銷《中蘇友好同盟條約》，並聲稱外蒙獨立無效，其仍為中國的一部分。因此，當一九五五年（民國四十四年）外蒙申請參加聯合國，中華民國政府乃以聯合國安理會常任理事國身分，否決外蒙入會案。於是當一九六一年（民國五十年）外蒙再次申請入會時，以蘇俄為首的共產陣營為避免重蹈覆轍，乃將外蒙申請案與非洲茅利塔尼亞入會案包裹表決，臺北如否決外蒙，則將牽連茅利塔尼亞也無法入會。美國認為此舉將使非洲新興國家群起杯葛臺北，反而不利中華民國在聯合國的地位，因而力勸臺北勿予否決。蔣中正原本堅決反對外蒙入會，但經美方多次溝通，其態度漸有轉圜；蔣氏並透過蔣經國與美國中央情報局（CIA）臺北站站長克萊恩的聯繫管道（蔣中正對美國國務院外交系統向來不信任，於是另闢CIA管道），得到美國總統甘迺迪的保證，美國向來認為中華民國政府是代表中國的唯一合法政府，必要時美國將動用否決權阻止中共進入聯合國。於是，蔣中正同意中華民國代表以不出席投票的方式，讓外蒙入會案獲得通過；但美國也得在聯合國提出任何改變中國代表權的議案皆為「重要決議案」（須三分之二多數通過，一般決議案只須二分之一），以作為回報。「重要決議案」的提出，不但提高了中華人民共和國進入聯合國的門檻，從某種意義而言，也使中華民國繼續確保其會籍十年。

由於聯合國每年都在上演中國會籍保衛戰，為了徹底解決此問題，義大利等五國乃於一九六六年（民國五十五年）提出「兩個中國」議案，建議中華人民共和國與中華民國均加入聯合國，卻遭兩岸政府同時拒絕。但因中共積極發展與新興國家的關係，隨著聯合國會員國數目不斷增加，形勢漸對中華民國政府不利。一九七〇年（民國五十九年），聯合國支持中共入會案首次以五十一票比四十九票超過反對者（此年聯合國先以六十六票對五十二票通過「重要決議案」，因此中華民國仍可留在聯合國內），中國會籍問題出現重大危機。美國評估很難再阻擋中共入會，遂於一九七一年（民國六十年）五月派代表來臺，向蔣中正提出「雙重會籍」案，即雖讓中共入會，但仍保全中華民國政府在聯合國大會及安理會的席位。蔣中正經再三思考並與幕僚詳商，最後勉強同意美方提案，並提醒美國前述甘迺迪曾提出維護中華民國會籍的保證。不過到了七月，美國政策又有轉變，先是有所謂的「尼克森震撼」，接著還希望中華民國讓出安理會席位予中共，僅保留聯大會籍。一九七一年十月十五日，就在聯合國大會召開前夕，季辛吉竟然再赴中國大陸，安排次年尼克森總統訪問事宜，致使美國若干友邦對華府中國政策的真實意圖感到懷疑，極不利於中華民國的會籍保衛戰。

一九七一年（民國六十年）十月下旬，聯合國大會在紐約召開，與中國代表權有關的議案有三項：一是美國提出的「將臺灣排除於聯大會籍是一重要決議案」；二是阿爾巴尼亞提出的二七五八號決議案（即排除中華民國容納中共案）；三為美國提出的雙重代表權案。十月二十五日，聯合國大會首先表決「重要決議案」，結果以五十九票對五十五票遭到否決。由於「重要決議案」未獲通過，中共入會及臺北席次遭排除已成定局。中華民國代表深知大勢已去，為維護國家尊嚴，經電請蔣中正同意後，在二七五八號決議案交付表決前代表政府發表演說，然後率代表團退出聯合國。二七五八號案以七十六票對三十五票獲得通過，美國所提雙重代表權案遂不予討論。至此，中華民國在聯合國的席位遭中華人民共和國取代，形成臺灣外交的一大挫敗。次年（民國六十一年），美國總統尼克森訪問中國大陸，展開破冰之旅，臺美關係更是搖搖欲墜。

一九七二年（民國六十一年）二月，尼克森總統訪問中國大陸，除與毛澤東進行會談外，並與周恩來在上海發表聯合公報。在《上海公報》中，雙方除主張進行關係正常化，反對任何國家（暗指蘇俄）在亞太地區尋求霸權外，在許多重要立場上都採各自表述的方式。如美國即表示「認知」（acknowledges）到臺灣海峽兩邊的中國人都認為只有一個中國，臺灣是中國的一部分，美國政府對這一立場不提出異議；並重申其對中國人自己和平解決臺灣問題的關心。此外，美國確認將從臺灣逐步撤出武裝力量及軍事設施，最終達成全面撤軍。自此之後，美中（共）不但在對方首都互設聯絡辦事處，並積極推動各項交流事宜；在彼此默契下，雙方建交似乎只剩下時間問題。未料隨後美國爆發

「水門事件」，尼克森在強大壓力下，於一九七四年（民國六十三年）八月被迫黯然下臺；而中共也因周恩來、毛澤東於一九七六年（民國六十五年）相繼過世，四人幫被捕，文革結束等事件，以致領導班子迭有更替，使形勢暫無重大進展。

一九七七年（民國六十六年）一月，卡特就任美國總統，隨即起用哥倫比亞大學教授布里辛斯基擔任國家安全事務顧問。布里辛斯基是美國著名的蘇俄問題專家，向來主張以遏制蘇俄作為美國戰略的最主要目標；近年中、蘇共分裂後，中共反蘇的言論及行動使其印象深刻，因此積極主張聯中制蘇，打中國牌。布氏就職後，於一九七七年春建議卡特總統延續自尼克森以來的政策，推動與中華人民共和國建交。同年六月，美國國務院提出備忘錄，認為與中華人民共和國建交可改善亞洲安全環境，建議接受中共所提建交三條件：斷交、廢約（廢除《中美共同防禦條約》）、撤軍，在不損害臺灣安全下，於近期內完成美中（共）關係正常化。一九七八年（民國六十七年）五月，卡特評估與中共關係正常化的時機已臻成熟，於是派布里辛斯基於五月二十日訪問北京。此時，蘇俄不但繼續在中蘇邊境陳兵百萬，並在中南半島大肆擴張勢力，中共深感腹背受敵，頗思與美國合作抗蘇。所以不但對於布氏此來給予熱烈歡迎，並由國務院副總理鄧小平親自與其進行實質談判。布氏返美後，卡特決定在其親自指揮下，與中華人民共和國進行機密建交談判，並於同年十月間向中共提出建交草案。在建交談判過程中，中共最關注的是美國武器售臺問題，而美國則一再強調臺灣問題宜和平解決；最後雙方各讓一步，達成暫時擱置售臺武器爭議，先進行建交的共識。

一九七八年（民國六十七年）十二月十五日，美中（共）發表《建交公報》，宣布兩國將於一九七九年（民國六十八年）一月一日起正式建交。這是中華民國政府自退出聯合國之後，又一次的外交挫敗。尤其嚴重的是，美國在中共建交三條件下聲明終止《中美共同防禦條約》，並依條約規定於通知一年後（即一九八〇年一月一日）失效，臺灣國防安全受到極大衝擊。所幸美國國會在一片同情中華民國的氣氛下，於一九七九年（民國六十八年）四月通過了具有美國國內法效力的《臺灣關係法》（Taiwan Relations Act），除宣示美國嚴重關切任何以非和平方式決定臺灣前途的舉動外，並將繼續供應臺灣必要的防衛武器，以維持其足夠的自衛武力。《臺灣關係法》提供了臺灣安全所需的保障，直迄今日仍在繼續有效運行。

一九七九年（民國六十八年）一月一日，中華人民共和國正式與美國建交。同時，為履行美中（共）之間和平解決臺灣問題的默契，中共也發表了《告臺灣同胞書》，開始以「和平統戰」政策取代武力解放臺灣。在《告臺灣同胞書》中，中共正式宣示停止對金門等外島的砲擊，並呼籲兩岸盡快進行三通（通郵、通航、通商）和四流（經濟、文化、體育、學術交流），並提出「一國兩制」的構想，兩岸形勢進入了一個新局。一九八一年（民國七十年）九月，中共人民代表大會常務委員會委員長葉劍英發表對臺政策九條建議（即所謂的「葉九條」），呼籲國共兩黨對等談判和平統一，進一步闡明臺灣「回歸祖國，實現和平統一」的政策方針。葉九條的內容包括統一後臺灣作為特別行政區，享有高度自治，可保留軍隊，中華人民共和國中央政府不干預臺灣地方事務，臺灣現行的社會、經濟制度不變，生活方式不變，私人財產、企業所有權及外國投資均不受侵犯等，實為「一國兩制」構想的具體化。對於中共「一國兩制」的訴求，中華民國政府公開予以拒絕，並強調臺澎金馬地區與大陸分開的原因在於制度，不在於黨對黨之間的問題，中國應當統一在自由民主及能造福人民的制度之下。雖然如此，但美國仍對葉九條所開創的新局面表示讚賞。

一九八二年（民國七十一年）八月十七日，美國與中華人民共和國共同發表了《八一七公報》，除重申一個中國及臺灣是中國一部分等原則外，美國表明無意干涉中國內政，也無意執行兩個中國或一中一臺政策。美方理解並欣賞一九七九年（民國六十八年）一月一日中國發表的《告臺灣同胞書》及一九八一年（民國七十年）九月中國提出的九點對臺方針中，中國爭取和平解決臺灣問題的政策。美國政府聲明，售臺武器在質與量上將不超過美中（共）建交後近幾年供應的水準，美方準備逐步減少對臺軍售，經一段時間將導致問題作最後的解決。《八一七公報》與《上海公報》、《建交公報》合稱美中（共）關係三公報，後來與《臺灣關係法》一起成為規範美國政府對兩岸關係的重要原則。與此同時，美國總統雷根也向中華民國政府提出六項保證，其內容包括：美方不設定期限停止對臺軍售、不就軍售問題和中共進行事先磋商、不在北京和臺北之間扮演調人、不會重新修訂《臺灣關係法》、不改變對臺灣主權問題的立場，以及不對臺施壓力，迫使其與中共進行談判。

值得注意的是，雷根雖表明美國減少對臺軍售是以中國繼續承諾和平解決臺灣問題為條件，且售臺武器的質與量須視中華人民共和國的威脅而定。但因一方面自美中（共）建交後，雙方關係仍處於蜜月期；另一方面中共所提「一國兩制」等對臺和平攻勢，贏得美方的讚譽，當日整體形勢其實是朝中共傾斜的。一九八四年（民國七十三年），中華人民共和國完成與英國就香港主權轉移問題的談判，英國承諾於一九九七年（民國八十六年）七月一日將香港移交中國，而中華人民共和國則承諾以「一國兩制」治理香港，五十年不變。鄧小平其實有意以香港「一國兩制」作為日後在臺實施的試點，並請英方轉達此一訊息給雷根，希望美方協助中共以「一國兩制」模式解決臺灣問題。至此，中共更確立以「一國兩制」為核心，用和平統戰手段解決臺灣問題。

臺灣開放探親與兩岸交流的開展

自民國六十年（一九七一）退出聯合國後，中華民國政府面臨一連串的外交風暴及政治挑戰。為因應變局的到來，蔣中正總統決心起用蔣經國組閣。民國六十四年（一九七五）蔣中正逝世，雖依法由副總統嚴家淦繼任總統，但蔣經國已建立接班的態勢。民國六十七年（一九七八）五月，蔣經國正式接任中華民國總統，但隨即而來的卻是中美斷交的衝擊與考驗。蔣經國深知時代在變，潮流在變，政府施政做法也應隨之改變。因此，對於中美斷交後大陸「一國兩制」的和平攻勢，蔣經國主政下的中華民國政府雖然宣示對中共政權仍秉持不接觸、不談判、不妥協的「三不政策」，但為因應時代的變化，在兩岸民間交流方面卻有了大幅度的開放。

民國七十六年（一九八七）七月，蔣經國總統宣布解除臺灣地區實施多年的戒嚴，人民權益回歸正常狀態。同時，為秉持人道精神，順應輿情，也於同年九月開放民眾赴中國大陸探親，從此正式揭開兩岸民間交流的序幕。此時中華民國政府因民主化的推動及經濟的高速成長，在國際上形象甚佳；中華人民共和國也對臺灣發展經濟的經驗深感興趣，有意在經濟上學習臺灣。而臺灣開放大陸探親政策後，兩岸接觸日趨頻繁，彼此交往愈加熱絡，雙方緊張關係大為緩和。

民國七十七年（一九八八）一月蔣經國過世，李登輝繼任中華民國總統，在兩岸政策上，延續先前的開放態度，而有了更積極的進展。民國七十九年（一九九〇）十月，總統府召集朝野政黨及社會各界人士，組成「國家統一委員會」（簡稱「國統會」）。民國八十年（一九九一）二月，國統會通過《國家統一綱領》（簡稱《國統綱領》），除揭示中國統一的藍圖、重申中國統一的原則外，並作為大陸政策的最高指導原則及行動綱領。《國統綱領》包括前言、目標、原則及進程，可以「一國」、「二區」、「三階段」、「四原則」概括說明：

所謂「一國」，是指中華民國政府大陸政策的目標為追求國家統一，其重點在於體制，也就是說中國應該統一在民主、自由、均富的基礎上，最終目標則在實現一個政治民主化、經濟自由化、社會多元化及文化中國化的統一中國。

所謂「二區」，是就政治現狀而言，海峽兩岸確實分裂成兩個不同地區，各有政治實體，各自享有治權且未能及於對方；兩岸應以和平競爭方式從事政經改革，提高人民生活福祉，爭取人民認同，以創造有利中國統一的條件。

所謂「三階段」，是將國家統一的進程分成近程、中程、遠程三個階段，並以開放、穩健的步伐，分階段完成。近程是指交流互惠階段：希望透過民間交流增進兩岸人民彼此的了解，拉近兩岸的差距。中程則是互信合作階段：經由兩岸民間交流互惠，兩岸逐漸產生互信基礎；此後，可開始建立起對等的官方溝通管道，進而開放兩岸直接三通，共同開發大陸東南沿海等地區，以縮短兩岸人民的生活差距。最後來到遠程，也就是協商統一階段：當一切準備工作完成之後，將成立兩岸統一協商機構，依據兩岸人民意願，秉持政治民主化、經濟自由化、社會公平化及軍隊國家化原則，共商統一大業，開創中國歷史上以民主原則決定國家前途的新模式，建立一個民主、自由、均富的新中國。

所謂「四原則」，是指在分階段完成國家統一大業的過程中，必須把握理性、和平、對等、互惠四大原則。根據此原則，中共須放棄武力犯臺，兩岸彼此不否定對方為政治實體，不阻撓臺灣追求國際活動的空間，秉持互惠互利原則，以追求國家統一大業。

民國八十一年（一九九二）三月，《國統綱領》經李登輝總統公布實施，成為中華民國政府推行大陸政策的依據；但其真正落實進行，則仍有待專屬機關的成立。

民國八十年（一九九一）二月，中華民國政府於行政院下成立「大陸委員會」，負責規劃處理大陸及兩岸相關事務；同時並成立民間性質的「海峽交流基金會」（「海基會」），用來接受政府的委託，以處理兩岸日常事務的交流。同年五月，中華民國政府進一步宣布終止動員戡亂時期，不再視對岸中共政權為叛亂團體，結束國共內戰的舊思維，準備開創兩岸和平的新格局。對此，中華人民共和國也有很好的回應。除了官方的國務院及各省市對臺辦公室外，同年底，中國大陸也成立了「海峽兩岸關係協會」（「海協會」），以作為臺灣海基會的對口單位，兩岸交流進入制度化的階段。由於臺海兩岸因民間交流日益頻繁，衍生不少須待解決的問題。當大陸海協會成立之初，其會長汪道涵曾邀請臺灣海基會董事長辜振甫會面。民國八十一年（一九九二）八月，辜振甫函覆接受邀晤，並建議擇期在新加坡，就兩會會務及兩岸文化、經貿交流等問題進行商談。同年十一月，兩會幕僚人員在香港先行會商，對於關鍵的「一個中國」原則各自以口頭方式加以表述，達成所謂的「九二共識」。民國八十二年（一九九三）四月，海基會董事長辜振甫與大陸海協會會長汪道涵經雙方政府授權，在新加坡舉行首次事務性會談（「辜汪會談」），這是兩岸分治以來，第一次準官方層級的會晤，深具歷史意義。此次會談簽署了「辜汪會談共同協議」等四項文件，達成不少原則性的共識，不僅使兩岸人民權益獲得了進一步保障，並使海基、海協兩會之間有一制度化聯繫管道，可望對突發緊急事件的解決有所助益。

在兩岸交流方面，自中華民國政府開放人民赴大陸探親以來，兩岸交流的進展極為快速。隨著臺灣赴大陸探親人數的增加，兩岸往來也越加密切。及至民國八十年代初期，臺灣民眾每年已有一百萬人次前往大陸，兩岸轉口貿易也達到每年四十億美元以上，兩岸關係正蓬勃發展。面對兩岸交流日趨密切，中華民國立法院乃於民國八十一年（一九九二）七月，三讀通過《臺灣地區與大陸地區人民關係條例》，以作為兩岸交流的具體規範。而民國八十四年（一九九五）一月三十日，中華人民共和國國家主席兼中共總書記江澤民發表農曆除夕講話，就兩岸關係提出和平統一八點主張（即所謂「江八點」），除了重申「一個中國」原則，反對臺灣進行「兩個中國」、「一中一臺」活動外，也訴諸民族情感，表示中國人不打中國人，歡迎臺灣當局領導人以適當身分訪問大陸，其本人也願赴臺共商國是，並主張發展兩岸經貿，而中華文化則可作為兩岸的紐帶。對於江澤民所提和平統一八點主張，李登輝在同年四月八日提出六條主張（即所謂「李六條」）作為回應，包括兩岸均應堅持以和平方式解決一切爭端，在兩岸分治的現實上探尋國家統一的可行方式，以及兩岸領導人在國際場合自然見面，可以緩和政治對立等。「江八點」與「李六條」雖各有所堅持，但對於和平統一的大方向卻是一致的，如能擱置爭議，求同存異，當不失為兩岸交往的重要立基點。

正當兩岸交流看似前景一片大好之際，突然有逆流襲來，幾乎完全逆轉兩岸關係的發展。自民國六十年代以來，中華民國政府歷經退出聯合國及中美斷交等打擊，外交挫折幾使臺灣成為國際孤兒，擴展國際空間於是成為國人普遍的共識。民國七十、八十年代，隨著臺灣地區民主開放及經濟發展，中華民國的總體國力有了高度的成長，追求國家尊嚴及國際空間成為政府施展外交的重點，而參與聯合國及拓展對美關係則是重要的試金石。民國八十二年（一九九三），中華民國政府開始推動「參與聯合國」行動。九月，中華民國十三個友邦提案，以「會籍普遍化」為由，要求聯合國設立特別委員會，研究解決中華民國參與聯合國問題。該提案雖未能獲列入聯大常會正式議程，但卻是中華民國被迫退出聯合國二十餘年後，首度有會員國正式向聯大提案要求重新檢討解決此一問題。此後，中華民國政府每年均透過友邦在聯合國提案，中共卻將此視為臺灣意圖進行「兩個中國」或「一中一臺」的行動，兩岸關係開始產生變化。

在對美關係上，民國八十四年（一九九五）五月，美國參、眾兩院以壓倒性多數通過邀請李登輝總統訪美，美國國務院雖對中共保證不會邀李氏訪美，但柯林頓總統在國會及媒體壓力下仍做了政治決定，同意給予簽證，允許李登輝以私人身分訪問母校康乃爾大學。六月，李登輝在康乃爾大學以「民之所欲，常在我心」為題發表演說，介紹臺灣民主發展的經驗。國際輿論對李登輝訪美相當重視，有超過四百位記者採訪報導，因而受到世人廣泛的注意，中華民國政府將此視為對美政策的一大成功。不過，此事卻也是兩岸關係另一重要轉捩點。中共認為李登輝此行是製造「兩個中國，一中一臺」的活動，反應極為激烈，除召回駐美大使，暫停與美國官方各項互訪計畫，逮捕異議人士外，並延緩第二次辜汪會談，開始在輿論上攻擊李登輝。除了文攻外，還有武嚇。中共軍方連續在是年七、八月間向東海舉行兩波導彈射擊演習，臺海形勢立趨緊張。美國政府為化解危機，除宣稱對中共政策並未改變外，並由柯林頓致函江澤民，強調美國反對臺灣獨立，不支持兩個中國或一中一臺，不支持臺灣加入聯合國；此三原則形成美國對華新「三不」政策的重要起源。民國八十五年（一九九六）三月，中華民國總統大選將近，李登輝競選連任，中共動員軍隊舉行飛彈射擊及登陸演習，企圖影響大選。結果不僅造成臺灣人民的反感，以致李登輝順利當選連任，更對兩岸關係埋下不利的影響。

民國八十八年（一九九九）七月九日，李登輝在答覆「德國之聲」記者訪問時指出，中華民國與中華人民共和國的關係是「國與國關係」，至少是「特殊的國與國關係」，形成喧騰一時的「兩國論」。此論一出，隨即引起中共及美國的強烈反應，中共認為這是李登輝邁向臺灣獨立的重要一步，而美方則對臺北未在重大決策決定前與其磋商，甚表不滿。美國深恐事態擴大，柯林頓除向江澤民保證中國政策不變外，並對外界強調美國的中國政策有三大支柱，分別是「一個中國」、「兩岸對話」及「（臺灣前途）和平解決」。自此，兩岸關係急轉直下，中共對李登輝展開全面的文攻武嚇，以防堵臺灣走向獨立；而美國也開始視李氏為「麻煩製造者」（trouble maker），在美中臺三角關係中漸向中共傾斜，更增添臺海形勢的複雜性。民國八十九年（二〇〇〇）五月，陳水扁就任中華民國總統，臺灣完成首次政黨輪替，民進黨正式執政。由於民進黨向來強調臺灣主體性，讓中共對臺灣新政局頗感憂慮，決定對陳水扁先「觀其言，察其行」；而陳水扁總統就職之初，也對美國及中共釋放善意，並在就職演說中提出「四不一沒有」（不廢除國旗、國歌、國號，不宣布臺灣獨立，在其任期內沒有修改《國統綱領》之意），兩岸關係尚稱平穩。但由於臺灣民主化以後，大小選舉不斷，政黨競爭激烈，加以朝野互信不足，每到選舉期間，「愛臺」、「賣臺」等議題動輒成為選戰重要訴求，不僅造成臺灣內部藍綠對立，也挑動中共最敏感的政治神經。民國九十四年（二〇〇五），中共通過《反分裂國家法》，誓言打擊包括臺獨在內的分裂勢力；而陳水扁總統則訴諸臺灣民眾，並舉行公民投票以彰顯臺灣主體性。結果兩岸政治關係不進反退，陷入自兩岸開放交流以來的最低潮。

民國九十七年（二〇〇八）三月，國民黨提名的馬英九當選中華民國總統，臺灣再次完成政黨輪替，也為兩岸關係開創新局。相較於民進黨，國民黨的大陸政策比較主張積極開放，而中共對國民黨執政也有較高的期望。國民黨副總統當選人蕭萬長隨即率團參加在海南島舉行的「博鰲論壇」，並與中共總書記胡錦濤會晤；國民黨主席吳伯雄隨後也率團赴北京，與胡錦濤舉行國共會談，頗使外界對兩岸關係有「春江水暖」之感。同年五月，大陸四川發生大地震，罹難失蹤人數超過十萬人。臺灣除派出搜救隊、醫療團到災區從事人道救援外，民眾更發揮人飢己飢、人溺己溺的精神，踴躍捐贈賑款及物資，逐漸化解兩岸巨大的政治鴻溝。此時，停頓多年的海基、海協兩會又重新恢復功能，海基會新任董事長江丙坤率團赴大陸與新任海協會會長陳雲林舉行會談，並敲定大陸觀光客來臺及包機直航等事宜。同年七月四日，包機直航正式啟動，首批大陸觀光客赴臺旅遊，兩岸關係展開了歷史性的新頁。回顧過往，兩岸交流雖因各自政府的政策影響，而有或快或慢的發展；但展望未來，促進兩岸交流仍是增進了解、避免衝突的有效手段。因此，如何在兼顧兩岸民眾最大的福祉下，持續進行兩岸的交流，將是新世紀兩岸關係的重要課題。

參考書目

史景遷著，溫洽溢譯，《追尋現代中國》，臺北，時報文化出版企業股份有限公司，二〇〇一。

李侃如著，楊淑娟譯，《治理中國：從革命到改革》，臺北，國立編譯館，一九九八。

李雲漢，《中國國民黨史述》，臺北，中國國民黨中央黨史委員會，一九九四。

吳安家，《中共意識形態的變遷與持續（一九四九－二〇〇三）》，臺北，國史館，二〇〇四。

洪麗完等編著，《臺灣史》，臺北，五南圖書公司，二〇〇六。

徐中約著，計秋楓等譯，《中國近代史》，香港，中文大學出版社，二〇〇二。

張五岳主編，《兩岸關係研究》，臺北，新文京開發出版公司，二〇〇五。

張玉法，《中華民國史稿》，臺北，聯經出版公司，二〇〇〇。

張讚合，《兩岸關係變遷史》，臺北，周知文化公司、佛光大學，一九九六。

陳永發，《中國共產革命七十年》，臺北，聯經出版公司，一九九八。

黃秀政、張勝彥、吳文星，《臺灣史》，臺北，五南圖書公司，二〇〇二。

蔡政文、林嘉誠，《臺海兩岸政治關係》，臺北，業強出版社，一九九四。